初心者にもよくわか

JN068872

令和**6**年版

給与計算

巻頭収録

令和6年分の
源泉徴収
税額表

折込表

健保・厚年・
労働保険の
料額(率)表

日本法令 編

マニュアル

日本法令®

給料支給明細書 でみる毎月の給与から差し引かれる税金・保険料の算定 徴収手続 一覧

〈設例〉

山川太郎さん （47歳）
配偶者　　　　あり　の場合
子供 2 人（19歳と17歳）

山川太郎さんの勤務先の給料支払明細書

残業、深夜、休日に労働をさせる場合には三六協定が必要。

賃金規程により算出する。（26ページ参照）

資格取得届、月額変更届、算定基礎届により決定された標準報酬月額を、保険料（月）額表にあてはめて、被保険者負担額を算出する（40・163ページ参照）。

給与総額に次の雇用保険率を乗じて算出する（保険料の端数処理については、被保険者負担分の円未満を常に切り捨てるとの特約がある）。

一般の事業	$\frac{6}{1,000}$
建設、農林、水産、清酒製造の事業	$\frac{7}{1,000}$

（56ページ参照）。

控除する場合は労使協定が必要（50ページ参照）。

（原則として1年間同じ保険料額）

（その都度保険料額を算出）

給与総額

○○部　　○○課

自　2024 年 5 月 1 日
至　2024 年 5 月 31 日

5月分給料台帳

No.

No.	月分	出勤	欠勤	労働時間	残業時間	給 与 の 内 訳								非課税額（通勤手当等）Ⓐ	支給金額合計Ⓑ	課税分給与額Ⓒ	社 会 保 険 料 控 除 額				差引控除後の給与額（3人）Ⓔ	所 得 税・市 町 村 民 税 及 び 一 般 控 除 額						差引支給額
	氏　名				深夜時間	⑦基本給	⑦時間外手当	㋣	㋥役付	㋭家族	㋬住宅	㋛精皆勤	㋚			Ⓒ	㋙健康保険	㋘厚保及び基金掛金	㋗雇用保険	社保計Ⓓ		㋖所得税	㋕住民税	㋔	㋓	㋒	㋑	控除計Ⓕ
					休日時間	▽	▽	▽	▽	▽	▽	▽	▽		Ⓑ−Ⓐ		▽	▽	▽	▽	Ⓒ−Ⓓ	▽	（通知額）					Ⓖ (Ⓔ−Ⓕ)+Ⓐ
	月分 5	出勤 21	欠勤 0	労働時間	残業20:00	⑦基本給	⑦時間外手当	㋣深夜	㋥役付	㋭家族	㋬住宅	㋛精皆勤	㋚	非課税額（通勤手当等）Ⓐ	支給金額合計Ⓑ	課税分給与額Ⓒ	㋙健康保険	㋘厚保及び基金掛金	㋗雇用保険	社保計Ⓓ	差引控除後の給与額（3人）Ⓔ	㋖所得税	㋕市町村民税（通知額）	㋔組合費	㋓財形	㋒貸付金	㋑その他	控除計Ⓕ
	山川太郎殿				深夜 2:00 休日	300,000	51,240	6,150	10,000	20,000	10,000	10,000		28,600	435,990	407,390	25,476	40,260	2,615	68,351	339,039	5,110	18,300	5,000	10,000	10,000		48,410	319,229

課税給与

税額計算の際の減算項目（社会保険料控除）

〈設定条件〉

○残業単価　$\frac{330,000}{161} \times 1.25 = $ @2,562円

○深夜残業単価　$\frac{330,000}{161} \times 1.5 = $ @3,075円

〈1月平均所定労働時間の計算〉
365日−（土・日）101日−（祝日および国民の休日）15日−（年末年始）4日−（夏休み）3日＝242日
242×8＝1,936時間
1,936÷12ヵ月＝161.33…→161（端数切捨て）
○家族手当　配偶者10,000円　子供1人につき5,000円
○住宅手当　全員一律支給10,000円
○標準報酬月額　440,000円（令和5年9月の定時決定による）
○勤務先は一般の事業
○社会保険料の端数処理については、「被保険者負担分の端数は常に切り捨てる」との労使間の特約がある。

（同額）

（一般保険料＋介護保険料）

（人）は扶養親族等の数（41ページ参照）。この金額について税額計算。

税額表の甲・3人欄を適用。納税は原則として翌月10日まで。特例もあり（151ページ参照）。令和6年6月以降は、所得税の定額減税適用者は、特別控除に注意。

給与支払報告書（1月31日までに提出）に基づき、6月から翌年5月までの間に特別徴収する住民税額が5月中に通知される。納税は原則として翌月10日まで。特例もあり（154ページ参照）。令和6年6月分は、住民税の定額減税適用者は徴収なし。

例えば、通勤手当・宿日直手当等のうちの非課税額（32ページ以降参照）を記載。非課税限度額を超える部分は課税給与になるので左の空欄に記載。

所得税の課税対象

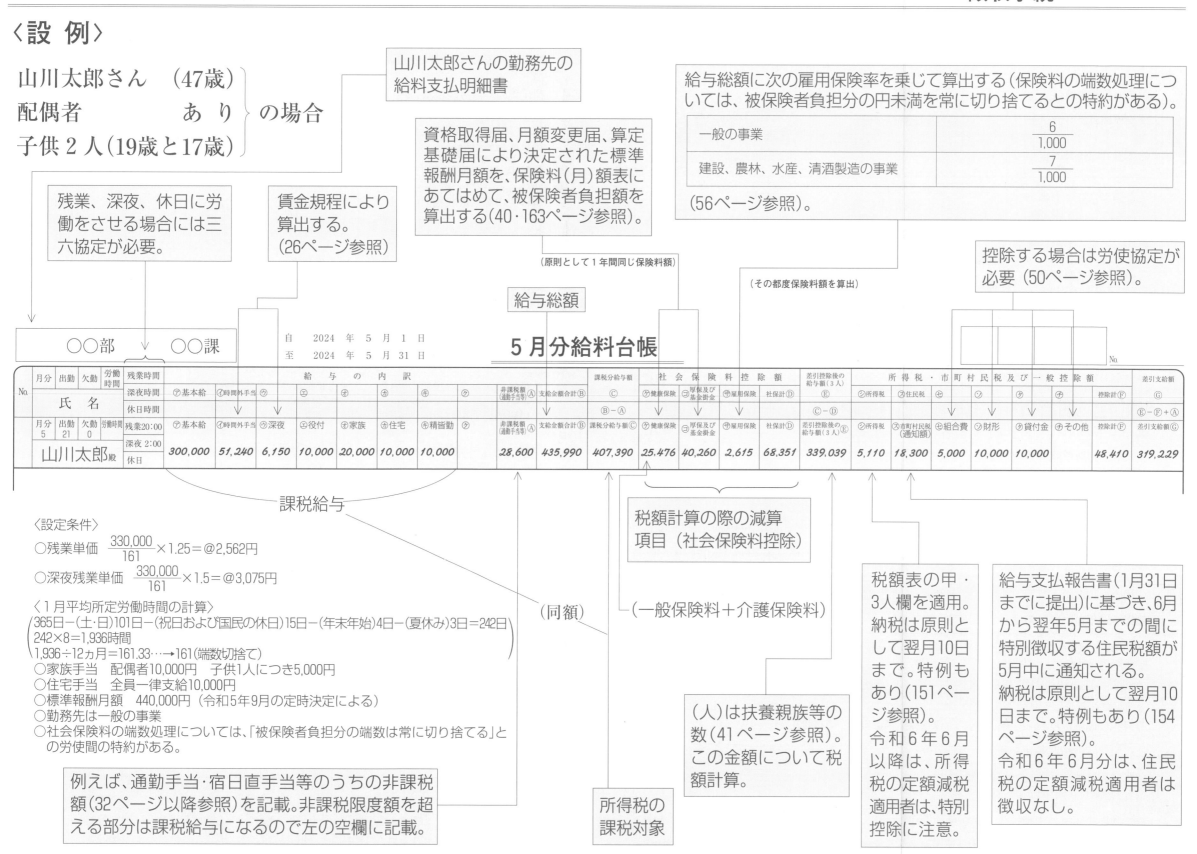

給与手続カレンダー

※提出・納付期限が、土曜・日曜・祭日等休日と重なる場合は翌日になります。

月区分	内容	書類名	提出(納付)先	期限	チェック欄
1月	所得税の源泉徴収税額の納付	所得税徴収高計算書(納付書)	郵便局または銀行	10日	
	住民税の特別徴収税額の納付	納入書	〃	10日	
	納期の特例(前年7月～12月)分の源泉所得税の納付	所得税徴収高計算書(納付書)(納期の特例用)	〃	20日	
	労働保険料の分割納付	概算保険料納付書	〃／労働基準監督署	31日	
	給与支払報告書の提出	給与支払報告書(個人別明細書)(総括表)	従業員の住所地の市区町村	31日	
	法定調書合計表の提出	法定調書合計表 源泉徴収票、支払調書等	税務署	31日	
	健保・厚年保険料の納付	納入告知書	郵便局または銀行／年金事務所	31日	
2月	所得税の源泉徴収税額の納付	所得税徴収高計算書(納付書)	〃	10日	
	住民税の特別徴収税額の納付	納入書	〃	10日	
	健保・厚年保険料の納付	納入告知書	〃／年金事務所	28日	
3月	所得税の源泉徴収税額の納付	所得税徴収高計算書(納付書)	〃	10日	
	住民税の特別徴収税額の納付	納入書	〃	10日	
	健保・厚年保険料の納付	納入告知書	〃／年金事務所	31日	
4月	所得税の源泉徴収税額の納付	所得税徴収高計算書(納付書)	〃	10日	
	住民税の特別徴収税額の納付	納入書	〃	10日	
	給与支払報告に係る異動届の提出	給与支払報告に係る給与所得異動届書	従業員の住所地の市区町村	15日	
	健保・厚年保険料の納付	納入告知書	郵便局または銀行／年金事務所	30日	
5月	所得税の源泉徴収税額の納付	所得税徴収高計算書(納付書)	〃	10日	
	住民税の特別徴収税額の納付	納入書	〃	〃	
	健保・厚年保険料の納付	納入告知書	〃／年金事務所	31日	
6月	労働保険料の本年度の概算保険料と前年度の確定保険料の申告・納付(135頁参照)	概算・確定保険料申告書(納付書)	〃／労働基準監督署	6/1～7/10	
	所得税の定額減税の実施(控除しきれない場合は7月以降も継続)	給与(賞与)明細書	—	6/1～6/30	
	所得税の源泉徴収税額の納付	所得税徴収高計算書(納付書)	〃	10日	
	住民税の特別徴収税額の納付	納入書	〃	10日	
	住民税の特別徴収税額(納期の特例分)の納付(前年12月～5月分)	〃	〃	10日	
	健保・厚年保険料の納付	納入告知書	〃／年金事務所	30日	
	賞与からの健保・厚年保険料の納付(147頁参照)	被保険者賞与支払届 被保険者賞与支払届総括表	〃／年金事務所	支払届を提出した月の翌月末日	
7月	健保・厚年の算定基礎(123頁参照)	被保険者報酬月額算定基礎届	年金事務所	7/1～7/10	
	所得税の源泉徴収税額の納付	所得税徴収高計算書(納付書)	郵便局または銀行	10日	
	住民税の特別徴収税額の納付(※)	※令和6年7月は定額減税の実施により対象者分は納付なし			
	納期の特例(当年1月～6月)分の源泉所得税の納付	所得税徴収高計算書(納付書)(納期の特例用)	郵便局または銀行	10日	
	健保・厚年保険料の納付	納入告知書	〃／年金事務所	31日	
8月	所得税の源泉徴収税額の納付	所得税徴収高計算書(納付書)	〃	10日	
	住民税の特別徴収税額の納付	納入書	〃	10日	
	健保・厚年保険料の納付	納入告知書	〃／年金事務所	31日	
9月	所得税の源泉徴収税額の納付	所得税徴収高計算書(納付書)	〃	10日	
	住民税の特別徴収税額の納付	納入書	〃	10日	
	健保・厚年保険料の納付	納入告知書	〃／年金事務所	30日	
10月	所得税の源泉徴収税額の納付	所得税徴収高計算書(納付書)	〃	10日	
	住民税の特別徴収税額の納付	納入書	〃	10日	
	労働保険料の分割納付	概算保険料納付書	〃／労働基準監督署	31日	
	健保・厚年保険料の納付	納入告知書	〃／年金事務所	31日	
11月	所得税の源泉徴収税額の納付	所得税徴収高計算書(納付書)	〃	10日	
	住民税の特別徴収税額の納付	納入書	〃	10日	
	健保・厚年保険料の納付	納入告知書	〃／年金事務所	30日	
12月	所得税の源泉徴収税額の納付	所得税徴収高計算書(納付書)	〃	10日	
	住民税の特別徴収税額の納付	納入書	〃	10日	
	住民税の特別徴収税額(納期の特例分)の納付(6月～11月分)	〃	〃	10日	
	健保・厚年保険料の納付	納入告知書	〃／年金事務所	31日	
	賞与からの健保・厚年保険料の納付(147頁参照)	被保険者賞与支払届 被保険者賞与支払届総括表	〃／年金事務所	支払届を提出した月の翌月末日	

令和6年（2024年）分の 源泉徴収税額表等

給与の税額計算で月額表等を使用する場合の「扶養親族等の数」の求め方

《1　配偶者に係る扶養親族等の数の算定方法（具体例）》

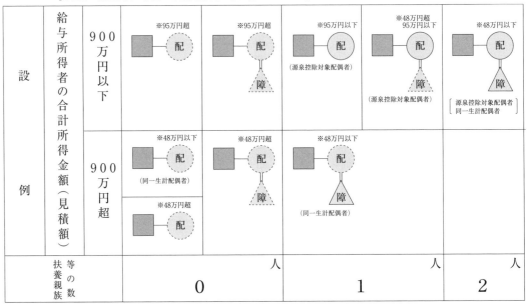

《2　配偶者以外の扶養親族等の数の算定方法（具体例）》

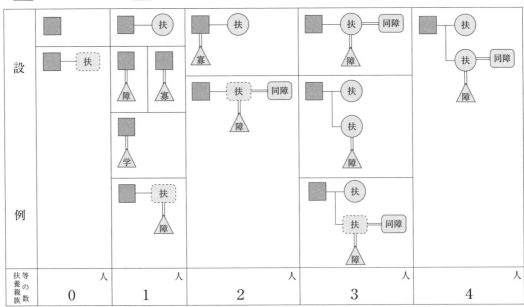

その月の社会保険料等控除後の給与等の金額		甲									乙
		扶　養　親　族　等　の　数									
		0 人	1 人	2 人	3 人	4 人	5 人	6 人	7 人		
以　　上	未　満	税							額	税　　額	
円 88,000 円未満	円	円 0	円 0	円 0	円 0	円 0	円 0	円 0	円 0	円 その月の社会保険料等控除後の給与等の金額の3.063%に相当する金額	
88,000	89,000	130	0	0	0	0	0	0	0	3,200	
89,000	90,000	180	0	0	0	0	0	0	0	3,200	
90,000	91,000	230	0	0	0	0	0	0	0	3,200	
91,000	92,000	290	0	0	0	0	0	0	0	3,200	
92,000	93,000	340	0	0	0	0	0	0	0	3,300	
93,000	94,000	390	0	0	0	0	0	0	0	3,300	
94,000	95,000	440	0	0	0	0	0	0	0	3,300	
95,000	96,000	490	0	0	0	0	0	0	0	3,400	
96,000	97,000	540	0	0	0	0	0	0	0	3,400	
97,000	98,000	590	0	0	0	0	0	0	0	3,500	
98,000	99,000	640	0	0	0	0	0	0	0	3,500	
99,000	101,000	720	0	0	0	0	0	0	0	3,600	
101,000	103,000	830	0	0	0	0	0	0	0	3,600	
103,000	105,000	930	0	0	0	0	0	0	0	3,700	
105,000	107,000	1,030	0	0	0	0	0	0	0	3,800	
107,000	109,000	1,130	0	0	0	0	0	0	0	3,800	
109,000	111,000	1,240	0	0	0	0	0	0	0	3,900	
111,000	113,000	1,340	0	0	0	0	0	0	0	4,000	
113,000	115,000	1,440	0	0	0	0	0	0	0	4,100	
115,000	117,000	1,540	0	0	0	0	0	0	0	4,100	
117,000	119,000	1,640	0	0	0	0	0	0	0	4,200	
119,000	121,000	1,750	120	0	0	0	0	0	0	4,300	
121,000	123,000	1,850	220	0	0	0	0	0	0	4,500	
123,000	125,000	1,950	330	0	0	0	0	0	0	4,800	
125,000	127,000	2,050	430	0	0	0	0	0	0	5,100	
127,000	129,000	2,150	530	0	0	0	0	0	0	5,400	
129,000	131,000	2,260	630	0	0	0	0	0	0	5,700	
131,000	133,000	2,360	740	0	0	0	0	0	0	6,000	
133,000	135,000	2,460	840	0	0	0	0	0	0	6,300	
135,000	137,000	2,550	930	0	0	0	0	0	0	6,600	
137,000	139,000	2,610	990	0	0	0	0	0	0	6,800	
139,000	141,000	2,680	1,050	0	0	0	0	0	0	7,100	
141,000	143,000	2,740	1,110	0	0	0	0	0	0	7,500	
143,000	145,000	2,800	1,170	0	0	0	0	0	0	7,800	
145,000	147,000	2,860	1,240	0	0	0	0	0	0	8,100	
147,000	149,000	2,920	1,300	0	0	0	0	0	0	8,400	
149,000	151,000	2,980	1,360	0	0	0	0	0	0	8,700	
151,000	153,000	3,050	1,430	0	0	0	0	0	0	9,000	
153,000	155,000	3,120	1,500	0	0	0	0	0	0	9,300	
155,000	157,000	3,200	1,570	0	0	0	0	0	0	9,600	
157,000	159,000	3,270	1,640	0	0	0	0	0	0	9,900	
159,000	161,000	3,340	1,720	100	0	0	0	0	0	10,200	
161,000	163,000	3,410	1,790	170	0	0	0	0	0	10,500	
163,000	165,000	3,480	1,860	250	0	0	0	0	0	10,800	
165,000	167,000	3,550	1,930	320	0	0	0	0	0	11,100	

「扶養控除等申告書」を提出している人について使用

「扶養控除等申告書」を提出しない人について使用

月額表

月額表

その月の社会保険料等控除後の給与等の金額		甲									乙
		扶　養　親　族　等　の　数									
		0 人	1 人	2 人	3 人	4 人	5 人	6 人	7 人		
以上	未満	税							額	税　　額	
円	円	円	円	円	円	円	円	円	円	円	
167,000	169,000	3,620	2,000	390	0	0	0	0	0	11,400	
169,000	171,000	3,700	2,070	460	0	0	0	0	0	11,700	
171,000	173,000	3,770	2,140	530	0	0	0	0	0	12,000	
173,000	175,000	3,840	2,220	600	0	0	0	0	0	12,400	
175,000	177,000	3,910	2,290	670	0	0	0	0	0	12,700	
177,000	179,000	3,980	2,360	750	0	0	0	0	0	13,200	
179,000	181,000	4,050	2,430	820	0	0	0	0	0	13,900	
181,000	183,000	4,120	2,500	890	0	0	0	0	0	14,600	
183,000	185,000	4,200	2,570	960	0	0	0	0	0	15,300	
185,000	187,000	4,270	2,640	1,030	0	0	0	0	0	16,000	
187,000	189,000	4,340	2,720	1,100	0	0	0	0	0	16,700	
189,000	191,000	4,410	2,790	1,170	0	0	0	0	0	17,500	
191,000	193,000	4,480	2,860	1,250	0	0	0	0	0	18,100	
193,000	195,000	4,550	2,930	1,320	0	0	0	0	0	18,800	
195,000	197,000	4,630	3,000	1,390	0	0	0	0	0	19,500	
197,000	199,000	4,700	3,070	1,460	0	0	0	0	0	20,200	
199,000	201,000	4,770	3,140	1,530	0	0	0	0	0	20,900	
201,000	203,000	4,840	3,220	1,600	0	0	0	0	0	21,500	
203,000	205,000	4,910	3,290	1,670	0	0	0	0	0	22,200	
205,000	207,000	4,980	3,360	1,750	130	0	0	0	0	22,700	
207,000	209,000	5,050	3,430	1,820	200	0	0	0	0	23,300	
209,000	211,000	5,130	3,500	1,890	280	0	0	0	0	23,900	
211,000	213,000	5,200	3,570	1,960	350	0	0	0	0	24,400	
213,000	215,000	5,270	3,640	2,030	420	0	0	0	0	25,000	
215,000	217,000	5,340	3,720	2,100	490	0	0	0	0	25,500	
217,000	219,000	5,410	3,790	2,170	560	0	0	0	0	26,100	
219,000	221,000	5,480	3,860	2,250	630	0	0	0	0	26,800	
221,000	224,000	5,560	3,950	2,340	710	0	0	0	0	27,400	
224,000	227,000	5,680	4,060	2,440	830	0	0	0	0	28,400	
227,000	230,000	5,780	4,170	2,550	930	0	0	0	0	29,300	
230,000	233,000	5,890	4,280	2,650	1,040	0	0	0	0	30,300	
233,000	236,000	5,990	4,380	2,770	1,140	0	0	0	0	31,300	
236,000	239,000	6,110	4,490	2,870	1,260	0	0	0	0	32,400	
239,000	242,000	6,210	4,590	2,980	1,360	0	0	0	0	33,400	
242,000	245,000	6,320	4,710	3,080	1,470	0	0	0	0	34,400	
245,000	248,000	6,420	4,810	3,200	1,570	0	0	0	0	35,400	
248,000	251,000	6,530	4,920	3,300	1,680	0	0	0	0	36,400	
251,000	254,000	6,640	5,020	3,410	1,790	170	0	0	0	37,500	
254,000	257,000	6,750	5,140	3,510	1,900	290	0	0	0	38,500	
257,000	260,000	6,850	5,240	3,620	2,000	390	0	0	0	39,400	
260,000	263,000	6,960	5,350	3,730	2,110	500	0	0	0	40,400	
263,000	266,000	7,070	5,450	3,840	2,220	600	0	0	0	41,500	
266,000	269,000	7,180	5,560	3,940	2,330	710	0	0	0	42,500	
269,000	272,000	7,280	5,670	4,050	2,430	820	0	0	0	43,500	
272,000	275,000	7,390	5,780	4,160	2,540	930	0	0	0	44,500	
275,000	278,000	7,490	5,880	4,270	2,640	1,030	0	0	0	45,500	
278,000	281,000	7,610	5,990	4,370	2,760	1,140	0	0	0	46,600	
281,000	284,000	7,710	6,100	4,480	2,860	1,250	0	0	0	47,600	
284,000	287,000	7,820	6,210	4,580	2,970	1,360	0	0	0	48,600	
287,000	290,000	7,920	6,310	4,700	3,070	1,460	0	0	0	49,700	

「扶養控除等申告書」を提出している人について使用

「扶養控除等申告書」を提出しない人について使用

その月の社会保険料等控除後の給与等の金額		甲								乙
		扶　養　親　族　等　の　数								
		0 人	1 人	2 人	3 人	4 人	5 人	6 人	7 人	
以　　上	未　　満	税						額		税　　額
円	円	円	円	円	円	円	円	円	円	円
290,000	293,000	8,040	6,420	4,800	3,190	1,570	0	0	0	50,900
293,000	296,000	8,140	6,520	4,910	3,290	1,670	0	0	0	52,100
296,000	299,000	8,250	6,640	5,010	3,400	1,790	160	0	0	52,900
299,000	302,000	8,420	6,740	5,130	3,510	1,890	280	0	0	53,700
302,000	305,000	8,670	6,860	5,250	3,630	2,010	400	0	0	54,500
305,000	308,000	8,910	6,980	5,370	3,760	2,130	520	0	0	55,200
308,000	311,000	9,160	7,110	5,490	3,880	2,260	640	0	0	56,100
311,000	314,000	9,400	7,230	5,620	4,000	2,380	770	0	0	56,900
314,000	317,000	9,650	7,350	5,740	4,120	2,500	890	0	0	57,800
317,000	320,000	9,890	7,470	5,860	4,250	2,620	1,010	0	0	58,800
320,000	323,000	10,140	7,600	5,980	4,370	2,750	1,130	0	0	59,800
323,000	326,000	10,380	7,720	6,110	4,490	2,870	1,260	0	0	60,900
326,000	329,000	10,630	7,840	6,230	4,610	2,990	1,380	0	0	61,900
329,000	332,000	10,870	7,960	6,350	4,740	3,110	1,500	0	0	62,900
332,000	335,000	11,120	8,090	6,470	4,860	3,240	1,620	0	0	63,900
335,000	338,000	11,360	8,210	6,600	4,980	3,360	1,750	130	0	64,900
338,000	341,000	11,610	8,370	6,720	5,110	3,480	1,870	260	0	66,000
341,000	344,000	11,850	8,620	6,840	5,230	3,600	1,990	380	0	67,000
344,000	347,000	12,100	8,860	6,960	5,350	3,730	2,110	500	0	68,000
347,000	350,000	12,340	9,110	7,090	5,470	3,850	2,240	620	0	69,000
350,000	353,000	12,590	9,350	7,210	5,600	3,970	2,360	750	0	70,000
353,000	356,000	12,830	9,600	7,330	5,720	4,090	2,480	870	0	71,100
356,000	359,000	13,080	9,840	7,450	5,840	4,220	2,600	990	0	72,100
359,000	362,000	13,320	10,090	7,580	5,960	4,340	2,730	1,110	0	73,100
362,000	365,000	13,570	10,330	7,700	6,090	4,460	2,850	1,240	0	74,200
365,000	368,000	13,810	10,580	7,820	6,210	4,580	2,970	1,360	0	75,200
368,000	371,000	14,060	10,820	7,940	6,330	4,710	3,090	1,480	0	76,200
371,000	374,000	14,300	11,070	8,070	6,450	4,830	3,220	1,600	0	77,100
374,000	377,000	14,550	11,310	8,190	6,580	4,950	3,340	1,730	100	78,100
377,000	380,000	14,790	11,560	8,320	6,700	5,070	3,460	1,850	220	79,000
380,000	383,000	15,040	11,800	8,570	6,820	5,200	3,580	1,970	350	79,900
383,000	386,000	15,280	12,050	8,810	6,940	5,320	3,710	2,090	470	81,400
386,000	389,000	15,530	12,290	9,060	7,070	5,440	3,830	2,220	590	83,100
389,000	392,000	15,770	12,540	9,300	7,190	5,560	3,950	2,340	710	84,700
392,000	395,000	16,020	12,780	9,550	7,310	5,690	4,070	2,460	840	86,500
395,000	398,000	16,260	13,030	9,790	7,430	5,810	4,200	2,580	960	88,200
398,000	401,000	16,510	13,270	10,040	7,560	5,930	4,320	2,710	1,080	89,800
401,000	404,000	16,750	13,520	10,280	7,680	6,050	4,440	2,830	1,200	91,600
404,000	407,000	17,000	13,760	10,530	7,800	6,180	4,560	2,950	1,330	93,300
407,000	410,000	17,240	14,010	10,770	7,920	6,300	4,690	3,070	1,450	95,000
410,000	413,000	17,490	14,250	11,020	8,050	6,420	4,810	3,200	1,570	96,700
413,000	416,000	17,730	14,500	11,260	8,170	6,540	4,930	3,320	1,690	98,300
416,000	419,000	17,980	14,740	11,510	8,290	6,670	5,050	3,440	1,820	100,100
419,000	422,000	18,220	14,990	11,750	8,530	6,790	5,180	3,560	1,940	101,800
422,000	425,000	18,470	15,230	12,000	8,770	6,910	5,300	3,690	2,060	103,400
425,000	428,000	18,710	15,480	12,240	9,020	7,030	5,420	3,810	2,180	105,200
428,000	431,000	18,960	15,720	12,490	9,260	7,160	5,540	3,930	2,310	106,900
431,000	434,000	19,210	15,970	12,730	9,510	7,280	5,670	4,050	2,430	108,500
434,000	437,000	19,450	16,210	12,980	9,750	7,400	5,790	4,180	2,550	110,300
437,000	440,000	19,700	16,460	13,220	10,000	7,520	5,910	4,300	2,680	112,000

「扶養控除等申告書」を提出している人について使用　　　　　　　「扶養控除等申告書」を提出しない人について使用

月額表

⑤

月額表

その月の社会保険料等控除後の給与等の金額		甲								乙
		扶　養　親　族　等　の　数								
		0 人	1 人	2 人	3 人	4 人	5 人	6 人	7 人	
以　　　上	未　　満	税					額			税　　額
円	円	円	円	円	円	円	円	円	円	円
440,000	443,000	20,090	16,700	13,470	10,240	7,650	6,030	4,420	2,800	113,600
443,000	446,000	20,580	16,950	13,710	10,490	7,770	6,160	4,540	2,920	115,400
446,000	449,000	21,070	17,190	13,960	10,730	7,890	6,280	4,670	3,040	117,100
449,000	452,000	21,560	17,440	14,200	10,980	8,010	6,400	4,790	3,170	118,700
452,000	455,000	22,050	17,680	14,450	11,220	8,140	6,520	4,910	3,290	120,500
455,000	458,000	22,540	17,930	14,690	11,470	8,260	6,650	5,030	3,410	122,200
458,000	461,000	23,030	18,170	14,940	11,710	8,470	6,770	5,160	3,530	123,800
461,000	464,000	23,520	18,420	15,180	11,960	8,720	6,890	5,280	3,660	125,600
464,000	467,000	24,010	18,660	15,430	12,200	8,960	7,010	5,400	3,780	127,300
467,000	470,000	24,500	18,910	15,670	12,450	9,210	7,140	5,520	3,900	129,000
470,000	473,000	24,990	19,150	15,920	12,690	9,450	7,260	5,650	4,020	130,700
473,000	476,000	25,480	19,400	16,160	12,940	9,700	7,380	5,770	4,150	132,300
476,000	479,000	25,970	19,640	16,410	13,180	9,940	7,500	5,890	4,270	134,000
479,000	482,000	26,460	20,000	16,650	13,430	10,190	7,630	6,010	4,390	135,600
482,000	485,000	26,950	20,490	16,900	13,670	10,430	7,750	6,140	4,510	137,200
485,000	488,000	27,440	20,980	17,140	13,920	10,680	7,870	6,260	4,640	138,800
488,000	491,000	27,930	21,470	17,390	14,160	10,920	7,990	6,380	4,760	140,400
491,000	494,000	28,420	21,960	17,630	14,410	11,170	8,120	6,500	4,880	142,000
494,000	497,000	28,910	22,450	17,880	14,650	11,410	8,240	6,630	5,000	143,700
497,000	500,000	29,400	22,940	18,120	14,900	11,660	8,420	6,750	5,130	145,200
500,000	503,000	29,890	23,430	18,370	15,140	11,900	8,670	6,870	5,250	146,800
503,000	506,000	30,380	23,920	18,610	15,390	12,150	8,910	6,990	5,370	148,500
506,000	509,000	30,880	24,410	18,860	15,630	12,390	9,160	7,120	5,490	150,100
509,000	512,000	31,370	24,900	19,100	15,880	12,640	9,400	7,240	5,620	151,600
512,000	515,000	31,860	25,390	19,350	16,120	12,890	9,650	7,360	5,740	153,300
515,000	518,000	32,350	25,880	19,590	16,370	13,130	9,890	7,480	5,860	154,900
518,000	521,000	32,840	26,370	19,900	16,610	13,380	10,140	7,610	5,980	156,500
521,000	524,000	33,330	26,860	20,390	16,860	13,620	10,380	7,730	6,110	158,100
524,000	527,000	33,820	27,350	20,880	17,100	13,870	10,630	7,850	6,230	159,600
527,000	530,000	34,310	27,840	21,370	17,350	14,110	10,870	7,970	6,350	161,000
530,000	533,000	34,800	28,330	21,860	17,590	14,360	11,120	8,100	6,470	162,500
533,000	536,000	35,290	28,820	22,350	17,840	14,600	11,360	8,220	6,600	164,000
536,000	539,000	35,780	29,310	22,840	18,080	14,850	11,610	8,380	6,720	165,400
539,000	542,000	36,270	29,800	23,330	18,330	15,090	11,850	8,630	6,840	166,900
542,000	545,000	36,760	30,290	23,820	18,570	15,340	12,100	8,870	6,960	168,400
545,000	548,000	37,250	30,780	24,310	18,820	15,580	12,340	9,120	7,090	169,900
548,000	551,000	37,740	31,270	24,800	19,060	15,830	12,590	9,360	7,210	171,300
551,000	554,000	38,280	31,810	25,340	19,330	16,100	12,860	9,630	7,350	172,800
554,000	557,000	38,830	32,370	25,890	19,600	16,380	13,140	9,900	7,480	174,300
557,000	560,000	39,380	32,920	26,440	19,980	16,650	13,420	10,180	7,630	175,700
560,000	563,000	39,930	33,470	27,000	20,530	16,930	13,690	10,460	7,760	177,200
563,000	566,000	40,480	34,020	27,550	21,080	17,200	13,970	10,730	7,900	178,700
566,000	569,000	41,030	34,570	28,100	21,630	17,480	14,240	11,010	8,040	180,100
569,000	572,000	41,590	35,120	28,650	22,190	17,760	14,520	11,280	8,180	181,600
572,000	575,000	42,140	35,670	29,200	22,740	18,030	14,790	11,560	8,330	183,100
575,000	578,000	42,690	36,230	29,750	23,290	18,310	15,070	11,830	8,610	184,600
578,000	581,000	43,240	36,780	30,300	23,840	18,580	15,350	12,110	8,880	186,000
581,000	584,000	43,790	37,330	30,850	24,390	18,860	15,620	12,380	9,160	187,500
584,000	587,000	44,340	37,880	31,410	24,940	19,130	15,900	12,660	9,430	189,000
587,000	590,000	44,890	38,430	31,960	25,490	19,410	16,170	12,940	9,710	190,400

「扶養控除等申告書」を提出している人について使用

「扶養控除等申告書」を提出しない人について使用

その月の社会保険料等控除後の給与等の金額		甲									乙
		扶　養　親　族　等　の　数									
		0 人	1 人	2 人	3 人	4 人	5 人	6 人	7 人		
以　　上	未　　満	税						額			税　　額
円	円	円	円	円	円	円	円	円	円		円
590,000	593,000	45,440	38,980	32,510	26,050	19,680	16,450	13,210	9,990		191,900
593,000	596,000	46,000	39,530	33,060	26,600	20,130	16,720	13,490	10,260		193,400
596,000	599,000	46,550	40,080	33,610	27,150	20,690	17,000	13,760	10,540		194,800
599,000	602,000	47,100	40,640	34,160	27,700	21,240	17,280	14,040	10,810		196,300
602,000	605,000	47,650	41,190	34,710	28,250	21,790	17,550	14,310	11,090		197,800
605,000	608,000	48,200	41,740	35,270	28,800	22,340	17,830	14,590	11,360		199,300
608,000	611,000	48,750	42,290	35,820	29,350	22,890	18,100	14,870	11,640		200,700
611,000	614,000	49,300	42,840	36,370	29,910	23,440	18,380	15,140	11,920		202,200
614,000	617,000	49,860	43,390	36,920	30,460	23,990	18,650	15,420	12,190		203,700
617,000	620,000	50,410	43,940	37,470	31,010	24,540	18,930	15,690	12,470		205,100
620,000	623,000	50,960	44,500	38,020	31,560	25,100	19,210	15,970	12,740		206,700
623,000	626,000	51,510	45,050	38,570	32,110	25,650	19,480	16,240	13,020		208,100
626,000	629,000	52,060	45,600	39,120	32,660	26,200	19,760	16,520	13,290		209,500
629,000	632,000	52,610	46,150	39,680	33,210	26,750	20,280	16,800	13,570		211,000
632,000	635,000	53,160	46,700	40,230	33,760	27,300	20,830	17,070	13,840		212,500
635,000	638,000	53,710	47,250	40,780	34,320	27,850	21,380	17,350	14,120		214,000
638,000	641,000	54,270	47,800	41,330	34,870	28,400	21,930	17,620	14,400		214,900
641,000	644,000	54,820	48,350	41,880	35,420	28,960	22,480	17,900	14,670		215,900
644,000	647,000	55,370	48,910	42,430	35,970	29,510	23,030	18,170	14,950		217,000
647,000	650,000	55,920	49,460	42,980	36,520	30,060	23,590	18,450	15,220		218,000
650,000	653,000	56,470	50,010	43,540	37,070	30,610	24,140	18,730	15,500		219,000
653,000	656,000	57,020	50,560	44,090	37,620	31,160	24,690	19,000	15,770		220,000
656,000	659,000	57,570	51,110	44,640	38,180	31,710	25,240	19,280	16,050		221,000
659,000	662,000	58,130	51,660	45,190	38,730	32,260	25,790	19,550	16,330		222,100
662,000	665,000	58,680	52,210	45,740	39,280	32,810	26,340	19,880	16,600		223,100
665,000	668,000	59,230	52,770	46,290	39,830	33,370	26,890	20,430	16,880		224,100
668,000	671,000	59,780	53,320	46,840	40,380	33,920	27,440	20,980	17,150		225,000
671,000	674,000	60,330	53,870	47,390	40,930	34,470	28,000	21,530	17,430		226,000
674,000	677,000	60,880	54,420	47,950	41,480	35,020	28,550	22,080	17,700		227,100
677,000	680,000	61,430	54,970	48,500	42,030	35,570	29,100	22,640	17,980		228,100
680,000	683,000	61,980	55,520	49,050	42,590	36,120	29,650	23,190	18,260		229,100
683,000	686,000	62,540	56,070	49,600	43,140	36,670	30,200	23,740	18,530		230,400
686,000	689,000	63,090	56,620	50,150	43,690	37,230	30,750	24,290	18,810		232,100
689,000	692,000	63,640	57,180	50,700	44,240	37,780	31,300	24,840	19,080		233,600
692,000	695,000	64,190	57,730	51,250	44,790	38,330	31,860	25,390	19,360		235,100
695,000	698,000	64,740	58,280	51,810	45,340	38,880	32,410	25,940	19,630		236,700
698,000	701,000	65,290	58,830	52,360	45,890	39,430	32,960	26,490	20,030		238,200
701,000	704,000	65,840	59,380	52,910	46,450	39,980	33,510	27,050	20,580		239,700
704,000	707,000	66,400	59,930	53,460	47,000	40,530	34,060	27,600	21,130		241,300
707,000	710,000	66,960	60,480	54,020	47,550	41,090	34,620	28,150	21,690		242,900
710,000	713,000	67,570	61,100	54,630	48,160	41,700	35,230	28,760	22,300		244,400
713,000	716,000	68,180	61,710	55,250	48,770	42,310	35,850	29,370	22,910		246,000
716,000	719,000	68,790	62,320	55,860	49,390	42,920	36,460	29,990	23,520		247,500
719,000	722,000	69,410	62,930	56,470	50,000	43,540	37,070	30,600	24,140		249,000
722,000	725,000	70,020	63,550	57,080	50,610	44,150	37,690	31,210	24,750		250,600
725,000	728,000	70,630	64,160	57,700	51,220	44,760	38,300	31,820	25,360		252,200
728,000	731,000	71,250	64,770	58,310	51,840	45,370	38,910	32,440	25,970		253,700
731,000	734,000	71,860	65,380	58,920	52,450	45,990	39,520	33,050	26,590		255,300
734,000	737,000	72,470	66,000	59,530	53,060	46,600	40,140	33,660	27,200		256,800
737,000	740,000	73,080	66,610	60,150	53,670	47,210	40,750	34,270	27,810		258,300

「扶養控除等申告書」を提出している人について使用　　　　　　「扶養控除等申告書」を提出しない人について使用

月額表

月額表

その月の社会保険料等控除後の給与等の金額	甲								乙
	扶　養　親　族　等　の　数								
	0 人	1 人	2 人	3 人	4 人	5 人	6 人	7 人	
以　上　未　満	税					額			税　　額
740,000円	円 73,390	円 66,920	円 60,450	円 53,980	円 47,520	円 41,050	円 34,580	円 28,120	円 259,800
740,000円を超え 780,000円に満たない金額	740,000円の場合の税額に、その月の社会保険料等控除後の給与等の金額のうち 740,000円を超える金額の20.42%に相当する金額を加算した金額								259,800円に、その月の社会保険料等控除後の給与等の金額のうち740,000円を超える金額の40.84%に相当する金額を加算した金額
780,000円	円 81,560	円 75,090	円 68,620	円 62,150	円 55,690	円 49,220	円 42,750	円 36,290	
780,000円を超え 950,000円に満たない金額	780,000円の場合の税額に、その月の社会保険料等控除後の給与等の金額のうち 780,000円を超える金額の23.483%に相当する金額を加算した金額								
950,000円	円 121,480	円 115,010	円 108,540	円 102,070	円 95,610	円 89,140	円 82,670	円 76,210	
950,000円を超え 1,700,000円に満たない金額	950,000円の場合の税額に、その月の社会保険料等控除後の給与等の金額のうち 950,000円を超える金額の33.693%に相当する金額を加算した金額								
1,700,000円	円 374,180	円 367,710	円 361,240	円 354,770	円 348,310	円 341,840	円 335,370	円 328,910	円 651,900
1,700,000円を超え 2,170,000円に満たない金額	1,700,000円の場合の税額に、その月の社会保険料等控除後の給与等の金額のうち 1,700,000円を超える金額の40.84%に相当する金額を加算した金額								
2,170,000円	円 571,570	円 565,090	円 558,630	円 552,160	円 545,690	円 539,230	円 532,760	円 526,290	
2,170,000円を超え 2,210,000円に満たない金額	2,170,000円の場合の税額に、その月の社会保険料等控除後の給与等の金額のうち 2,170,000円を超える金額の40.84%に相当する金額を加算した金額								651,900円に、その月の社会保険料等控除後の給与等の金額のうち1,700,000円を超える金額の45.945%に相当する金額を加算した金額
2,210,000円	円 593,340	円 586,870	円 580,410	円 573,930	円 567,470	円 561,010	円 554,540	円 548,070	
2,210,000円を超え 2,250,000円に満たない金額	2,210,000円の場合の税額に、その月の社会保険料等控除後の給与等の金額のうち 2,210,000円を超える金額の40.84%に相当する金額を加算した金額								
2,250,000円	円 615,120	円 608,650	円 602,190	円 595,710	円 589,250	円 582,790	円 576,310	円 569,850	
2,250,000円を超え 3,500,000円に満たない金額	2,250,000円の場合の税額に、その月の社会保険料等控除後の給与等の金額のうち 2,250,000円を超える金額の40.84%に相当する金額を加算した金額								

「扶養控除等申告書」を提出している人について使用

「扶養控除等申告書」を提出しない人について使用

その月の社会保険料等控除後の給与等の金額	甲								乙
	扶　養　親　族　等　の　数								
	0 人	1 人	2 人	3 人	4 人	5 人	6 人	7 人	
以　上　　未　満	税						額		税　　額
3,500,000円	円 1,125,620	円 1,119,150	円 1,112,690	円 1,106,210	円 1,099,750	円 1,093,290	円 1,086,810	円 1,080,350	651,900円に、その月の社会保険料等控除後の給与等の金額のうち1,700,000円を超える金額の45.945％に相当する金額を加算した金額
3,500,000円を超える金額	3,500,000円の場合の税額に、その月の社会保険料等控除後の給与等の金額のうち3,500,000円を超える金額の45.945％に相当する金額を加算した金額								
扶養親族等の数が7人を超える場合には、扶養親族等の数が7人の場合の税額から、その7人を超える1人ごとに1,610円を控除した金額									従たる給与についての扶養控除等申告書が提出されている場合には、当該申告書に記載された扶養親族等の数に応じ、扶養親族等1人ごとに1,610円を、上の各欄によって求めた税額から控除した金額

「扶養控除等申告書」を提出している人について使用　　　　「扶養控除等申告書」を提出しない人について使用

月額表

(注) この表における用語の意味は、次のとおりです。
1 「扶養親族等」とは、源泉控除対象配偶者及び控除対象扶養親族をいいます。
2 「社会保険料等」とは、所得税法第74条第2項（社会保険料控除）に規定する社会保険料及び同法第75条第2項（小規模企業共済等掛金控除）に規定する小規模企業共済等掛金をいいます。

(備考) 税額の求め方は、次のとおりです。
1 「給与所得者の扶養控除等申告書」（以下この表において「扶養控除等申告書」といいます。）の提出があった人
(1) まず、その人のその月の給与等の金額から、その給与等の金額から控除される社会保険料等の金額を控除した金額を求めます。
(2) 次に、扶養控除等申告書により申告された扶養親族等（その申告書に記載がされていないものとされる源泉控除対象配偶者を除きます。また、扶養親族等が国外居住親族である場合には、親族に該当する旨を証する書類（その国外居住親族である扶養親族等が年齢30歳以上70歳未満の控除対象扶養親族でありかつ、留学により国内に住所及び居所を有しなくなった人である場合には、親族に該当する旨を証する書類及び留学により国内に住所及び居所を有しなくなった人である場合には、親族に該当する旨を証する書類及び留学により国内に住所及び居所を有しなくなった人に該当する旨を証する書類）が扶養控除等申告書に添付され、又は扶養控除等申告書の提出の際に提示された扶養親族等に限ります。）の数が7人以下である場合には、(1)により求めた金額に応じて「その月の社会保険料等控除後の給与等の金額」欄の該当する行を求め、その行と扶養親族等の数に応じた甲欄の該当欄との交わるところに記載されている金額を求めます。これが求める税額です。
(3) 扶養控除等申告書により申告された扶養親族等の数が7人を超える場合には、(1)により求めた金額に応じて、扶養親族等の数が7人であるものとして(2)により求めた税額から、扶養親族等の数が7人を超える1人ごとに1,610円を控除した金額を求めます。これが求める税額です。

(4) (2)及び(3)の場合において、扶養控除等申告書にその人が障害者（特別障害者を含みます。）、寡婦、ひとり親又は勤労学生に該当する旨の記載があるときは、扶養親族等の数にこれらの一に該当するごとに１人を加算した数を、扶養控除等申告書にその人の同一生計配偶者又は扶養親族のうちに障害者（特別障害者を含みます。）又は同居特別障害者（障害者（特別障害者を含みます。）又は同居特別障害者が国外居住親族である場合には、親族に該当する旨を証する書類が扶養控除等申告書に添付され、又は当該書類が扶養控除等申告書の提出の際に提示された障害者（特別障害者を含みます。）又は同居特別障害者に限ります。）に該当する人がいる旨の記載があるときは、扶養親族等の数にこれらの一に該当するごとに１人を加算した数を、それぞれ(2)及び(3)の扶養親族等の数とします。

2 扶養控除等申告書の提出がない人（「従たる給与についての扶養控除等申告書」の提出があった人を含みます。）

その人のその月の給与等の金額から、その給与等の金額から控除される社会保険料等の金額を控除し、その控除後の金額に応じた「その月の社会保険料等控除後の給与等の金額」欄の該当する行と乙欄との交わるところに記載されている金額（「従たる給与についての扶養控除等申告書」の提出があった場合には、その申告書により申告された扶養親族等（その申告書に記載がされていないものとされる源泉控除対象配偶者を除きます。）の数に応じ、扶養親族等１人ごとに1,610円を控除した金額）を求めます。これが求める税額です。

その日の社会保険料等控除後の給与等の金額		甲								乙	丙
		扶　養　親　族　等　の　数									
以　上	未　満	0 人	1 人	2 人	3 人	4 人	5 人	6 人	7 人	税　額	税　額
円 2,900 円未満	円	円 0	円 0	円 0	円 0	円 0	円 0	円 0	円 0	円 その日の社会保険料等控除後の給与等の金額の3.063%に相当する金額	円 0
2,900	2,950	5	0	0	0	0	0	0	0	100	0
2,950	3,000	5	0	0	0	0	0	0	0	100	0
3,000	3,050	10	0	0	0	0	0	0	0	100	0
3,050	3,100	10	0	0	0	0	0	0	0	110	0
3,100	3,150	15	0	0	0	0	0	0	0	110	0
3,150	3,200	15	0	0	0	0	0	0	0	110	0
3,200	3,250	20	0	0	0	0	0	0	0	110	0
3,250	3,300	20	0	0	0	0	0	0	0	110	0
3,300	3,400	25	0	0	0	0	0	0	0	120	0
3,400	3,500	30	0	0	0	0	0	0	0	120	0
3,500	3,600	35	0	0	0	0	0	0	0	120	0
3,600	3,700	40	0	0	0	0	0	0	0	130	0
3,700	3,800	45	0	0	0	0	0	0	0	130	0
3,800	3,900	50	0	0	0	0	0	0	0	130	0
3,900	4,000	55	0	0	0	0	0	0	0	140	0
4,000	4,100	60	5	0	0	0	0	0	0	140	0
4,100	4,200	65	10	0	0	0	0	0	0	160	0
4,200	4,300	70	15	0	0	0	0	0	0	170	0
4,300	4,400	75	20	0	0	0	0	0	0	190	0
4,400	4,500	80	25	0	0	0	0	0	0	200	0
4,500	4,600	85	30	0	0	0	0	0	0	220	0
4,600	4,700	85	35	0	0	0	0	0	0	230	0
4,700	4,800	90	35	0	0	0	0	0	0	260	0
4,800	4,900	90	40	0	0	0	0	0	0	270	0
4,900	5,000	95	40	0	0	0	0	0	0	280	0
5,000	5,100	100	45	0	0	0	0	0	0	300	0
5,100	5,200	100	50	0	0	0	0	0	0	310	0
5,200	5,300	105	55	0	0	0	0	0	0	330	0
5,300	5,400	110	55	5	0	0	0	0	0	340	0
5,400	5,500	110	60	5	0	0	0	0	0	360	0
5,500	5,600	115	65	10	0	0	0	0	0	370	0
5,600	5,700	120	65	15	0	0	0	0	0	390	0
5,700	5,800	125	70	15	0	0	0	0	0	400	0
5,800	5,900	125	75	20	0	0	0	0	0	420	0
5,900	6,000	130	75	25	0	0	0	0	0	440	0
6,000	6,100	135	80	30	0	0	0	0	0	470	0
6,100	6,200	135	85	30	0	0	0	0	0	510	0
6,200	6,300	140	90	35	0	0	0	0	0	540	0
6,300	6,400	150	90	40	0	0	0	0	0	580	0
6,400	6,500	150	95	40	0	0	0	0	0	610	0
6,500	6,600	155	100	45	0	0	0	0	0	650	0
6,600	6,700	160	100	50	0	0	0	0	0	680	0
6,700	6,800	165	105	50	0	0	0	0	0	710	0
6,800	6,900	165	110	55	5	0	0	0	0	750	0
6,900	7,000	170	110	60	5	0	0	0	0	780	0

「扶養控除等申告書」を提出している人について使用　　　　「扶養控除等申告書」を提出しない人について使用　　日雇労働者について使用

日額表

日額表《二》　　　　　　　　　7,000円〜11,999円

日額表

その日の社会保険料等控除後の給与等の金額		甲								乙	丙
		扶 養 親 族 等 の 数									
以上	未満	0 人	1 人	2 人	3 人	4 人	5 人	6 人	7 人	税　額	税　額
		税							額		
円	円	円	円	円	円	円	円	円	円	円	円
7,000	7,100	175	115	65	10	0	0	0	0	810	0
7,100	7,200	175	120	65	15	0	0	0	0	840	0
7,200	7,300	180	125	70	15	0	0	0	0	860	0
7,300	7,400	185	125	75	20	0	0	0	0	890	0
7,400	7,500	185	130	75	25	0	0	0	0	920	0
7,500	7,600	190	135	80	30	0	0	0	0	960	0
7,600	7,700	195	135	85	30	0	0	0	0	990	0
7,700	7,800	200	140	85	35	0	0	0	0	1,020	0
7,800	7,900	200	150	90	40	0	0	0	0	1,060	0
7,900	8,000	205	150	95	40	0	0	0	0	1,090	0
8,000	8,100	210	155	100	45	0	0	0	0	1,120	0
8,100	8,200	210	160	100	50	0	0	0	0	1,150	0
8,200	8,300	215	165	105	50	0	0	0	0	1,190	0
8,300	8,400	220	165	110	55	5	0	0	0	1,230	0
8,400	8,500	220	170	110	60	5	0	0	0	1,260	0
8,500	8,600	225	175	115	65	10	0	0	0	1,300	0
8,600	8,700	230	175	120	65	15	0	0	0	1,330	0
8,700	8,800	235	180	120	70	15	0	0	0	1,360	0
8,800	8,900	235	185	125	75	20	0	0	0	1,400	0
8,900	9,000	240	185	130	75	25	0	0	0	1,430	0
9,000	9,100	245	190	135	80	25	0	0	0	1,460	0
9,100	9,200	245	195	135	85	30	0	0	0	1,490	0
9,200	9,300	250	200	140	85	35	0	0	0	1,530	0
9,300	9,400	255	200	150	90	40	0	0	0	1,560	3
9,400	9,500	255	205	150	95	40	0	0	0	1,590	6
9,500	9,600	260	210	155	100	45	0	0	0	1,630	10
9,600	9,700	265	210	160	100	50	0	0	0	1,670	13
9,700	9,800	270	215	160	105	50	0	0	0	1,710	17
9,800	9,900	270	220	165	110	55	0	0	0	1,750	20
9,900	10,000	275	220	170	110	60	5	0	0	1,780	24
10,000	10,100	280	225	175	115	65	10	0	0	1,800	27
10,100	10,200	290	230	175	120	65	15	0	0	1,830	31
10,200	10,300	300	235	180	125	70	20	0	0	1,850	34
10,300	10,400	305	240	185	125	75	20	0	0	1,880	38
10,400	10,500	315	240	190	130	80	25	0	0	1,910	41
10,500	10,600	320	245	195	135	85	30	0	0	1,940	45
10,600	10,700	330	250	195	140	85	35	0	0	1,970	49
10,700	10,800	340	255	200	150	90	40	0	0	2,000	53
10,800	10,900	345	260	205	150	95	40	0	0	2,040	56
10,900	11,000	355	260	210	155	100	45	0	0	2,070	60
11,000	11,100	360	265	215	160	105	50	0	0	2,110	63
11,100	11,200	370	270	215	165	105	55	0	0	2,140	67
11,200	11,300	380	275	220	170	110	60	5	0	2,170	70
11,300	11,400	385	280	225	170	115	60	10	0	2,220	74
11,400	11,500	400	290	230	175	120	65	15	0	2,250	77
11,500	11,600	405	295	235	180	125	70	15	0	2,280	81
11,600	11,700	415	305	235	185	125	75	20	0	2,320	84
11,700	11,800	425	310	240	190	130	80	25	0	2,350	88
11,800	11,900	430	320	245	190	135	80	30	0	2,380	91
11,900	12,000	440	330	250	195	140	85	35	0	2,420	95

「扶養控除等申告書」を提出している人について使用　　　「扶養控除等申告書」を提出しない人について使用　　日雇労働者について使用

12

12,000円～16,999円　　　　　　　　　　　　日額表《三》

その日の社会保険料等控除後の給与等の金額		甲								乙	丙
		扶 養 親 族 等 の 数									
		0 人	1 人	2 人	3 人	4 人	5 人	6 人	7 人		
以 上	未 満	税							額	税　額	税　額
円	円	円	円	円	円	円	円	円	円	円	円
12,000	12,100	445	335	255	200	150	90	35	0	2,450	99
12,100	12,200	455	345	255	205	150	95	40	0	2,480	103
12,200	12,300	465	350	260	210	155	100	45	0	2,520	106
12,300	12,400	470	360	265	210	160	100	50	0	2,550	110
12,400	12,500	480	370	270	215	165	105	55	0	2,580	113
12,500	12,600	485	375	275	220	170	110	55	5	2,610	117
12,600	12,700	495	385	280	225	170	115	60	10	2,640	120
12,700	12,800	505	395	285	230	175	120	65	10	2,680	124
12,800	12,900	510	405	295	230	180	120	70	15	2,740	127
12,900	13,000	520	415	305	235	185	125	75	20	2,790	131
13,000	13,100	525	420	310	240	190	130	75	25	2,850	134
13,100	13,200	535	430	320	245	190	135	80	30	2,900	138
13,200	13,300	545	435	325	250	195	140	85	30	2,960	141
13,300	13,400	550	445	335	250	200	140	90	35	3,010	146
13,400	13,500	560	455	345	255	205	150	95	40	3,070	149
13,500	13,600	565	460	350	260	210	155	95	45	3,120	153
13,600	13,700	575	470	360	265	210	160	100	50	3,190	156
13,700	13,800	585	475	365	270	215	165	105	50	3,240	160
13,800	13,900	590	485	375	270	220	165	110	55	3,300	164
13,900	14,000	600	495	385	275	225	170	115	60	3,360	168
14,000	14,100	605	500	395	285	230	175	115	65	3,410	172
14,100	14,200	615	510	405	295	230	180	120	70	3,470	176
14,200	14,300	625	515	410	300	235	185	125	70	3,520	180
14,300	14,400	635	525	420	310	240	185	130	75	3,580	184
14,400	14,500	645	535	430	315	245	190	135	80	3,630	188
14,500	14,600	650	540	435	325	250	195	135	85	3,700	192
14,600	14,700	660	550	445	335	250	200	140	90	3,750	197
14,700	14,800	675	555	450	340	255	205	150	90	3,810	201
14,800	14,900	690	565	460	350	260	205	155	95	3,870	205
14,900	15,000	705	575	470	355	265	210	160	100	3,920	209
15,000	15,100	725	580	475	365	270	215	160	105	3,980	213
15,100	15,200	740	590	485	375	270	220	165	110	4,030	217
15,200	15,300	755	595	490	380	275	225	170	110	4,090	221
15,300	15,400	770	605	500	395	285	225	175	115	4,150	225
15,400	15,500	785	615	510	400	290	230	180	120	4,210	229
15,500	15,600	805	620	515	410	300	235	180	125	4,260	233
15,600	15,700	820	635	525	420	310	240	185	130	4,320	237
15,700	15,800	835	640	530	425	315	245	190	130	4,370	241
15,800	15,900	850	650	540	435	325	245	195	135	4,430	246
15,900	16,000	865	660	550	440	330	250	200	140	4,480	250
16,000	16,100	890	670	555	450	340	255	200	150	4,530	254
16,100	16,200	905	690	565	460	350	260	205	155	4,590	258
16,200	16,300	920	705	570	465	355	265	210	155	4,650	262
16,300	16,400	935	720	580	475	365	265	215	160	4,700	266
16,400	16,500	950	735	590	480	370	270	220	165	4,750	270
16,500	16,600	970	750	595	490	380	275	220	170	4,810	274
16,600	16,700	985	770	605	500	395	280	225	175	4,860	278
16,700	16,800	1,000	785	610	505	400	290	230	175	4,910	282
16,800	16,900	1,015	800	620	515	410	300	235	180	4,960	286
16,900	17,000	1,030	815	635	520	415	305	240	185	5,020	290

「扶養控除等申告書」を提出している人について使用　　　　「扶養控除等申告書」を提出しない人について使用　　日雇労働者について使用

日額表

その日の社会保険料等控除後の給与等の金額		甲								乙	丙
		扶　養　親　族　等　の　数									
		0 人	1 人	2 人	3 人	4 人	5 人	6 人	7 人		
以　上	未　満	税							額	税　額	税　額
円	円	円	円	円	円	円	円	円	円	円	円
17,000	17,100	1,050	830	640	530	425	315	240	190	5,070	295
17,100	17,200	1,065	850	650	540	435	320	245	195	5,130	299
17,200	17,300	1,080	865	655	545	440	330	250	195	5,180	303
17,300	17,400	1,095	885	670	555	450	340	255	200	5,240	307
17,400	17,500	1,110	900	685	560	455	345	260	205	5,290	311
17,500	17,600	1,135	915	700	570	465	355	260	210	5,340	315
17,600	17,700	1,150	935	715	580	475	360	265	215	5,380	319
17,700	17,800	1,165	950	735	585	480	370	270	215	5,430	323
17,800	17,900	1,180	965	750	595	490	380	275	220	5,480	327
17,900	18,000	1,195	980	765	600	495	385	280	225	5,530	331
18,000	18,100	1,215	995	780	610	505	400	290	230	5,580	335
18,100	18,200	1,230	1,015	795	620	515	405	295	235	5,630	339
18,200	18,300	1,245	1,030	815	625	520	415	305	235	5,680	344
18,300	18,400	1,260	1,045	830	640	530	425	310	240	5,730	348
18,400	18,500	1,280	1,065	845	650	540	430	320	245	5,780	352
18,500	18,600	1,300	1,080	865	655	545	440	330	250	5,830	356
18,600	18,700	1,315	1,100	890	670	555	450	340	255	5,870	360
18,700	18,800	1,335	1,115	905	690	565	460	350	260	5,920	364
18,800	18,900	1,350	1,140	925	710	575	470	355	265	5,970	368
18,900	19,000	1,375	1,160	940	725	585	475	365	270	6,020	372
19,000	19,100	1,395	1,175	960	745	590	485	375	275	6,070	376
19,100	19,200	1,410	1,195	980	760	600	495	385	280	6,120	384
19,200	19,300	1,430	1,210	995	780	610	505	400	290	6,170	393
19,300	19,400	1,445	1,230	1,015	800	620	515	405	295	6,220	401
19,400	19,500	1,465	1,250	1,030	815	635	520	415	305	6,270	409
19,500	19,600	1,485	1,265	1,050	835	640	530	425	315	6,320	417
19,600	19,700	1,500	1,285	1,070	850	650	540	435	325	6,360	425
19,700	19,800	1,520	1,300	1,085	870	660	550	445	335	6,410	433
19,800	19,900	1,535	1,320	1,105	895	675	560	450	340	6,460	442
19,900	20,000	1,555	1,340	1,125	910	695	565	460	350	6,510	450
20,000	20,100	1,575	1,355	1,145	930	715	575	470	360	6,570	458
20,100	20,200	1,590	1,380	1,165	945	730	585	480	370	6,610	466
20,200	20,300	1,615	1,395	1,180	965	750	595	490	380	6,660	474
20,300	20,400	1,630	1,415	1,200	985	765	605	495	385	6,710	482
20,400	20,500	1,650	1,435	1,215	1,000	785	610	505	400	6,760	491
20,500	20,600	1,670	1,450	1,235	1,020	805	620	515	410	6,810	499
20,600	20,700	1,685	1,470	1,255	1,035	820	635	525	420	6,850	507
20,700	20,800	1,705	1,485	1,270	1,055	840	645	535	430	6,900	515
20,800	20,900	1,720	1,505	1,290	1,075	855	655	540	435	6,950	523
20,900	21,000	1,740	1,525	1,305	1,090	880	665	550	445	7,000	531
21,000	21,100	1,760	1,540	1,325	1,110	900	680	560	455	7,060	540
21,100	21,200	1,775	1,560	1,345	1,130	915	700	570	465	7,100	548
21,200	21,300	1,795	1,575	1,365	1,150	935	720	580	475	7,150	556
21,300	21,400	1,810	1,595	1,385	1,170	950	735	585	480	7,180	564
21,400	21,500	1,830	1,620	1,400	1,185	970	755	595	490	7,210	572
21,500	21,600	1,855	1,635	1,420	1,205	990	770	605	500	7,250	580
21,600	21,700	1,870	1,655	1,440	1,220	1,005	790	615	510	7,280	589
21,700	21,800	1,890	1,670	1,455	1,240	1,025	810	625	520	7,310	597
21,800	21,900	1,905	1,690	1,475	1,260	1,040	825	635	525	7,340	605
21,900	22,000	1,925	1,710	1,490	1,275	1,060	845	645	535	7,380	613

「扶養控除等申告書」を提出している人について使用　　　「扶養控除等申告書」を提出しない人について使用　　日雇労働者について使用

その日の社会保険料等控除後の給与等の金額		甲								乙	丙
		扶養親族等の数									
以上	未満	0 人	1 人	2 人	3 人	4 人	5 人	6 人	7 人		
		税							額	税　額	税　額
円	円	円	円	円	円	円	円	円	円	円	円
22,000	22,100	1,945	1,725	1,510	1,295	1,080	860	655	545	7,410	621
22,100	22,200	1,960	1,745	1,530	1,310	1,095	885	670	555	7,440	629
22,200	22,300	1,980	1,760	1,545	1,330	1,115	905	685	565	7,480	638
22,300	22,400	1,995	1,780	1,565	1,350	1,135	920	705	570	7,510	646
22,400	22,500	2,015	1,800	1,580	1,370	1,155	940	720	580	7,550	654
22,500	22,600	2,035	1,815	1,600	1,390	1,175	955	740	590	7,590	662
22,600	22,700	2,050	1,835	1,625	1,405	1,190	975	760	600	7,620	670
22,700	22,800	2,070	1,855	1,640	1,425	1,210	995	775	610	7,650	678
22,800	22,900	2,085	1,875	1,660	1,445	1,225	1,010	795	615	7,700	687
22,900	23,000	2,110	1,895	1,675	1,460	1,245	1,030	810	625	7,750	695
23,000	23,100	2,130	1,910	1,695	1,480	1,265	1,045	830	640	7,800	703
23,100	23,200	2,145	1,930	1,715	1,495	1,280	1,065	850	650	7,850	711
23,200	23,300	2,165	1,945	1,730	1,515	1,300	1,085	865	660	7,900	719
23,300	23,400	2,180	1,965	1,750	1,535	1,315	1,100	890	675	7,950	727
23,400	23,500	2,200	1,985	1,765	1,550	1,335	1,125	905	690	8,000	736
23,500	23,600	2,220	2,000	1,785	1,570	1,355	1,140	925	710	8,070	744
23,600	23,700	2,235	2,020	1,805	1,590	1,375	1,160	945	730	8,120	752
23,700	23,800	2,255	2,040	1,825	1,615	1,395	1,180	965	750	8,170	760
23,800	23,900	2,275	2,060	1,850	1,635	1,415	1,200	985	770	8,220	768
23,900	24,000	2,295	2,080	1,870	1,655	1,435	1,220	1,005	790	8,270	776
24,000円		2,305	2,095	1,880	1,665	1,445	1,230	1,015	800	8,320	785

その日の社会保険料等控除後の給与等の金額	甲	乙	丙
24,000円を超え26,000円に満たない金額	24,000円の場合の税額に、その日の社会保険料等控除後の給与等の金額のうち24,000円を超える金額の20.42％に相当する金額を加算した金額	8,320円に、その日の社会保険料等控除後の給与等の金額のうち24,000円を超える金額の40.84％に相当する金額を加算した金額	785円に、その日の社会保険料等控除後の給与等の金額のうち24,000円を超える金額の10.21％に相当する金額を加算した金額

	0人	1人	2人	3人	4人	5人	6人	7人		丙
	円	円	円	円	円	円	円	円		円
26,000円	2,715	2,505	2,290	2,075	1,855	1,640	1,425	1,210		989

その日の社会保険料等控除後の給与等の金額	甲	丙
26,000円を超え32,000円に満たない金額	26,000円の場合の税額に、その日の社会保険料等控除後の給与等の金額のうち26,000円を超える金額の23.483％に相当する金額を加算した金額	989円に、その日の社会保険料等控除後の給与等の金額のうち26,000円を超える金額の20.42％に相当する金額を加算した金額

「扶養控除等申告書」を提出している人について使用　　　　　「扶養控除等申告書」を提出しない人について使用　　　日雇労働者について使用

日額表

日額表

その日の社会保険料等控除後の給与等の金額	甲								乙	丙
	扶　養　親　族　等　の　数								税　額	税　額
	0 人	1 人	2 人	3 人	4 人	5 人	6 人	7 人		
以上　未満	税　　　　　　　　　　　　　　　額									
32,000円	円 4,125	円 3,915	円 3,700	円 3,485	円 3,265	円 3,050	円 2,835	円 2,620		円 2,214
32,000円を超え 57,000円に満たない金額	32,000円の場合の税額に、その日の社会保険料等控除後の給与等の金額のうち32,000円を超える金額の33.693％に相当する金額を加算した金額								8,320円に、その日の社会保険料等控除後の給与等の金額のうち24,000円を超える金額の40.84％に相当する金額を加算した金額	2,214円に、その日の社会保険料等控除後の給与等の金額のうち32,000円を超える金額の25.525％に相当する金額を加算した金額
57,000円	円 12,550	円 12,340	円 12,125	円 11,910	円 11,690	円 11,475	円 11,260	円 11,045	21,800	8,595
57,000円を超え 72,500円に満たない金額	57,000円の場合の税額に、その日の社会保険料等控除後の給与等の金額のうち57,000円を超える金額の40.84％に相当する金額を加算した金額								21,800円に、その日の社会保険料等控除後の給与等の金額のうち57,000円を超える金額の45.945％に相当する金額を加算した金額	8,595円に、その日の社会保険料等控除後の給与等の金額のうち57,000円を超える金額の33.693％に相当する金額を加算した金額
72,500円	円 19,060	円 18,845	円 18,635	円 18,420	円 18,200	円 17,985	円 17,770	円 17,555		
72,500円を超え 73,500円に満たない金額	72,500円の場合の税額に、その日の社会保険料等控除後の給与等の金額のうち72,500円を超える金額の40.84％に相当する金額を加算した金額									
73,500円	円 19,655	円 19,440	円 19,225	円 19,010	円 18,790	円 18,575	円 18,360	円 18,150		

「扶養控除等申告書」を提出している人について使用　　　　　　「扶養控除等申告書」を提出しない人について使用　　日雇労働者について使用

その日の社会保険料等控除後の給与等の金額	甲								乙	丙
	扶　養　親　族　等　の　数								税　　額	税　　額
	0　人	1　人	2　人	3　人	4　人	5　人	6　人	7　人		
以　上　未　満	税							額		
73,500円を超え 75,000円に満たない金額	73,500円の場合の税額に、その日の社会保険料等控除後の給与等の金額のうち73,500円を超える金額の40.84％に相当する金額を加算した金額								21,800円に、その日の社会保険料等控除後の給与等の金額のうち57,000円を超える金額の45.945％に相当する金額を加算した金額	8,595円に、その日の社会保険料等控除後の給与等の金額のうち57,000円を超える金額の33.693％に相当する金額を加算した金額
75,000円	円 20,450	円 20,235	円 20,020	円 19,805	円 19,585	円 19,375	円 19,160	円 18,945		
75,000円を超え 116,500円に満たない金額	75,000円の場合の税額に、その日の社会保険料等控除後の給与等の金額のうち75,000円を超える金額の40.84％に相当する金額を加算した金額									
116,500円	円 37,400	円 37,185	円 36,970	円 36,755	円 36,535	円 36,325	円 36,110	円 35,895		円 28,643
116,500円を超える金額	116,500円の場合の税額に、その日の社会保険料等控除後の給与等の金額のうち116,500円を超える金額の45.945％に相当する金額を加算した金額									28,643円に、その日の社会保険料等控除後の給与等の金額のうち116,500円を超える金額の40.84％に相当する金額を加算した金額
扶養親族等の数が7人を超える場合には、扶養親族等の数が7人の場合の税額から、その7人を超える1人ごとに50円を控除した金額									従たる給与についての扶養控除等申告書が提出されている場合には、当該申告書に記載された扶養親族等の数に応じ、扶養親族等1人ごとに50円を、上の各欄によって求めた税額から控除した金額	―

「扶養控除等申告書」を提出している人について使用　　　　　　　　「扶養控除等申告書」を提出しない人について使用　　日雇労働者について使用

日額表 《八》

(注) この表における用語の意味は、次のとおりです。

1 「扶養親族等」とは、源泉控除対象配偶者及び控除対象扶養親族をいいます。

2 「社会保険料等」とは、所得税法第74条第2項（社会保険料控除）に規定する社会保険料及び同法第75条第2項（小規模企業共済等掛金控除）に規定する小規模企業共済等掛金をいいます。

(備考) 税額の求め方は、次のとおりです。

1 「給与所得者の扶養控除等申告書」(以下この表において「扶養控除等申告書」といいます。) の提出があった人

(1) まず、その人のその日の給与等の金額から、その給与等の金額から控除される社会保険料等の金額を控除した金額を求めます。

(2) 次に、扶養控除等申告書により申告された扶養親族等（その申告書に記載がされていないものとされる源泉控除対象配偶者を除きます。また、扶養親族等が国外居住親族である場合には、親族に該当する旨を証する書類（その国外居住親族である扶養親族等が年齢30歳以上70歳未満の控除対象扶養親族であり、かつ、留学により国内に住所及び居所を有しなくなった人である場合には、親族に該当する旨を証する書類及び留学により国内に住所及び居所を有しなくなった人に該当する旨を証する書類）が扶養控除等申告書に添付され、又は扶養控除等申告書の提出の際に提示された扶養親族等に限ります。) の数が7人以下である場合には、(1)により求めた金額に応じて「その日の社会保険料等控除後の給与等の金額」欄の該当する行を求め、その行と扶養親族等の数に応じた甲欄の該当欄との交わるところに記載されている金額を求めます。これが求める税額です。

(3) 扶養控除等申告書により申告された扶養親族等の数が7人を超える場合には、(1)により求めた金額に応じて、扶養親族等の数が7人であるものとして(2)により求めた税額から、扶養親族等の数が7人を超える1人ごとに50円を控除した金額を求めます。これが求める税額です。

(4) (2)及び(3)の場合において、扶養控除等申告書にその人が障害者（特別障害者を含みます。）、寡婦、ひとり親又は勤労学生に該当する旨の記載があるときは、扶養親族等の数にこれらの一に該当するごとに1人を加算した数を、扶養控除等申告書にその人の同一生計配偶者又は扶養親族のうちに障害者(特別障害者を含みます。)又は同居特別障害者（障害者（特別障害者を含みます。）又は同居特別障害者が国外居住親族である場合には、親族に該当する旨を証する書類が扶養控除等申告書に添付され、又は当該書類が扶養控除等申告書の提出の際に提示された障害者（特別障害者を含みます。）又は同居特別障害者に限ります。) に該当する人がいる旨の記載があるときは、扶養親族等の数にこれらの一に該当するごとに1人を加算した数を、それぞれ(2)及び(3)の扶養親族等の数とします。

2 扶養控除等申告書の提出がない人（「従たる給与についての扶養控除等申告書」の提出があった人を含みます。)

(1) (2)に該当する場合を除き、その人のその日の給与等の金額から、その給与等の金額から控除される社会保険料等の金額を控除し、その控除後の金額に応じて「その日の社会保険料等控除後の給与等の金額」欄の該当する行を求め、その行と乙欄との交わるところに記載されている金額（「従たる給与についての扶養控除等申告書」の提出があった場合には、その申告書により申告された扶養親族等（その申告書に記載がされていないものとされる源泉控除対象配偶者を除きます。）の数に応じ、扶養親族等1人ごとに50円を控除した金額)を求めます。これが求める税額です。

(2) その給与等が所得税法第185条第1項第3号（労働した日ごとに支払われる給与等）に掲げる給与等であるときは、その人のその日の給与等の金額から、その給与等の金額から控除される社会保険料等の金額を控除し、その控除後の金額に応じて「その日の社会保険料等控除後の給与等の金額」欄の該当する行を求め、その行と丙欄との交わるところに記載されている金額を求めます。これが求める税額です。

日額表

ただし、継続して2か月を超えて支払うこととなった場合には、その2か月を超える部分の期間につき支払われる給与等は、労働した日ごとに支払われる給与等には含まれませんので、税額の求め方は1又は2(1)によります。

賞

与

賞与の金額に乗ずべき率	甲							
	扶　　　　養　　　　親　　　　族							
	0　　人		1　　人		2　　人		3　　人	
	前　月　の　社　会　保　険　料　等							
	以　　上	未　　満	以　　上	未　　満	以　　上	未　　満	以　　上	未　　満
％	千円	千円	千円	千円	千円	千円	千円	千円
0.000	68 千円未満		94 千円未満		133 千円未満		171 千円未満	
2.042	68	79	94	243	133	269	171	295
4.084	79	252	243	282	269	312	295	345
6.126	252	300	282	338	312	369	345	398
8.168	300	334	338	365	369	393	398	417
10.210	334	363	365	394	393	420	417	445
12.252	363	395	394	422	420	450	445	477
14.294	395	426	422	455	450	484	477	510
16.336	426	520	455	520	484	520	510	544
18.378	520	601	520	617	520	632	544	647
20.420	601	678	617	699	632	721	647	745
22.462	678	708	699	733	721	757	745	782
24.504	708	745	733	771	757	797	782	823
26.546	745	788	771	814	797	841	823	868
28.588	788	846	814	874	841	902	868	931
30.630	846	914	874	944	902	975	931	1,005
32.672	914	1,312	944	1,336	975	1,360	1,005	1,385
35.735	1,312	1,521	1,336	1,526	1,360	1,526	1,385	1,538
38.798	1,521	2,621	1,526	2,645	1,526	2,669	1,538	2,693
41.861	2,621	3,495	2,645	3,527	2,669	3,559	2,693	3,590
45.945	3,495千円以上		3,527千円以上		3,559千円以上		3,590千円以上	

（注）　この表における用語の意味は、次のとおりです。
　1　「扶養親族等」とは、源泉控除対象配偶者及び控除対象扶養親族をいいます。
　2　「社会保険料等」とは、所得税法第74条第2項（社会保険料控除）に規定する社会保険料及び同法第75条第2項（小規模企業共済等掛金控除）に規定する小規模企業共済等掛金をいいます。
　　　また、「賞与の金額に乗ずべき率」の賞与の金額とは、賞与の金額から控除される社会保険料等の金額がある場合には、その社会保険料等控除後の金額をいいます。
（備考）　賞与の金額に乗ずべき率の求め方は、次のとおりです。
　1　「給与所得者の扶養控除等申告書」（以下この表において「扶養控除等申告書」といいます。）の提出があった人（4に該当する場合を除きます。）
　　⑴　まず、その人の前月中の給与等（賞与を除きます。以下この表において同じです。）の金額から、その給与等の金額から控除される社会保険料等の金額（以下この表において「前月中の社会保険料等の金額」といいます。）を控除した金額を求めます。
　　⑵　次に、扶養控除等申告書により申告された扶養親族等（その申告書に記載がされていないものとされる源泉控除対象配偶者を除きます。また、扶養親族等が国外居住親族である場合には、親族に該当する旨を証する書類（その国外居住親族である扶養親族等が年齢30歳以上70歳未満の控除対象扶養親族であり、かつ、留学により国内に住所及び居所を有しなくなった人である場合には、親族に該当する旨を証する書類及び留学により国内に住所及び居所を有しなくなった人に該当する旨を証する書類）が扶養控除等申告書に添付され、又は扶養控除等申告書の提出の際に提示された扶養親族等に限ります。）の数と⑴により求めた金額とに応じて甲欄の「前月の社会保険料等控除後の給与等の金額」欄の該当する行を求めます。
　　⑶　⑵により求めた行と「賞与の金額に乗ずべき率」欄との交わるところに記載されている率を求めます。これが求める率です。
　2　1の場合において、扶養控除等申告書にその人が障害者（特別障害者を含みます。）、寡婦、ひとり親又は勤労学生に該当する旨の記載があるときは、扶養親族等の数にこれらの一に該当するごとに1

収税額の算出率の表

等 の 数								乙	
4 人		5 人		6 人		7 人 以上		前月の社会保険料等控除後の給与等の金額	
控除後の給与等の金額									
以上	未満	以上	未満	以上	未満	以上	未満	以上	未満
千円	千円	千円	千円	千円	千円	千円	千円	千円	千円
210 千円未満		243 千円未満		275 千円未満		308 千円未満			
210	300	243	300	275	333	308	372		
300	378	300	406	333	431	372	456		
378	424	406	450	431	476	456	502		
424	444	450	472	476	499	502	523		
444	470	472	496	499	521	523	545		222
470	503	496	525	521	547	545	571		
503	534	525	557	547	582	571	607		
534	570	557	597	582	623	607	650		
570	662	597	677	623	693	650	708		
662	768	677	792	693	815	708	838	222	293
768	806	792	831	815	856	838	880		
806	849	831	875	856	900	880	926		
849	896	875	923	900	950	926	978		
896	959	923	987	950	1,015	978	1,043		
959	1,036	987	1,066	1,015	1,096	1,043	1,127	293	524
1,036	1,409	1,066	1,434	1,096	1,458	1,127	1,482		
1,409	1,555	1,434	1,555	1,458	1,555	1,482	1,583		
1,555	2,716	1,555	2,740	1,555	2,764	1,583	2,788	524	1,118
2,716	3,622	2,740	3,654	2,764	3,685	2,788	3,717		
3,622千円以上		3,654千円以上		3,685千円以上		3,717千円以上		1,118千円以上	

人を加算した数を、扶養控除等申告書にその人の同一生計配偶者又は扶養親族のうちに障害者（特別障害者を含みます。）又は同居特別障害者（障害者（特別障害者を含みます。）又は同居特別障害者が国外居住親族である場合には、親族に該当する旨を証する書類が扶養控除等申告書に添付され、又は当該書類が扶養控除等申告書の提出の際に提示された障害者（特別障害者を含みます。）又は同居特別障害者に限ります。）に該当する人がいる旨の記載があるときは、扶養親族等の数にこれらの一に該当するごとに1人を加算した数を、それぞれ扶養親族等の数 とします。

3 扶養控除等申告書の提出がない人（「従たる給与についての扶養控除等申告書」の提出があった人を含み、4に該当する場合を除きます。）
　(1) その人の前月中の給与等の金額から前月中の社会保険料等の金額を控除した金額を求めます。
　(2) (1)により求めた金額に応じて乙欄の「前月の社会保険料等控除後の給与等の金額」欄の該当する行を求めます。
　(3) (2)により求めた行と「賞与の金額に乗ずべき率」欄との交わるところに記載されている率を求めます。これが求める率です。

4 前月中の給与等の金額がない場合や前月中の給与等の金額が前月中の社会保険料等の金額以下である場合又はその賞与の金額（その金額から控除される社会保険料等の金額がある場合には、その控除後の金額）が前月中の給与等の金額から前月中の社会保険料等の金額を控除した金額の10倍に相当する金額を超える場合には、この表によらず、平成24年3月31日財務省告示第115号（令和2年3月31日財務省告示第81号改正）第3項第1号イ(2)若しくはロ(2)又は第2号の規定により、月額表を使って税額を計算します。

5 1から4までの場合において、その人の受ける給与等の支給期が月の整数倍の期間ごとと定められているときは、その賞与の支払の直前に支払を受けた若しくは支払を受けるべき給与等の金額又はその給与等の金額から控除される社会保険料等の金額をその倍数で除して計算した金額を、それぞれ前月中の給与等の金額又はその金額から控除される社会保険料等の金額とみなします。

源泉徴収のための退職所得控除額の表（令和6年（2024年）分）

勤続年数	退職所得控除額		勤続年数	退職所得控除額	
	一般退職の場合	障害退職の場合		一般退職の場合（千円）	障害退職の場合（千円）
2年以下	800（千円）	1,800（千円）	24 年 25 年 26 年	10,800 11,500 12,200	11,800 12,500 13,200
3 年	1,200	2,200	27 年	12,900	13,900
4 年	1,600	2,600	28 年	13,600	14,600
5 年	2,000	3,000	29 年	14,300	15,300
6 年	2,400	3,400	30 年	15,000	16,000
7 年	2,800	3,800	31 年	15,700	16,700
8 年	3,200	4,200	32 年	16,400	17,400
9 年	3,600	4,600	33 年	17,100	18,100
10 年	4,000	5,000	34 年	17,800	18,800
11 年	4,400	5,400	35 年	18,500	19,500
12 年	4,800	5,800	36 年	19,200	20,200
13 年	5,200	6,200	37 年	19,900	20,900
14 年	5,600	6,600	38 年	20,600	21,600
15 年	6,000	7,000	39 年	21,300	22,300
16 年	6,400	7,400	40 年	22,000	23,000
17 年	6,800	7,800			
18 年	7,200	8,200	41年以上	22,000千円に、勤続年数が40年を超える1年ごとに700千円を加算した金額	23,000千円に、勤続年数が40年を超える1年ごとに700千円を加算した金額
19 年	7,600	8,600			
20 年	8,000	9,000			
21 年	8,700	9,700			
22 年	9,400	10,400			
23 年	10,100	11,100			

退職

(注) この表における用語の意味は、次のとおりです。

(1) 「勤続年数」とは、退職手当等の支払を受ける人が、退職手当等の支払者の下においてその退職手当等の支払の基因となった退職の日まで引き続き勤務した期間により計算した一定の年数をいいます（所得税法施行令第69条）。

(2) 「障害退職の場合」とは、障害者になったことに直接基因して退職したと認められる一定の場合をいいます（所得税法第30条第5項第3号）。

(3) 「一般退職の場合」とは、障害退職の場合以外の退職の場合をいいます。

(備考)

(1) 退職所得控除額は、(2)に該当する場合を除き、退職手当等に係る勤続年数に応じ「勤続年数」欄の該当する行に当てはめて求めます。この場合、一般退職のときはその行の「退職所得控除額」の「一般退職の場合」欄に記載されている金額が、また、障害退職のときはその行の「退職所得控除額」の「障害退職の場合」欄に記載されている金額が、それぞれその退職手当等に係る退職所得控除額です。

(2) 所得税法第30条第5項第1号（退職所得控除額の計算の特例）に掲げる場合に該当するときは、同項の規定に準じて計算した金額が、その退職手当等に係る退職所得控除額です。

令和6年（2024年）分の退職所得の源泉徴収税額の速算表

課税退職所得金額(A)		税　率(B)	控除額(C)	税額＝((A)×(B)－(C))×102.1%
	1,950,000円以下	5 %	—	((A)× 5 %　　　　　)×102.1%
1,950,000円超	3,300,000円 〃	10%	97,500円	((A)×10% －　　97,500円)×102.1%
3,300,000円 〃	6,950,000円 〃	20%	427,500円	((A)×20% －　427,500円)×102.1%
6,950,000円 〃	9,000,000円 〃	23%	636,000円	((A)×23% －　636,000円)×102.1%
9,000,000円 〃	18,000,000円 〃	33%	1,536,000円	((A)×33% － 1,536,000円)×102.1%
18,000,000円 〃	40,000,000円 〃	40%	2,796,000円	((A)×40% － 2,796,000円)×102.1%
40,000,000円 〃		45%	4,796,000円	((A)×45% － 4,796,000円)×102.1%

(注) 求めた税額に1円未満の端数があるときは、これを切り捨てます。

〔**参　考**〕

1. 退職所得の所得税額の求め方

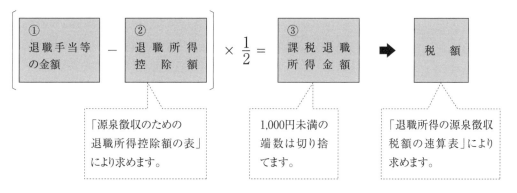

(注) 1　退職手当等に係る税額は、退職手当等の金額（①）から退職所得控除額（②）を控除した残額の$\frac{1}{2}$
に相当する金額（課税退職所得金額（③）に応じて、「退職所得の源泉徴収税額の速算表」の「税額」
欄に算式が示されていますので、この算式に従って計算して税額を求めます。

2　特定役員退職手当等に該当する場合には、「$\frac{1}{2}$」を適用しないで計算を行います。

3　短期退職手当等について、退職手当等の金額から退職所得控除額を控除した残額が300万円を
超える場合には、300万円を超える部分については、「$\frac{1}{2}$」を適用しないで計算を行います。

2. 退職所得の住民税額の求め方

①退職所得等の金額

②退職所得控除額　　　　　　……所得税と同じ

③課税退職所得金額

道府県民税　　課税退職所得金額×4%＝税額

市町村民税　　課税退職所得金額×6%＝税額

年末調整等のための給与所得控除後の給与等の金額の表

～1,771,999円		1,772,000円～1,971,999円		1,972,000円～2,171,999円	
給与等の金額 から～まで	給与所得控除後の給与等の金額	給与等の金額 から～まで	給与所得控除後の給与等の金額	給与等の金額 から～まで	給与所得控除後の給与等の金額
円　　　　　円	円	円　　　　　円	円	円　　　　　円	円
550,999まで	0	1,772,000～1,775,999	1,163,200	1,972,000～1,975,999	1,300,400
		1,776,000～1,779,999	1,165,600	1,976,000～1,979,999	1,303,200
		1,780,000～1,783,999	1,168,000	1,980,000～1,983,999	1,306,000
		1,784,000～1,787,999	1,170,400	1,984,000～1,987,999	1,308,800
		1,788,000～1,791,999	1,172,800	1,988,000～1,991,999	1,311,600
551,000～1,618,999	給与等の金額から550,000円を控除した金額	1,792,000～1,795,999	1,175,200	1,992,000～1,995,999	1,314,400
		1,796,000～1,799,999	1,177,600	1,996,000～1,999,999	1,317,200
		1,800,000～1,803,999	1,180,000	2,000,000～2,003,999	1,320,000
		1,804,000～1,807,999	1,182,800	2,004,000～2,007,999	1,322,800
		1,808,000～1,811,999	1,185,600	2,008,000～2,011,999	1,325,600
1,619,000～1,619,999	1,069,000	1,812,000～1,815,999	1,188,400	2,012,000～2,015,999	1,328,400
1,620,000～1,621,999	1,070,000	1,816,000～1,819,999	1,191,200	2,016,000～2,019,999	1,331,200
1,622,000～1,623,999	1,072,000	1,820,000～1,823,999	1,194,000	2,020,000～2,023,999	1,334,000
1,624,000～1,627,999	1,074,000	1,824,000～1,827,999	1,196,800	2,024,000～2,027,999	1,336,800
1,628,000～1,631,999	1,076,800	1,828,000～1,831,999	1,199,600	2,028,000～2,031,999	1,339,600
1,632,000～1,635,999	1,079,200	1,832,000～1,835,999	1,202,400	2,032,000～2,035,999	1,342,400
1,636,000～1,639,999	1,081,600	1,836,000～1,839,999	1,205,200	2,036,000～2,039,999	1,345,200
1,640,000～1,643,999	1,084,000	1,840,000～1,843,999	1,208,000	2,040,000～2,043,999	1,348,000
1,644,000～1,647,999	1,086,400	1,844,000～1,847,999	1,210,800	2,044,000～2,047,999	1,350,800
1,648,000～1,651,999	1,088,800	1,848,000～1,851,999	1,213,600	2,048,000～2,051,999	1,353,600
1,652,000～1,655,999	1,091,200	1,852,000～1,855,999	1,216,400	2,052,000～2,055,999	1,356,400
1,656,000～1,659,999	1,093,600	1,856,000～1,859,999	1,219,200	2,056,000～2,059,999	1,359,200
1,660,000～1,663,999	1,096,000	1,860,000～1,863,999	1,222,000	2,060,000～2,063,999	1,362,000
1,664,000～1,667,999	1,098,400	1,864,000～1,867,999	1,224,800	2,064,000～2,067,999	1,364,800
1,668,000～1,671,999	1,100,800	1,868,000～1,871,999	1,227,600	2,068,000～2,071,999	1,367,600
1,672,000～1,675,999	1,103,200	1,872,000～1,875,999	1,230,400	2,072,000～2,075,999	1,370,400
1,676,000～1,679,999	1,105,600	1,876,000～1,879,999	1,233,200	2,076,000～2,079,999	1,373,200
1,680,000～1,683,999	1,108,000	1,880,000～1,883,999	1,236,000	2,080,000～2,083,999	1,376,000
1,684,000～1,687,999	1,110,400	1,884,000～1,887,999	1,238,800	2,084,000～2,087,999	1,378,800
1,688,000～1,691,999	1,112,800	1,888,000～1,891,999	1,241,600	2,088,000～2,091,999	1,381,600
1,692,000～1,695,999	1,115,200	1,892,000～1,895,999	1,244,400	2,092,000～2,095,999	1,384,400
1,696,000～1,699,999	1,117,600	1,896,000～1,899,999	1,247,200	2,096,000～2,099,999	1,387,200
1,700,000～1,703,999	1,120,000	1,900,000～1,903,999	1,250,000	2,100,000～2,103,999	1,390,000
1,704,000～1,707,999	1,122,400	1,904,000～1,907,999	1,252,800	2,104,000～2,107,999	1,392,800
1,708,000～1,711,999	1,124,800	1,908,000～1,911,999	1,255,600	2,108,000～2,111,999	1,395,600
1,712,000～1,715,999	1,127,200	1,912,000～1,915,999	1,258,400	2,112,000～2,115,999	1,398,400
1,716,000～1,719,999	1,129,600	1,916,000～1,919,999	1,261,200	2,116,000～2,119,999	1,401,200
1,720,000～1,723,999	1,132,000	1,920,000～1,923,999	1,264,000	2,120,000～2,123,999	1,404,000
1,724,000～1,727,999	1,134,400	1,924,000～1,927,999	1,266,800	2,124,000～2,127,999	1,406,800
1,728,000～1,731,999	1,136,800	1,928,000～1,931,999	1,269,600	2,128,000～2,131,999	1,409,600
1,732,000～1,735,999	1,139,200	1,932,000～1,935,999	1,272,400	2,132,000～2,135,999	1,412,400
1,736,000～1,739,999	1,141,600	1,936,000～1,939,999	1,275,200	2,136,000～2,139,999	1,415,200
1,740,000～1,743,999	1,144,000	1,940,000～1,943,999	1,278,000	2,140,000～2,143,999	1,418,000
1,744,000～1,747,999	1,146,400	1,944,000～1,947,999	1,280,800	2,144,000～2,147,999	1,420,800
1,748,000～1,751,999	1,148,800	1,948,000～1,951,999	1,283,600	2,148,000～2,151,999	1,423,600
1,752,000～1,755,999	1,151,200	1,952,000～1,955,999	1,286,400	2,152,000～2,155,999	1,426,400
1,756,000～1,759,999	1,153,600	1,956,000～1,959,999	1,289,200	2,156,000～2,159,999	1,429,200
1,760,000～1,763,999	1,156,000	1,960,000～1,963,999	1,292,000	2,160,000～2,163,999	1,432,000
1,764,000～1,767,999	1,158,400	1,964,000～1,967,999	1,294,800	2,164,000～2,167,999	1,434,800
1,768,000～1,771,999	1,160,800	1,968,000～1,971,999	1,297,600	2,168,000～2,171,999	1,437,600

年末調整

2,172,000円～2,371,999円		2,372,000円～2,571,999円		2,572,000円～2,771,999円	
給与等の金額	給与所得控除後の給与等の金額	給与等の金額	給与所得控除後の給与等の金額	給与等の金額	給与所得控除後の給与等の金額
から～まで		から～まで		から～まで	
円　　　　　　円	円	円　　　　　　円	円	円　　　　　　円	円
2,172,000 ～ 2,175,999	1,440,400	2,372,000 ～ 2,375,999	1,580,400	2,572,000 ～ 2,575,999	1,720,400
2,176,000 ～ 2,179,999	1,443,200	2,376,000 ～ 2,379,999	1,583,200	2,576,000 ～ 2,579,999	1,723,200
2,180,000 ～ 2,183,999	1,446,000	2,380,000 ～ 2,383,999	1,586,000	2,580,000 ～ 2,583,999	1,726,000
2,184,000 ～ 2,187,999	1,448,800	2,384,000 ～ 2,387,999	1,588,800	2,584,000 ～ 2,587,999	1,728,800
2,188,000 ～ 2,191,999	1,451,600	2,388,000 ～ 2,391,999	1,591,600	2,588,000 ～ 2,591,999	1,731,600
2,192,000 ～ 2,195,999	1,454,400	2,392,000 ～ 2,395,999	1,594,400	2,592,000 ～ 2,595,999	1,734,400
2,196,000 ～ 2,199,999	1,457,200	2,396,000 ～ 2,399,999	1,597,200	2,596,000 ～ 2,599,999	1,737,200
2,200,000 ～ 2,203,999	1,460,000	2,400,000 ～ 2,403,999	1,600,000	2,600,000 ～ 2,603,999	1,740,000
2,204,000 ～ 2,207,999	1,462,800	2,404,000 ～ 2,407,999	1,602,800	2,604,000 ～ 2,607,999	1,742,800
2,208,000 ～ 2,211,999	1,465,600	2,408,000 ～ 2,411,999	1,605,600	2,608,000 ～ 2,611,999	1,745,600
2,212,000 ～ 2,215,999	1,468,400	2,412,000 ～ 2,415,999	1,608,400	2,612,000 ～ 2,615,999	1,748,400
2,216,000 ～ 2,219,999	1,471,200	2,416,000 ～ 2,419,999	1,611,200	2,616,000 ～ 2,619,999	1,751,200
2,220,000 ～ 2,223,999	1,474,000	2,420,000 ～ 2,423,999	1,614,000	2,620,000 ～ 2,623,999	1,754,000
2,224,000 ～ 2,227,999	1,476,800	2,424,000 ～ 2,427,999	1,616,800	2,624,000 ～ 2,627,999	1,756,800
2,228,000 ～ 2,231,999	1,479,600	2,428,000 ～ 2,431,999	1,619,600	2,628,000 ～ 2,631,999	1,759,600
2,232,000 ～ 2,235,999	1,482,400	2,432,000 ～ 2,435,999	1,622,400	2,632,000 ～ 2,635,999	1,762,400
2,236,000 ～ 2,239,999	1,485,200	2,436,000 ～ 2,439,999	1,625,200	2,636,000 ～ 2,639,999	1,765,200
2,240,000 ～ 2,243,999	1,488,000	2,440,000 ～ 2,443,999	1,628,000	2,640,000 ～ 2,643,999	1,768,000
2,244,000 ～ 2,247,999	1,490,800	2,444,000 ～ 2,447,999	1,630,800	2,644,000 ～ 2,647,999	1,770,800
2,248,000 ～ 2,251,999	1,493,600	2,448,000 ～ 2,451,999	1,633,600	2,648,000 ～ 2,651,999	1,773,600
2,252,000 ～ 2,255,999	1,496,400	2,452,000 ～ 2,455,999	1,636,400	2,652,000 ～ 2,655,999	1,776,400
2,256,000 ～ 2,259,999	1,499,200	2,456,000 ～ 2,459,999	1,639,200	2,656,000 ～ 2,659,999	1,779,200
2,260,000 ～ 2,263,999	1,502,000	2,460,000 ～ 2,463,999	1,642,000	2,660,000 ～ 2,663,999	1,782,000
2,264,000 ～ 2,267,999	1,504,800	2,464,000 ～ 2,467,999	1,644,800	2,664,000 ～ 2,667,999	1,784,800
2,268,000 ～ 2,271,999	1,507,600	2,468,000 ～ 2,471,999	1,647,600	2,668,000 ～ 2,671,999	1,787,600
2,272,000 ～ 2,275,999	1,510,400	2,472,000 ～ 2,475,999	1,650,400	2,672,000 ～ 2,675,999	1,790,400
2,276,000 ～ 2,279,999	1,513,200	2,476,000 ～ 2,479,999	1,653,200	2,676,000 ～ 2,679,999	1,793,200
2,280,000 ～ 2,283,999	1,516,000	2,480,000 ～ 2,483,999	1,656,000	2,680,000 ～ 2,683,999	1,796,000
2,284,000 ～ 2,287,999	1,518,800	2,484,000 ～ 2,487,999	1,658,800	2,684,000 ～ 2,687,999	1,798,800
2,288,000 ～ 2,291,999	1,521,600	2,488,000 ～ 2,491,999	1,661,600	2,688,000 ～ 2,691,999	1,801,600
2,292,000 ～ 2,295,999	1,524,400	2,492,000 ～ 2,495,999	1,664,400	2,692,000 ～ 2,695,999	1,804,400
2,296,000 ～ 2,299,999	1,527,200	2,496,000 ～ 2,499,999	1,667,200	2,696,000 ～ 2,699,999	1,807,200
2,300,000 ～ 2,303,999	1,530,000	2,500,000 ～ 2,503,999	1,670,000	2,700,000 ～ 2,703,999	1,810,000
2,304,000 ～ 2,307,999	1,532,800	2,504,000 ～ 2,507,999	1,672,800	2,704,000 ～ 2,707,999	1,812,800
2,308,000 ～ 2,311,999	1,535,600	2,508,000 ～ 2,511,999	1,675,600	2,708,000 ～ 2,711,999	1,815,600
2,312,000 ～ 2,315,999	1,538,400	2,512,000 ～ 2,515,999	1,678,400	2,712,000 ～ 2,715,999	1,818,400
2,316,000 ～ 2,319,999	1,541,200	2,516,000 ～ 2,519,999	1,681,200	2,716,000 ～ 2,719,999	1,821,200
2,320,000 ～ 2,323,999	1,544,000	2,520,000 ～ 2,523,999	1,684,000	2,720,000 ～ 2,723,999	1,824,000
2,324,000 ～ 2,327,999	1,546,800	2,524,000 ～ 2,527,999	1,686,800	2,724,000 ～ 2,727,999	1,826,800
2,328,000 ～ 2,331,999	1,549,600	2,528,000 ～ 2,531,999	1,689,600	2,728,000 ～ 2,731,999	1,829,600
2,332,000 ～ 2,335,999	1,552,400	2,532,000 ～ 2,535,999	1,692,400	2,732,000 ～ 2,735,999	1,832,400
2,336,000 ～ 2,339,999	1,555,200	2,536,000 ～ 2,539,999	1,695,200	2,736,000 ～ 2,739,999	1,835,200
2,340,000 ～ 2,343,999	1,558,000	2,540,000 ～ 2,543,999	1,698,000	2,740,000 ～ 2,743,999	1,838,000
2,344,000 ～ 2,347,999	1,560,800	2,544,000 ～ 2,547,999	1,700,800	2,744,000 ～ 2,747,999	1,840,800
2,348,000 ～ 2,351,999	1,563,600	2,548,000 ～ 2,551,999	1,703,600	2,748,000 ～ 2,751,999	1,843,600
2,352,000 ～ 2,355,999	1,566,400	2,552,000 ～ 2,555,999	1,706,400	2,752,000 ～ 2,755,999	1,846,400
2,356,000 ～ 2,359,999	1,569,200	2,556,000 ～ 2,559,999	1,709,200	2,756,000 ～ 2,759,999	1,849,200
2,360,000 ～ 2,363,999	1,572,000	2,560,000 ～ 2,563,999	1,712,000	2,760,000 ～ 2,763,999	1,852,000
2,364,000 ～ 2,367,999	1,574,800	2,564,000 ～ 2,567,999	1,714,800	2,764,000 ～ 2,767,999	1,854,800
2,368,000 ～ 2,371,999	1,577,600	2,568,000 ～ 2,571,999	1,717,600	2,768,000 ～ 2,771,999	1,857,600

年末調整

年末調整

給与等の金額（2,772,000円〜2,971,999円）		給与所得控除後の給与等の金額	給与等の金額（2,972,000円〜3,171,999円）		給与所得控除後の給与等の金額	給与等の金額（3,172,000円〜3,371,999円）		給与所得控除後の給与等の金額
から	〜まで		から	〜まで		から	〜まで	
円	円	円	円	円	円	円	円	円
2,772,000	2,775,999	1,860,400	2,972,000	2,975,999	2,000,400	3,172,000	3,175,999	2,140,400
2,776,000	2,779,999	1,863,200	2,976,000	2,979,999	2,003,200	3,176,000	3,179,999	2,143,200
2,780,000	2,783,999	1,866,000	2,980,000	2,983,999	2,006,000	3,180,000	3,183,999	2,146,000
2,784,000	2,787,999	1,868,800	2,984,000	2,987,999	2,008,800	3,184,000	3,187,999	2,148,800
2,788,000	2,791,999	1,871,600	2,988,000	2,991,999	2,011,600	3,188,000	3,191,999	2,151,600
2,792,000	2,795,999	1,874,400	2,992,000	2,995,999	2,014,400	3,192,000	3,195,999	2,154,400
2,796,000	2,799,999	1,877,200	2,996,000	2,999,999	2,017,200	3,196,000	3,199,999	2,157,200
2,800,000	2,803,999	1,880,000	3,000,000	3,003,999	2,020,000	3,200,000	3,203,999	2,160,000
2,804,000	2,807,999	1,882,800	3,004,000	3,007,999	2,022,800	3,204,000	3,207,999	2,162,800
2,808,000	2,811,999	1,885,600	3,008,000	3,011,999	2,025,600	3,208,000	3,211,999	2,165,600
2,812,000	2,815,999	1,888,400	3,012,000	3,015,999	2,028,400	3,212,000	3,215,999	2,168,400
2,816,000	2,819,999	1,891,200	3,016,000	3,019,999	2,031,200	3,216,000	3,219,999	2,171,200
2,820,000	2,823,999	1,894,000	3,020,000	3,023,999	2,034,000	3,220,000	3,223,999	2,174,000
2,824,000	2,827,999	1,896,800	3,024,000	3,027,999	2,036,800	3,224,000	3,227,999	2,176,800
2,828,000	2,831,999	1,899,600	3,028,000	3,031,999	2,039,600	3,228,000	3,231,999	2,179,600
2,832,000	2,835,999	1,902,400	3,032,000	3,035,999	2,042,400	3,232,000	3,235,999	2,182,400
2,836,000	2,839,999	1,905,200	3,036,000	3,039,999	2,045,200	3,236,000	3,239,999	2,185,200
2,840,000	2,843,999	1,908,000	3,040,000	3,043,999	2,048,000	3,240,000	3,243,999	2,188,000
2,844,000	2,847,999	1,910,800	3,044,000	3,047,999	2,050,800	3,244,000	3,247,999	2,190,800
2,848,000	2,851,999	1,913,600	3,048,000	3,051,999	2,053,600	3,248,000	3,251,999	2,193,600
2,852,000	2,855,999	1,916,400	3,052,000	3,055,999	2,056,400	3,252,000	3,255,999	2,196,400
2,856,000	2,859,999	1,919,200	3,056,000	3,059,999	2,059,200	3,256,000	3,259,999	2,199,200
2,860,000	2,863,999	1,922,000	3,060,000	3,063,999	2,062,000	3,260,000	3,263,999	2,202,000
2,864,000	2,867,999	1,924,800	3,064,000	3,067,999	2,064,800	3,264,000	3,267,999	2,204,800
2,868,000	2,871,999	1,927,600	3,068,000	3,071,999	2,067,600	3,268,000	3,271,999	2,207,600
2,872,000	2,875,999	1,930,400	3,072,000	3,075,999	2,070,400	3,272,000	3,275,999	2,210,400
2,876,000	2,879,999	1,933,200	3,076,000	3,079,999	2,073,200	3,276,000	3,279,999	2,213,200
2,880,000	2,883,999	1,936,000	3,080,000	3,083,999	2,076,000	3,280,000	3,283,999	2,216,000
2,884,000	2,887,999	1,938,800	3,084,000	3,087,999	2,078,800	3,284,000	3,287,999	2,218,800
2,888,000	2,891,999	1,941,600	3,088,000	3,091,999	2,081,600	3,288,000	3,291,999	2,221,600
2,892,000	2,895,999	1,944,400	3,092,000	3,095,999	2,084,400	3,292,000	3,295,999	2,224,400
2,896,000	2,899,999	1,947,200	3,096,000	3,099,999	2,087,200	3,296,000	3,299,999	2,227,200
2,900,000	2,903,999	1,950,000	3,100,000	3,103,999	2,090,000	3,300,000	3,303,999	2,230,000
2,904,000	2,907,999	1,952,800	3,104,000	3,107,999	2,092,800	3,304,000	3,307,999	2,232,800
2,908,000	2,911,999	1,955,600	3,108,000	3,111,999	2,095,600	3,308,000	3,311,999	2,235,600
2,912,000	2,915,999	1,958,400	3,112,000	3,115,999	2,098,400	3,312,000	3,315,999	2,238,400
2,916,000	2,919,999	1,961,200	3,116,000	3,119,999	2,101,200	3,316,000	3,319,999	2,241,200
2,920,000	2,923,999	1,964,000	3,120,000	3,123,999	2,104,000	3,320,000	3,323,999	2,244,000
2,924,000	2,927,999	1,966,800	3,124,000	3,127,999	2,106,800	3,324,000	3,327,999	2,246,800
2,928,000	2,931,999	1,969,600	3,128,000	3,131,999	2,109,600	3,328,000	3,331,999	2,249,600
2,932,000	2,935,999	1,972,400	3,132,000	3,135,999	2,112,400	3,332,000	3,335,999	2,252,400
2,936,000	2,939,999	1,975,200	3,136,000	3,139,999	2,115,200	3,336,000	3,339,999	2,255,200
2,940,000	2,943,999	1,978,000	3,140,000	3,143,999	2,118,000	3,340,000	3,343,999	2,258,000
2,944,000	2,947,999	1,980,800	3,144,000	3,147,999	2,120,800	3,344,000	3,347,999	2,260,800
2,948,000	2,951,999	1,983,600	3,148,000	3,151,999	2,123,600	3,348,000	3,351,999	2,263,600
2,952,000	2,955,999	1,986,400	3,152,000	3,155,999	2,126,400	3,352,000	3,355,999	2,266,400
2,956,000	2,959,999	1,989,200	3,156,000	3,159,999	2,129,200	3,356,000	3,359,999	2,269,200
2,960,000	2,963,999	1,992,000	3,160,000	3,163,999	2,132,000	3,360,000	3,363,999	2,272,000
2,964,000	2,967,999	1,994,800	3,164,000	3,167,999	2,134,800	3,364,000	3,367,999	2,274,800
2,968,000	2,971,999	1,997,600	3,168,000	3,171,999	2,137,600	3,368,000	3,371,999	2,277,600

給与等の金額 から～まで	給与所得控除後の給与等の金額	給与等の金額 から～まで	給与所得控除後の給与等の金額	給与等の金額 から～まで	給与所得控除後の給与等の金額
円　　　　　　円	円	円　　　　　　円	円	円　　　　　　円	円
3,372,000 ～ 3,375,999	2,280,400	3,572,000 ～ 3,575,999	2,420,400	3,772,000 ～ 3,775,999	2,577,600
3,376,000 ～ 3,379,999	2,283,200	3,576,000 ～ 3,579,999	2,423,200	3,776,000 ～ 3,779,999	2,580,800
3,380,000 ～ 3,383,999	2,286,000	3,580,000 ～ 3,583,999	2,426,000	3,780,000 ～ 3,783,999	2,584,000
3,384,000 ～ 3,387,999	2,288,800	3,584,000 ～ 3,587,999	2,428,800	3,784,000 ～ 3,787,999	2,587,200
3,388,000 ～ 3,391,999	2,291,600	3,588,000 ～ 3,591,999	2,431,600	3,788,000 ～ 3,791,999	2,590,400
3,392,000 ～ 3,395,999	2,294,400	3,592,000 ～ 3,595,999	2,434,400	3,792,000 ～ 3,795,999	2,593,600
3,396,000 ～ 3,399,999	2,297,200	3,596,000 ～ 3,599,999	2,437,200	3,796,000 ～ 3,799,999	2,596,800
3,400,000 ～ 3,403,999	2,300,000	3,600,000 ～ 3,603,999	2,440,000	3,800,000 ～ 3,803,999	2,600,000
3,404,000 ～ 3,407,999	2,302,800	3,604,000 ～ 3,607,999	2,443,200	3,804,000 ～ 3,807,999	2,603,200
3,408,000 ～ 3,411,999	2,305,600	3,608,000 ～ 3,611,999	2,446,400	3,808,000 ～ 3,811,999	2,606,400
3,412,000 ～ 3,415,999	2,308,400	3,612,000 ～ 3,615,999	2,449,600	3,812,000 ～ 3,815,999	2,609,600
3,416,000 ～ 3,419,999	2,311,200	3,616,000 ～ 3,619,999	2,452,800	3,816,000 ～ 3,819,999	2,612,800
3,420,000 ～ 3,423,999	2,314,000	3,620,000 ～ 3,623,999	2,456,000	3,820,000 ～ 3,823,999	2,616,000
3,424,000 ～ 3,427,999	2,316,800	3,624,000 ～ 3,627,999	2,459,200	3,824,000 ～ 3,827,999	2,619,200
3,428,000 ～ 3,431,999	2,319,600	3,628,000 ～ 3,631,999	2,462,400	3,828,000 ～ 3,831,999	2,622,400
3,432,000 ～ 3,435,999	2,322,400	3,632,000 ～ 3,635,999	2,465,600	3,832,000 ～ 3,835,999	2,625,600
3,436,000 ～ 3,439,999	2,325,200	3,636,000 ～ 3,639,999	2,468,800	3,836,000 ～ 3,839,999	2,628,800
3,440,000 ～ 3,443,999	2,328,000	3,640,000 ～ 3,643,999	2,472,000	3,840,000 ～ 3,843,999	2,632,000
3,444,000 ～ 3,447,999	2,330,800	3,644,000 ～ 3,647,999	2,475,200	3,844,000 ～ 3,847,999	2,635,200
3,448,000 ～ 3,451,999	2,333,600	3,648,000 ～ 3,651,999	2,478,400	3,848,000 ～ 3,851,999	2,638,400
3,452,000 ～ 3,455,999	2,336,400	3,652,000 ～ 3,655,999	2,481,600	3,852,000 ～ 3,855,999	2,641,600
3,456,000 ～ 3,459,999	2,339,200	3,656,000 ～ 3,659,999	2,484,800	3,856,000 ～ 3,859,999	2,644,800
3,460,000 ～ 3,463,999	2,342,000	3,660,000 ～ 3,663,999	2,488,000	3,860,000 ～ 3,863,999	2,648,000
3,464,000 ～ 3,467,999	2,344,800	3,664,000 ～ 3,667,999	2,491,200	3,864,000 ～ 3,867,999	2,651,200
3,468,000 ～ 3,471,999	2,347,600	3,668,000 ～ 3,671,999	2,494,400	3,868,000 ～ 3,871,999	2,654,400
3,472,000 ～ 3,475,999	2,350,400	3,672,000 ～ 3,675,999	2,497,600	3,872,000 ～ 3,875,999	2,657,600
3,476,000 ～ 3,479,999	2,353,200	3,676,000 ～ 3,679,999	2,500,800	3,876,000 ～ 3,879,999	2,660,800
3,480,000 ～ 3,483,999	2,356,000	3,680,000 ～ 3,683,999	2,504,000	3,880,000 ～ 3,883,999	2,664,000
3,484,000 ～ 3,487,999	2,358,800	3,684,000 ～ 3,687,999	2,507,200	3,884,000 ～ 3,887,999	2,667,200
3,488,000 ～ 3,491,999	2,361,600	3,688,000 ～ 3,691,999	2,510,400	3,888,000 ～ 3,891,999	2,670,400
3,492,000 ～ 3,495,999	2,364,400	3,692,000 ～ 3,695,999	2,513,600	3,892,000 ～ 3,895,999	2,673,600
3,496,000 ～ 3,499,999	2,367,200	3,696,000 ～ 3,699,999	2,516,800	3,896,000 ～ 3,899,999	2,676,800
3,500,000 ～ 3,503,999	2,370,000	3,700,000 ～ 3,703,999	2,520,000	3,900,000 ～ 3,903,999	2,680,000
3,504,000 ～ 3,507,999	2,372,800	3,704,000 ～ 3,707,999	2,523,200	3,904,000 ～ 3,907,999	2,683,200
3,508,000 ～ 3,511,999	2,375,600	3,708,000 ～ 3,711,999	2,526,400	3,908,000 ～ 3,911,999	2,686,400
3,512,000 ～ 3,515,999	2,378,400	3,712,000 ～ 3,715,999	2,529,600	3,912,000 ～ 3,915,999	2,689,600
3,516,000 ～ 3,519,999	2,381,200	3,716,000 ～ 3,719,999	2,532,800	3,916,000 ～ 3,919,999	2,692,800
3,520,000 ～ 3,523,999	2,384,000	3,720,000 ～ 3,723,999	2,536,000	3,920,000 ～ 3,923,999	2,696,000
3,524,000 ～ 3,527,999	2,386,800	3,724,000 ～ 3,727,999	2,539,200	3,924,000 ～ 3,927,999	2,699,200
3,528,000 ～ 3,531,999	2,389,600	3,728,000 ～ 3,731,999	2,542,400	3,928,000 ～ 3,931,999	2,702,400
3,532,000 ～ 3,535,999	2,392,400	3,732,000 ～ 3,735,999	2,545,600	3,932,000 ～ 3,935,999	2,705,600
3,536,000 ～ 3,539,999	2,395,200	3,736,000 ～ 3,739,999	2,548,800	3,936,000 ～ 3,939,999	2,708,800
3,540,000 ～ 3,543,999	2,398,000	3,740,000 ～ 3,743,999	2,552,000	3,940,000 ～ 3,943,999	2,712,000
3,544,000 ～ 3,547,999	2,400,800	3,744,000 ～ 3,747,999	2,555,200	3,944,000 ～ 3,947,999	2,715,200
3,548,000 ～ 3,551,999	2,403,600	3,748,000 ～ 3,751,999	2,558,400	3,948,000 ～ 3,951,999	2,718,400
3,552,000 ～ 3,555,999	2,406,400	3,752,000 ～ 3,755,999	2,561,600	3,952,000 ～ 3,955,999	2,721,600
3,556,000 ～ 3,559,999	2,409,200	3,756,000 ～ 3,759,999	2,564,800	3,956,000 ～ 3,959,999	2,724,800
3,560,000 ～ 3,563,999	2,412,000	3,760,000 ～ 3,763,999	2,568,000	3,960,000 ～ 3,963,999	2,728,000
3,564,000 ～ 3,567,999	2,414,800	3,764,000 ～ 3,767,999	2,571,200	3,964,000 ～ 3,967,999	2,731,200
3,568,000 ～ 3,571,999	2,417,600	3,768,000 ～ 3,771,999	2,574,400	3,968,000 ～ 3,971,999	2,734,400

年末調整

3,972,000円～4,171,999円		4,172,000円～4,371,999円		4,372,000円～4,571,999円	
給与等の金額	給与所得控除後の給与等の金額	給与等の金額	給与所得控除後の給与等の金額	給与等の金額	給与所得控除後の給与等の金額
から～まで		から～まで		から～まで	
円　　　　円	円	円　　　　円	円	円　　　　円	円
3,972,000～3,975,999	2,737,600	4,172,000～4,175,999	2,897,600	4,372,000～4,375,999	3,057,600
3,976,000～3,979,999	2,740,800	4,176,000～4,179,999	2,900,800	4,376,000～4,379,999	3,060,800
3,980,000～3,983,999	2,744,000	4,180,000～4,183,999	2,904,000	4,380,000～4,383,999	3,064,000
3,984,000～3,987,999	2,747,200	4,184,000～4,187,999	2,907,200	4,384,000～4,387,999	3,067,200
3,988,000～3,991,999	2,750,400	4,188,000～4,191,999	2,910,400	4,388,000～4,391,999	3,070,400
3,992,000～3,995,999	2,753,600	4,192,000～4,195,999	2,913,600	4,392,000～4,395,999	3,073,600
3,996,000～3,999,999	2,756,800	4,196,000～4,199,999	2,916,800	4,396,000～4,399,999	3,076,800
4,000,000～4,003,999	2,760,000	4,200,000～4,203,999	2,920,000	4,400,000～4,403,999	3,080,000
4,004,000～4,007,999	2,763,200	4,204,000～4,207,999	2,923,200	4,404,000～4,407,999	3,083,200
4,008,000～4,011,999	2,766,400	4,208,000～4,211,999	2,926,400	4,408,000～4,411,999	3,086,400
4,012,000～4,015,999	2,769,600	4,212,000～4,215,999	2,929,600	4,412,000～4,415,999	3,089,600
4,016,000～4,019,999	2,772,800	4,216,000～4,219,999	2,932,800	4,416,000～4,419,999	3,092,800
4,020,000～4,023,999	2,776,000	4,220,000～4,223,999	2,936,000	4,420,000～4,423,999	3,096,000
4,024,000～4,027,999	2,779,200	4,224,000～4,227,999	2,939,200	4,424,000～4,427,999	3,099,200
4,028,000～4,031,999	2,782,400	4,228,000～4,231,999	2,942,400	4,428,000～4,431,999	3,102,400
4,032,000～4,035,999	2,785,600	4,232,000～4,235,999	2,945,600	4,432,000～4,435,999	3,105,600
4,036,000～4,039,999	2,788,800	4,236,000～4,239,999	2,948,800	4,436,000～4,439,999	3,108,800
4,040,000～4,043,999	2,792,000	4,240,000～4,243,999	2,952,000	4,440,000～4,443,999	3,112,000
4,044,000～4,047,999	2,795,200	4,244,000～4,247,999	2,955,200	4,444,000～4,447,999	3,115,200
4,048,000～4,051,999	2,798,400	4,248,000～4,251,999	2,958,400	4,448,000～4,451,999	3,118,400
4,052,000～4,055,999	2,801,600	4,252,000～4,255,999	2,961,600	4,452,000～4,455,999	3,121,600
4,056,000～4,059,999	2,804,800	4,256,000～4,259,999	2,964,800	4,456,000～4,459,999	3,124,800
4,060,000～4,063,999	2,808,000	4,260,000～4,263,999	2,968,000	4,460,000～4,463,999	3,128,000
4,064,000～4,067,999	2,811,200	4,264,000～4,267,999	2,971,200	4,464,000～4,467,999	3,131,200
4,068,000～4,071,999	2,814,400	4,268,000～4,271,999	2,974,400	4,468,000～4,471,999	3,134,400
4,072,000～4,075,999	2,817,600	4,272,000～4,275,999	2,977,600	4,472,000～4,475,999	3,137,600
4,076,000～4,079,999	2,820,800	4,276,000～4,279,999	2,980,800	4,476,000～4,479,999	3,140,800
4,080,000～4,083,999	2,824,000	4,280,000～4,283,999	2,984,000	4,480,000～4,483,999	3,144,000
4,084,000～4,087,999	2,827,200	4,284,000～4,287,999	2,987,200	4,484,000～4,487,999	3,147,200
4,088,000～4,091,999	2,830,400	4,288,000～4,291,999	2,990,400	4,488,000～4,491,999	3,150,400
4,092,000～4,095,999	2,833,600	4,292,000～4,295,999	2,993,600	4,492,000～4,495,999	3,153,600
4,096,000～4,099,999	2,836,800	4,296,000～4,299,999	2,996,800	4,496,000～4,499,999	3,156,800
4,100,000～4,103,999	2,840,000	4,300,000～4,303,999	3,000,000	4,500,000～4,503,999	3,160,000
4,104,000～4,107,999	2,843,200	4,304,000～4,307,999	3,003,200	4,504,000～4,507,999	3,163,200
4,108,000～4,111,999	2,846,400	4,308,000～4,311,999	3,006,400	4,508,000～4,511,999	3,166,400
4,112,000～4,115,999	2,849,600	4,312,000～4,315,999	3,009,600	4,512,000～4,515,999	3,169,600
4,116,000～4,119,999	2,852,800	4,316,000～4,319,999	3,012,800	4,516,000～4,519,999	3,172,800
4,120,000～4,123,999	2,856,000	4,320,000～4,323,999	3,016,000	4,520,000～4,523,999	3,176,000
4,124,000～4,127,999	2,859,200	4,324,000～4,327,999	3,019,200	4,524,000～4,527,999	3,179,200
4,128,000～4,131,999	2,862,400	4,328,000～4,331,999	3,022,400	4,528,000～4,531,999	3,182,400
4,132,000～4,135,999	2,865,600	4,332,000～4,335,999	3,025,600	4,532,000～4,535,999	3,185,600
4,136,000～4,139,999	2,868,800	4,336,000～4,339,999	3,028,800	4,536,000～4,539,999	3,188,800
4,140,000～4,143,999	2,872,000	4,340,000～4,343,999	3,032,000	4,540,000～4,543,999	3,192,000
4,144,000～4,147,999	2,875,200	4,344,000～4,347,999	3,035,200	4,544,000～4,547,999	3,195,200
4,148,000～4,151,999	2,878,400	4,348,000～4,351,999	3,038,400	4,548,000～4,551,999	3,198,400
4,152,000～4,155,999	2,881,600	4,352,000～4,355,999	3,041,600	4,552,000～4,555,999	3,201,600
4,156,000～4,159,999	2,884,800	4,356,000～4,359,999	3,044,800	4,556,000～4,559,999	3,204,800
4,160,000～4,163,999	2,888,000	4,360,000～4,363,999	3,048,000	4,560,000～4,563,999	3,208,000
4,164,000～4,167,999	2,891,200	4,364,000～4,367,999	3,051,200	4,564,000～4,567,999	3,211,200
4,168,000～4,171,999	2,894,400	4,368,000～4,371,999	3,054,400	4,568,000～4,571,999	3,214,400

年末調整

給与等の金額 から～まで	給与所得控除後の給与等の金額	給与等の金額 から～まで	給与所得控除後の給与等の金額	給与等の金額 から～まで	給与所得控除後の給与等の金額
円　　　　　　円	円	円　　　　　　円	円	円　　　　　　円	円
4,572,000～4,575,999	3,217,600	4,772,000～4,775,999	3,377,600	4,972,000～4,975,999	3,537,600
4,576,000～4,579,999	3,220,800	4,776,000～4,779,999	3,380,800	4,976,000～4,979,999	3,540,800
4,580,000～4,583,999	3,224,000	4,780,000～4,783,999	3,384,000	4,980,000～4,983,999	3,544,000
4,584,000～4,587,999	3,227,200	4,784,000～4,787,999	3,387,200	4,984,000～4,987,999	3,547,200
4,588,000～4,591,999	3,230,400	4,788,000～4,791,999	3,390,400	4,988,000～4,991,999	3,550,400
4,592,000～4,595,999	3,233,600	4,792,000～4,795,999	3,393,600	4,992,000～4,995,999	3,553,600
4,596,000～4,599,999	3,236,800	4,796,000～4,799,999	3,396,800	4,996,000～4,999,999	3,556,800
4,600,000～4,603,999	3,240,000	4,800,000～4,803,999	3,400,000	5,000,000～5,003,999	3,560,000
4,604,000～4,607,999	3,243,200	4,804,000～4,807,999	3,403,200	5,004,000～5,007,999	3,563,200
4,608,000～4,611,999	3,246,400	4,808,000～4,811,999	3,406,400	5,008,000～5,011,999	3,566,400
4,612,000～4,615,999	3,249,600	4,812,000～4,815,999	3,409,600	5,012,000～5,015,999	3,569,600
4,616,000～4,619,999	3,252,800	4,816,000～4,819,999	3,412,800	5,016,000～5,019,999	3,572,800
4,620,000～4,623,999	3,256,000	4,820,000～4,823,999	3,416,000	5,020,000～5,023,999	3,576,000
4,624,000～4,627,999	3,259,200	4,824,000～4,827,999	3,419,200	5,024,000～5,027,999	3,579,200
4,628,000～4,631,999	3,262,400	4,828,000～4,831,999	3,422,400	5,028,000～5,031,999	3,582,400
4,632,000～4,635,999	3,265,600	4,832,000～4,835,999	3,425,600	5,032,000～5,035,999	3,585,600
4,636,000～4,639,999	3,268,800	4,836,000～4,839,999	3,428,800	5,036,000～5,039,999	3,588,800
4,640,000～4,643,999	3,272,000	4,840,000～4,843,999	3,432,000	5,040,000～5,043,999	3,592,000
4,644,000～4,647,999	3,275,200	4,844,000～4,847,999	3,435,200	5,044,000～5,047,999	3,595,200
4,648,000～4,651,999	3,278,400	4,848,000～4,851,999	3,438,400	5,048,000～5,051,999	3,598,400
4,652,000～4,655,999	3,281,600	4,852,000～4,855,999	3,441,600	5,052,000～5,055,999	3,601,600
4,656,000～4,659,999	3,284,800	4,856,000～4,859,999	3,444,800	5,056,000～5,059,999	3,604,800
4,660,000～4,663,999	3,288,000	4,860,000～4,863,999	3,448,000	5,060,000～5,063,999	3,608,000
4,664,000～4,667,999	3,291,200	4,864,000～4,867,999	3,451,200	5,064,000～5,067,999	3,611,200
4,668,000～4,671,999	3,294,400	4,868,000～4,871,999	3,454,400	5,068,000～5,071,999	3,614,400
4,672,000～4,675,999	3,297,600	4,872,000～4,875,999	3,457,600	5,072,000～5,075,999	3,617,600
4,676,000～4,679,999	3,300,800	4,876,000～4,879,999	3,460,800	5,076,000～5,079,999	3,620,800
4,680,000～4,683,999	3,304,000	4,880,000～4,883,999	3,464,000	5,080,000～5,083,999	3,624,000
4,684,000～4,687,999	3,307,200	4,884,000～4,887,999	3,467,200	5,084,000～5,087,999	3,627,200
4,688,000～4,691,999	3,310,400	4,888,000～4,891,999	3,470,400	5,088,000～5,091,999	3,630,400
4,692,000～4,695,999	3,313,600	4,892,000～4,895,999	3,473,600	5,092,000～5,095,999	3,633,600
4,696,000～4,699,999	3,316,800	4,896,000～4,899,999	3,476,800	5,096,000～5,099,999	3,636,800
4,700,000～4,703,999	3,320,000	4,900,000～4,903,999	3,480,000	5,100,000～5,103,999	3,640,000
4,704,000～4,707,999	3,323,200	4,904,000～4,907,999	3,483,200	5,104,000～5,107,999	3,643,200
4,708,000～4,711,999	3,326,400	4,908,000～4,911,999	3,486,400	5,108,000～5,111,999	3,646,400
4,712,000～4,715,999	3,329,600	4,912,000～4,915,999	3,489,600	5,112,000～5,115,999	3,649,600
4,716,000～4,719,999	3,332,800	4,916,000～4,919,999	3,492,800	5,116,000～5,119,999	3,652,800
4,720,000～4,723,999	3,336,000	4,920,000～4,923,999	3,496,000	5,120,000～5,123,999	3,656,000
4,724,000～4,727,999	3,339,200	4,924,000～4,927,999	3,499,200	5,124,000～5,127,999	3,659,200
4,728,000～4,731,999	3,342,400	4,928,000～4,931,999	3,502,400	5,128,000～5,131,999	3,662,400
4,732,000～4,735,999	3,345,600	4,932,000～4,935,999	3,505,600	5,132,000～5,135,999	3,665,600
4,736,000～4,739,999	3,348,800	4,936,000～4,939,999	3,508,800	5,136,000～5,139,999	3,668,800
4,740,000～4,743,999	3,352,000	4,940,000～4,943,999	3,512,000	5,140,000～5,143,999	3,672,000
4,744,000～4,747,999	3,355,200	4,944,000～4,947,999	3,515,200	5,144,000～5,147,999	3,675,200
4,748,000～4,751,999	3,358,400	4,948,000～4,951,999	3,518,400	5,148,000～5,151,999	3,678,400
4,752,000～4,755,999	3,361,600	4,952,000～4,955,999	3,521,600	5,152,000～5,155,999	3,681,600
4,756,000～4,759,999	3,364,800	4,956,000～4,959,999	3,524,800	5,156,000～5,159,999	3,684,800
4,760,000～4,763,999	3,368,000	4,960,000～4,963,999	3,528,000	5,160,000～5,163,999	3,688,000
4,764,000～4,767,999	3,371,200	4,964,000～4,967,999	3,531,200	5,164,000～5,167,999	3,691,200
4,768,000～4,771,999	3,374,400	4,968,000～4,971,999	3,534,400	5,168,000～5,171,999	3,694,400

年末調整

給与等の金額 から～まで	給与所得控除後の給与等の金額	給与等の金額 から～まで	給与所得控除後の給与等の金額	給与等の金額 から～まで	給与所得控除後の給与等の金額
円　　　　　　円	円	円　　　　　　円	円	円　　　　　　円	円
5,172,000～5,175,999	3,697,600	5,372,000～5,375,999	3,857,600	5,572,000～5,575,999	4,017,600
5,176,000～5,179,999	3,700,800	5,376,000～5,379,999	3,860,800	5,576,000～5,579,999	4,020,800
5,180,000～5,183,999	3,704,000	5,380,000～5,383,999	3,864,000	5,580,000～5,583,999	4,024,000
5,184,000～5,187,999	3,707,200	5,384,000～5,387,999	3,867,200	5,584,000～5,587,999	4,027,200
5,188,000～5,191,999	3,710,400	5,388,000～5,391,999	3,870,400	5,588,000～5,591,999	4,030,400
5,192,000～5,195,999	3,713,600	5,392,000～5,395,999	3,873,600	5,592,000～5,595,999	4,033,600
5,196,000～5,199,999	3,716,800	5,396,000～5,399,999	3,876,800	5,596,000～5,599,999	4,036,800
5,200,000～5,203,999	3,720,000	5,400,000～5,403,999	3,880,000	5,600,000～5,603,999	4,040,000
5,204,000～5,207,999	3,723,200	5,404,000～5,407,999	3,883,200	5,604,000～5,607,999	4,043,200
5,208,000～5,211,999	3,726,400	5,408,000～5,411,999	3,886,400	5,608,000～5,611,999	4,046,400
5,212,000～5,215,999	3,729,600	5,412,000～5,415,999	3,889,600	5,612,000～5,615,999	4,049,600
5,216,000～5,219,999	3,732,800	5,416,000～5,419,999	3,892,800	5,616,000～5,619,999	4,052,800
5,220,000～5,223,999	3,736,000	5,420,000～5,423,999	3,896,000	5,620,000～5,623,999	4,056,000
5,224,000～5,227,999	3,739,200	5,424,000～5,427,999	3,899,200	5,624,000～5,627,999	4,059,200
5,228,000～5,231,999	3,742,400	5,428,000～5,431,999	3,902,400	5,628,000～5,631,999	4,062,400
5,232,000～5,235,999	3,745,600	5,432,000～5,435,999	3,905,600	5,632,000～5,635,999	4,065,600
5,236,000～5,239,999	3,748,800	5,436,000～5,439,999	3,908,800	5,636,000～5,639,999	4,068,800
5,240,000～5,243,999	3,752,000	5,440,000～5,443,999	3,912,000	5,640,000～5,643,999	4,072,000
5,244,000～5,247,999	3,755,200	5,444,000～5,447,999	3,915,200	5,644,000～5,647,999	4,075,200
5,248,000～5,251,999	3,758,400	5,448,000～5,451,999	3,918,400	5,648,000～5,651,999	4,078,400
5,252,000～5,255,999	3,761,600	5,452,000～5,455,999	3,921,600	5,652,000～5,655,999	4,081,600
5,256,000～5,259,999	3,764,800	5,456,000～5,459,999	3,924,800	5,656,000～5,659,999	4,084,800
5,260,000～5,263,999	3,768,000	5,460,000～5,463,999	3,928,000	5,660,000～5,663,999	4,088,000
5,264,000～5,267,999	3,771,200	5,464,000～5,467,999	3,931,200	5,664,000～5,667,999	4,091,200
5,268,000～5,271,999	3,774,400	5,468,000～5,471,999	3,934,400	5,668,000～5,671,999	4,094,400
5,272,000～5,275,999	3,777,600	5,472,000～5,475,999	3,937,600	5,672,000～5,675,999	4,097,600
5,276,000～5,279,999	3,780,800	5,476,000～5,479,999	3,940,800	5,676,000～5,679,999	4,100,800
5,280,000～5,283,999	3,784,000	5,480,000～5,483,999	3,944,000	5,680,000～5,683,999	4,104,000
5,284,000～5,287,999	3,787,200	5,484,000～5,487,999	3,947,200	5,684,000～5,687,999	4,107,200
5,288,000～5,291,999	3,790,400	5,488,000～5,491,999	3,950,400	5,688,000～5,691,999	4,110,400
5,292,000～5,295,999	3,793,600	5,492,000～5,495,999	3,953,600	5,692,000～5,695,999	4,113,600
5,296,000～5,299,999	3,796,800	5,496,000～5,499,999	3,956,800	5,696,000～5,699,999	4,116,800
5,300,000～5,303,999	3,800,000	5,500,000～5,503,999	3,960,000	5,700,000～5,703,999	4,120,000
5,304,000～5,307,999	3,803,200	5,504,000～5,507,999	3,963,200	5,704,000～5,707,999	4,123,200
5,308,000～5,311,999	3,806,400	5,508,000～5,511,999	3,966,400	5,708,000～5,711,999	4,126,400
5,312,000～5,315,999	3,809,600	5,512,000～5,515,999	3,969,600	5,712,000～5,715,999	4,129,600
5,316,000～5,319,999	3,812,800	5,516,000～5,519,999	3,972,800	5,716,000～5,719,999	4,132,800
5,320,000～5,323,999	3,816,000	5,520,000～5,523,999	3,976,000	5,720,000～5,723,999	4,136,000
5,324,000～5,327,999	3,819,200	5,524,000～5,527,999	3,979,200	5,724,000～5,727,999	4,139,200
5,328,000～5,331,999	3,822,400	5,528,000～5,531,999	3,982,400	5,728,000～5,731,999	4,142,400
5,332,000～5,335,999	3,825,600	5,532,000～5,535,999	3,985,600	5,732,000～5,735,999	4,145,600
5,336,000～5,339,999	3,828,800	5,536,000～5,539,999	3,988,800	5,736,000～5,739,999	4,148,800
5,340,000～5,343,999	3,832,000	5,540,000～5,543,999	3,992,000	5,740,000～5,743,999	4,152,000
5,344,000～5,347,999	3,835,200	5,544,000～5,547,999	3,995,200	5,744,000～5,747,999	4,155,200
5,348,000～5,351,999	3,838,400	5,548,000～5,551,999	3,998,400	5,748,000～5,751,999	4,158,400
5,352,000～5,355,999	3,841,600	5,552,000～5,555,999	4,001,600	5,752,000～5,755,999	4,161,600
5,356,000～5,359,999	3,844,800	5,556,000～5,559,999	4,004,800	5,756,000～5,759,999	4,164,800
5,360,000～5,363,999	3,848,000	5,560,000～5,563,999	4,008,000	5,760,000～5,763,999	4,168,000
5,364,000～5,367,999	3,851,200	5,564,000～5,567,999	4,011,200	5,764,000～5,767,999	4,171,200
5,368,000～5,371,999	3,854,400	5,568,000～5,571,999	4,014,400	5,768,000～5,771,999	4,174,400

年末調整

5,772,000円～ 5,971,999円		5,972,000円～ 6,171,999円		6,172,000円～ 6,371,999円	
給与等の金額	給与所得控除後の給与等の金額	給与等の金額	給与所得控除後の給与等の金額	給与等の金額	給与所得控除後の給与等の金額
から ～ まで	金　額	から ～ まで	金　額	から ～ まで	金　額
円　　　　　円	円	円　　　　　円	円	円　　　　　円	円
5,772,000～5,775,999	4,177,600	5,972,000～5,975,999	4,337,600	6,172,000～6,175,999	4,497,600
5,776,000～5,779,999	4,180,800	5,976,000～5,979,999	4,340,800	6,176,000～6,179,999	4,500,800
5,780,000～5,783,999	4,184,000	5,980,000～5,983,999	4,344,000	6,180,000～6,183,999	4,504,000
5,784,000～5,787,999	4,187,200	5,984,000～5,987,999	4,347,200	6,184,000～6,187,999	4,507,200
5,788,000～5,791,999	4,190,400	5,988,000～5,991,999	4,350,400	6,188,000～6,191,999	4,510,400
5,792,000～5,795,999	4,193,600	5,992,000～5,995,999	4,353,600	6,192,000～6,195,999	4,513,600
5,796,000～5,799,999	4,196,800	5,996,000～5,999,999	4,356,800	6,196,000～6,199,999	4,516,800
5,800,000～5,803,999	4,200,000	6,000,000～6,003,999	4,360,000	6,200,000～6,203,999	4,520,000
5,804,000～5,807,999	4,203,200	6,004,000～6,007,999	4,363,200	6,204,000～6,207,999	4,523,200
5,808,000～5,811,999	4,206,400	6,008,000～6,011,999	4,366,400	6,208,000～6,211,999	4,526,400
5,812,000～5,815,999	4,209,600	6,012,000～6,015,999	4,369,600	6,212,000～6,215,999	4,529,600
5,816,000～5,819,999	4,212,800	6,016,000～6,019,999	4,372,800	6,216,000～6,219,999	4,532,800
5,820,000～5,823,999	4,216,000	6,020,000～6,023,999	4,376,000	6,220,000～6,223,999	4,536,000
5,824,000～5,827,999	4,219,200	6,024,000～6,027,999	4,379,200	6,224,000～6,227,999	4,539,200
5,828,000～5,831,999	4,222,400	6,028,000～6,031,999	4,382,400	6,228,000～6,231,999	4,542,400
5,832,000～5,835,999	4,225,600	6,032,000～6,035,999	4,385,600	6,232,000～6,235,999	4,545,600
5,836,000～5,839,999	4,228,800	6,036,000～6,039,999	4,388,800	6,236,000～6,239,999	4,548,800
5,840,000～5,843,999	4,232,000	6,040,000～6,043,999	4,392,000	6,240,000～6,243,999	4,552,000
5,844,000～5,847,999	4,235,200	6,044,000～6,047,999	4,395,200	6,244,000～6,247,999	4,555,200
5,848,000～5,851,999	4,238,400	6,048,000～6,051,999	4,398,400	6,248,000～6,251,999	4,558,400
5,852,000～5,855,999	4,241,600	6,052,000～6,055,999	4,401,600	6,252,000～6,255,999	4,561,600
5,856,000～5,859,999	4,244,800	6,056,000～6,059,999	4,404,800	6,256,000～6,259,999	4,564,800
5,860,000～5,863,999	4,248,000	6,060,000～6,063,999	4,408,000	6,260,000～6,263,999	4,568,000
5,864,000～5,867,999	4,251,200	6,064,000～6,067,999	4,411,200	6,264,000～6,267,999	4,571,200
5,868,000～5,871,999	4,254,400	6,068,000～6,071,999	4,414,400	6,268,000～6,271,999	4,574,400
5,872,000～5,875,999	4,257,600	6,072,000～6,075,999	4,417,600	6,272,000～6,275,999	4,577,600
5,876,000～5,879,999	4,260,800	6,076,000～6,079,999	4,420,800	6,276,000～6,279,999	4,580,800
5,880,000～5,883,999	4,264,000	6,080,000～6,083,999	4,424,000	6,280,000～6,283,999	4,584,000
5,884,000～5,887,999	4,267,200	6,084,000～6,087,999	4,427,200	6,284,000～6,287,999	4,587,200
5,888,000～5,891,999	4,270,400	6,088,000～6,091,999	4,430,400	6,288,000～6,291,999	4,590,400
5,892,000～5,895,999	4,273,600	6,092,000～6,095,999	4,433,600	6,292,000～6,295,999	4,593,600
5,896,000～5,899,999	4,276,800	6,096,000～6,099,999	4,436,800	6,296,000～6,299,999	4,596,800
5,900,000～5,903,999	4,280,000	6,100,000～6,103,999	4,440,000	6,300,000～6,303,999	4,600,000
5,904,000～5,907,999	4,283,200	6,104,000～6,107,999	4,443,200	6,304,000～6,307,999	4,603,200
5,908,000～5,911,999	4,286,400	6,108,000～6,111,999	4,446,400	6,308,000～6,311,999	4,606,400
5,912,000～5,915,999	4,289,600	6,112,000～6,115,999	4,449,600	6,312,000～6,315,999	4,609,600
5,916,000～5,919,999	4,292,800	6,116,000～6,119,999	4,452,800	6,316,000～6,319,999	4,612,800
5,920,000～5,923,999	4,296,000	6,120,000～6,123,999	4,456,000	6,320,000～6,323,999	4,616,000
5,924,000～5,927,999	4,299,200	6,124,000～6,127,999	4,459,200	6,324,000～6,327,999	4,619,200
5,928,000～5,931,999	4,302,400	6,128,000～6,131,999	4,462,400	6,328,000～6,331,999	4,622,400
5,932,000～5,935,999	4,305,600	6,132,000～6,135,999	4,465,600	6,332,000～6,335,999	4,625,600
5,936,000～5,939,999	4,308,800	6,136,000～6,139,999	4,468,800	6,336,000～6,339,999	4,628,800
5,940,000～5,943,999	4,312,000	6,140,000～6,143,999	4,472,000	6,340,000～6,343,999	4,632,000
5,944,000～5,947,999	4,315,200	6,144,000～6,147,999	4,475,200	6,344,000～6,347,999	4,635,200
5,948,000～5,951,999	4,318,400	6,148,000～6,151,999	4,478,400	6,348,000～6,351,999	4,638,400
5,952,000～5,955,999	4,321,600	6,152,000～6,155,999	4,481,600	6,352,000～6,355,999	4,641,600
5,956,000～5,959,999	4,324,800	6,156,000～6,159,999	4,484,800	6,356,000～6,359,999	4,644,800
5,960,000～5,963,999	4,328,000	6,160,000～6,163,999	4,488,000	6,360,000～6,363,999	4,648,000
5,964,000～5,967,999	4,331,200	6,164,000～6,167,999	4,491,200	6,364,000～6,367,999	4,651,200
5,968,000～5,971,999	4,334,400	6,168,000～6,171,999	4,494,400	6,368,000～6,371,999	4,654,400

年末調整

6,372,000円〜6,571,999円				6,572,000円〜20,000,000円	
給与等の金額	給与所得控除後の給与等の金額	給与等の金額	給与所得控除後の給与等の金額	給与等の金額	給与所得控除後の給与等の金額
から〜まで	円	から〜まで	円	から〜まで	円
6,372,000〜6,375,999	4,657,600	6,472,000〜6,475,999	4,737,600	6,572,000〜6,575,999	4,817,600
6,376,000〜6,379,999	4,660,800	6,476,000〜6,479,999	4,740,800	6,576,000〜6,579,999	4,820,800
6,380,000〜6,383,999	4,664,000	6,480,000〜6,483,999	4,744,000	6,580,000〜6,583,999	4,824,000
6,384,000〜6,387,999	4,667,200	6,484,000〜6,487,999	4,747,200	6,584,000〜6,587,999	4,827,200
6,388,000〜6,391,999	4,670,400	6,488,000〜6,491,999	4,750,400	6,588,000〜6,591,999	4,830,400
6,392,000〜6,395,999	4,673,600	6,492,000〜6,495,999	4,753,600	6,592,000〜6,595,999	4,833,600
6,396,000〜6,399,999	4,676,800	6,496,000〜6,499,999	4,756,800	6,596,000〜6,599,999	4,836,800
6,400,000〜6,403,999	4,680,000	6,500,000〜6,503,999	4,760,000		
6,404,000〜6,407,999	4,683,200	6,504,000〜6,507,999	4,763,200		
6,408,000〜6,411,999	4,686,400	6,508,000〜6,511,999	4,766,400		
6,412,000〜6,415,999	4,689,600	6,512,000〜6,515,999	4,769,600	6,600,000〜8,499,999	給与等の金額に90％を乗じて算出した額から1,100,000円を控除した金額
6,416,000〜6,419,999	4,692,800	6,516,000〜6,519,999	4,772,800		
6,420,000〜6,423,999	4,696,000	6,520,000〜6,523,999	4,776,000		
6,424,000〜6,427,999	4,699,200	6,524,000〜6,527,999	4,779,200		
6,428,000〜6,431,999	4,702,400	6,528,000〜6,531,999	4,782,400		
6,432,000〜6,435,999	4,705,600	6,532,000〜6,535,999	4,785,600	8,500,000〜19,999,999	給与等の金額から1,950,000円を控除した額
6,436,000〜6,439,999	4,708,800	6,536,000〜6,539,999	4,788,800		
6,440,000〜6,443,999	4,712,000	6,540,000〜6,543,999	4,792,000		
6,444,000〜6,447,999	4,715,200	6,544,000〜6,547,999	4,795,200		
6,448,000〜6,451,999	4,718,400	6,548,000〜6,551,999	4,798,400		
6,452,000〜6,455,999	4,721,600	6,552,000〜6,555,999	4,801,600	20,000,000	18,050,000
6,456,000〜6,459,999	4,724,800	6,556,000〜6,559,999	4,804,800		
6,460,000〜6,463,999	4,728,000	6,560,000〜6,563,999	4,808,000		
6,464,000〜6,467,999	4,731,200	6,564,000〜6,567,999	4,811,200		
6,468,000〜6,471,999	4,734,400	6,568,000〜6,571,999	4,814,400		

（備考）給与所得控除後の給与等の金額を求めるには、その年中の給与等の金額に応じ、まず、この表の「給与等の金額」欄の該当する行を求め、次にその行の「給与所得控除後の給与等の金額」欄に記載されている金額を求めます。この金額が、その給与等の金額についての給与所得控除後の給与等の金額です。この場合において、給与等の金額が6,600,000円以上の人の給与所得控除後の給与等の金額に1円未満の端数があるときは、これを切り捨てた額をもってその求める給与所得控除後の給与等の金額とします。

令和6年（2024年）分の年末調整のための所得税額の速算表

課税給与所得金額(A)		税率(B)	控除額(C)	税額 ＝ (A)×(B)−(C)
	1,950,000円以下	5 ％	———	(A)× 5 %
1,950,000円超	3,300,000 〃	10 ％	97,500円	(A)×10% − 97,500円
3,300,000 〃	6,950,000 〃	20 ％	427,500円	(A)×20% − 427,500円
6,950,000 〃	9,000,000 〃	23 ％	636,000円	(A)×23% − 636,000円
9,000,000 〃	18,000,000 〃	33 ％	1,536,000円	(A)×33% − 1,536,000円
18,000,000 〃	18,050,000 〃	40 ％	2,796,000円	(A)×40% − 2,796,000円

（注）　1　課税給与所得金額に1,000円未満の端数があるときは、これを切り捨てます。

　　　　2　課税給与所得金額が18,050,000円を超える場合は、年末調整の対象となりません。

～ は し が き ～

　給与計算はどこの会社でも行っている大事な事務です。その計算自体は全体の流れと支給額、控除額の計算の基本がわかれば簡単ですが、その内容を正しく理解することはなかなか難しいものです。

　たとえば、社会保険では「報酬」といったり、労働保険では「賃金」といい、さらにどのようなものがその範囲に含まれるかもそれぞれ異なっています。

　そのために、給与担当者は、ただ単に機械的に給与計算ができるだけでなく、所得税や社会保険、さらには労働法の知識も必要です。その知識がないと、税務署や年金事務所等から注意を受けたり、加算税の支払など余分な負担となることもありますので注意が必要です。

　また、法改正が頻繁に行われますので、適切な対応が求められますし、マイナンバー制度（社会保障・税番号制度）への対応も極めて重要となっています。

　令和6年は、所得税・住民税の定額減税・社会保険適用促進手当への対応も必須です。

　本書は入社間もない給与事務の初心者の方でもわかるように記入例や図解を多く掲載し、できるだけやさしく、わかりやすく解説してありますので、実務担当者には必ず役立つものと思います。

令和6年4月

第1章　給与計算から年末調整まで

Ⅰ　給与計算

Ⅳ　算定・月変

1　算定基礎届（定時決定）……………………………………………123

2　月額変更届（随時改定）………………………………………………129

Ⅴ　労働保険の年度更新

1　労働保険の年度更新とは…………………………………………………135
2　年度更新の手続…………………………………………………………135

Ⅵ　納　　付

第2章　採用から退職までの給与計算関係事務

付録 1 機械計算による税額の計算方法

付録 2 給与計算の実例

ご 注 意

本書は、原則として令和6年4月1日現在の法令によっています。
本書の解説は、法令の改正により変更されることがありますのでご注意ください。

第1章

給与計算から
年末調整まで

Ⅰ 給 与 計 算

1 給与計算をする前に

給与計算を簡単にあらわせば、

$$\boxed{\text{支給金額}} - \boxed{\text{控除金額}} = \boxed{\text{差引支給額}}$$

となります。

支給金額と控除金額をもう少し分類すると、次のようになります。

	固定されているもの	変動するもの
支給金額	基本給、職務手当、役付手当、住宅手当、家族手当、通勤手当など	時間外手当、休日出勤手当、深夜手当、精皆勤手当、生産手当など
控除金額	健康保険料、厚生年金保険料、住民税、組合費、社宅・寮費、親睦会費など	雇用保険料、所得税等など

したがって、給与計算は固定項目と変動項目から成り立っているともいえます。このようにみると簡単なようですが、実際、給与計算をすることになりますと、むずかしい面も多々あります。

そこで本書は、入社間もない給与事務の初心者の方が給与にかかわる事務が理解できるように、特殊なことがらや例外的な事項を省き、実務上、これだけは必要であるというものにしぼり、やさしく説明しました。

そのため、一部説明が法律的に不充分なところがあるかと思いますが、ご了承ください。

また、本書は給与計算の順序に従って説明し、記入例や図表をできるだけ多く掲載してありますので、実務担当者には必ず役立つものと思います。

(1) 固定項目を マスター台帳 で整備

給与計算は、各人別に マスター台帳 に記入してある基本給等の固定的給与額を 給料台帳 に転記し、月々変わる残業手当等は マスター台帳 に記入してある支給単価をもとに計算し、給料台帳 に記入して行われます。

したがって、給与計算をする場合、固定的給与および変動的給与の支給単価等の記入された マスター台帳 の整備からスタートすることになります。

マスター台帳 があってはじめて、給与計算が正確に迅速に行われることになります。

マスター台帳 は給与計算の基本ですから、給与や保険料の決定や改定の都度訂正し、常に整備しておかなければなりません。

> **マスター台帳とは**
>
> 給与は固定的なものと変動的なものから成り立っており、その額や支給基準がキチンと整理されていれば、給与計算は大変スムーズに行うことができます。
>
> ここでは、便宜的に**マスター台帳**と呼んでいますが、現在では紙ベースの台帳よりは、マスターデータとして管理されることが大半でしょう。いずれにしても、次のような給与計算に必要な固定的項目を従業員ごとにまとめたものを意味しています。
> - 基本給　・固定手当額　・変動手当単価（残業手当など）
> - 健康保険料　・厚生年金保険料　・固定控除額（社宅費、組合費など）
> - 扶養親族等の数　・税額表の適用区分等

(2) 給与計算と各種手続との関係

給与計算は労働契約に基づいて、労働の対価として、その人に支払うべき給与額の計算を行うことです。したがって、法令や 賃金規程 の定めに基づいて、正確に計算しなければなりません。計算された給与額は、労働者に支払うことでその目的は達せられますが、社内的には各種の届出等の基礎資料として使用されますので、有効利用をも考慮された給与計算を行うようにしましょう。

給与計算は、次のような場合のベースになります。

ⓐ　労働保険料申告書の作成

ⓑ　社会保険料の算定基礎届や月額変更届の作成

ⓒ　年末調整

ⓓ　決 算 書

(3) 社会保険の適用について

① 社会保険の適用基準

- 強制適用事業……任意適用事業以外の事業所
- 任意適用事業……5人未満の個人事業所（農林水産業およびサービス業等の個人事業所）
  （労働者の2分の1以上の同意があれば認可を受けることができます）

＊　強制適用とされていない常時5人以上の従業員のいる法定16業種以外の個人の事業所（非適用業種）のうち、法律・会計に係る行政手続等を扱う業種（いわゆる「士業」）について、令和4年10月1日より強制適用とされています。弁護士・司法書士・公認会計士・税理士・社会保険労務士等の事業が対象となります。これらは、被用者保険適用に係る事務処理能力が期待できる上、全事業所に占める個人事業所の割合、特に、常用雇用者数5人以上の個人事業所の割合が他の業種に比して高く被用者として働きながら非適用となっている人が多い

と見込まれること、制度上、法人化に一定の制約条件等があり、他の業種であれば多くが法人化しているような規模でも個人事業所に留まっている割合が高く、被用者保険制度上で個別に対応を図る必要性が高いといった要素が考慮され、適用拡大の対象とされました。

② 労働保険の適用基準

● 労災保険……パート、アルバイト等を含め労働者が1人でもいるとき

● 雇用保険……雇用保険の被保険者となるべき人が1人でもいるとき

(4) パートタイマーの加入基準

① 社会保険

加入しなければならない人かどうかは、雇用される事業所と常用的使用関係にあるかどうかによって判断されることになっています。1週の所定労働時間および1月の所定労働日数が常時雇用者（一般従業員）の4分の3以上の場合には、常用的に使用される人に該当し、被保険者とされます。

〈短時間労働者〉

特定適用事業所に勤務する短時間労働者は、新被保険者となります。

特定適用事業所とは、被保険者数（適用拡大前の基準で適用対象となる被保険者数で判定）の合計が常時100人を超える事業所をいいます。

新たに被保険者となる短時間労働者とは、勤務時間・勤務日数が一般従業員のおおむね4分の3未満で、次の①〜④のすべてに該当する人です。

① 週の所定労働時間が20時間以上であること

② 賃金月額が、8.8万円以上（年収106万円以上）であること

③ 雇用期間が2カ月以上見込まれること

④ 学生ではないこと

---

* 特定適用事業所以外の企業等（被保険者数が常時100人以下の事業所）についても、労使合意に基づいて申出をする法人・個人の事業所、地方公共団体に属する事業所に勤務する短時間労働者は、被保険者となります。

* 特定適用事業所の被保険者数要件（100人超の事業所）が、令和6年10月1日から50人超の事業所に引き下げられ、特定適用事業所の範囲が拡大されます。

② 雇用保険

雇用保険が適用される事業所に31日以上雇用される見込みのある人は、原則として加入しなければなりません。ただし、週所定労働時間が、20時間未満の人は加入できません。

⑸ 基 本 給

　賃金規程 および 雇用契約書 等で定められた基本給を マスター台帳 に記入します。

注　基本給は最低賃金法で定められた金額を下回ってはなりません。なお、最低賃金額は、地域や業種等により異なりますので、労働基準監督署に事前に確認しておいたほうがよいでしょう。

■ 賃金規程の例

賃 金 規 程

第1章 総　　則

（適　用　範　囲）

第1条　この規程は、就業規則第41条に基づき、従業員の賃金等について定めたものである。ただし、パートタイマー等就業形態が特殊な勤務に従事する者について、その者に適用する特別の定めをした場合は、その定めによる。

（賃 金 の 構 成）

第2条　賃金の構成は次のとおりとする。

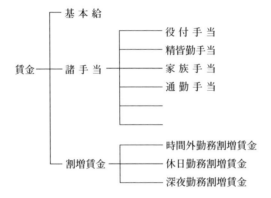

（賃金締切日および支払日）

第3条　賃金は、前月 21 日から起算し、当月 20 日に締切って計算し 25 日（支払日が休日の場合はその前日。）に支払う。ただし、日雇者の賃金はその日に計算し支払う。

—1—

②　前項の規定にかかわらず、次の各号のいずれかに該当する場合は、従業員（従業員が死亡したときはその遺族。）の請求により、賃金支払日の前であっても既往の労働に対する賃金を支払う。

1.　従業員の死亡、退職又は解雇の場合

2.　従業員又はその収入によって生計を維持している者が結婚し、出産し、疾病にかかり、災害を受け、又は従業員の収入によって生計を維持している者が死亡したため費用を必要とする場合

3.　従業員又はその収入によって生計を維持している者が、やむを得ない事由によって1週間以上にわたって帰郷する場合

（賃金の計算方法）

第4条　遅刻、早退又は欠勤などにより、所定勤務時間の全部又は一部を休業した場合は、その休業した時間に対応する基本給を支給しない。ただし、この規程又は就業規則に別段の定めのある場合はこの限りでない。

②　前項の場合において、休業した時間の計算は当該賃金締切期間の末日において合計し、30分未満は切り捨てるものとする。

③　一賃金締切期間における賃金の総額に10円未満の端数を生じた場合は、これを10円に切り上げるものとする。

④　賃金締切期間の中途に入社又は退職した者に対する当該締切期間の賃金は、日割りで計算して支給するものとする。

（賃金の支払方法）

第5条　賃金は通貨で直接従業員にその全額を支払う。

②　前項の規定にかかわらず、次に掲げるものは支払いのとき控除する。ただし、第6号以下については、従業員の代表者と書面による控除協定に基づいて行うものとする。

1.　源泉所得税及び復興特別所得税

2.　住民税

3.　健康保険料

4.　雇用保険料

5.　厚生年金保険料

6.　会社の貸付金の当月返済分

－2－

第2章 基本給

（基　本　給）

第6条　基本給は　日給月給　制とする。

（基　本　給　の　決　定）

第7条　基本給は、本人の能力、経験、技能および作業内容などを勘案して各人ごとに決定する。

（昇　　　給）

第8条　昇給は、基本給について行うものとし、原則として毎年 4 月に技能、勤務成績が良好な者について行う。ただし、会社の業績などをも勘案してこれが困難な場合は昇給を行わないことがある。

第3章 諸手当

（時間外勤務割増賃金・休日勤務割増賃金・深夜勤務割増賃金）

第9条　所定勤務時間を超えて勤務した場合は時間外勤務割増賃金を、所定休日に勤務した場合は休日勤務割増賃金を、深夜（午後10時から午前5時までの間。）に勤務した場合は深夜勤務割増賃金を、それぞれ次の計算により支給する。時間外勤務又は休日勤務が深夜に行われた場合は、それぞれを合算したものを支払う。

—3—

1　時間外勤務割増賃金

(1)　所定外勤務及び時間外労使協定に定める１カ月45時間（及び１年360時間等の原則限度時間。以下同じ。）までの法定時間外勤務

　　法定の割増賃金計算基礎賃金の１時間当たり単価×1.25×その部分の時間外勤務時間数

(2)　１カ月45時間を超え60時間までの法定時間外勤務

　　法定の割増賃金計算基礎賃金の１時間当たり単価×　1.3　×その部分の時間外勤務時間数

(3)　１カ月60時間を超える法定時間外勤務

　　法定の割増賃金計算基礎賃金の１時間当たりの単価×1.5×その部分の時間外勤務時間数

2　休日勤務割増賃金

　　法定の割増賃金計算基礎賃金の１時間当たり単価×1.35×休日勤務時間数

3　深夜勤務割増賃金

　　法定の割増賃金計算基礎賃金の１時間当たり単価×0.25×深夜勤務時間数

② 　前項に定める１カ月の起算日は、　21日　とし、１年の起算日は　4 月 21 日　とする。

—4—

（役 付 手 当）

第10条　役付手当は、職務上責任の重い管理的地位にある者に対し次の額を支給する。

職　名	支　給　額	職　名	支　給　額
部　長	月額 100,000 円	課　長	月額 50,000 円
係　長	月額　20,000 円	主　任	月額 10,000 円

（精 皆 勤 手 当）

第11条　精皆勤手当は、毎賃金締切期間中の欠勤又は遅刻もしくは早退の日数に応じて、
　　　　次に定めるところにより支給する。ただし、就業規則第17条に定める労働基準法
　　　　第41条第2号該当者を除く。
　　　1.　欠勤・遅刻・早退のない者　月額　　10,000 円
　　　2.　欠勤・遅刻・早退1日の者　月額　　 5,000 円

（家 族 手 当）

第12条　家族手当は、従業員が扶養する次の者がある場合にその従業員に支給する。ただ
　　　　し、子については3人までとする。

配偶者（内縁を含む）	月額 10,000 円		
18 歳未満の子1人につき	月額　 5,000 円		

（通 勤 手 当）

第13条　通勤手当は、毎日通勤する者（日雇者を除く。）で定期券を購入する者に対し、
　　　　定期券購入費に相当する金額を支給する。ただし、購入費が月額　150,000 円を
　　　　超える場合には　150,000 円を限度とする。

－ 5 －

（特別休暇等の賃金）

第14条　就業規則第19条から第24条までの特別休暇等により勤務しなかった時間又は日
　　　　の賃金については、支給しないものとする。ただし、次に掲げるものは有給とする。
　　　　１．公民権行使の時間……全額を支給する
　　　　２．公の職務執行の時間…全額を支給する

（休職期間中の賃金）

第15条　就業規則第28条の休職期間中の賃金については、支給しないものとする。ただし、
　　　　次に掲げるものは有給とする。
　　　　１．就業規則第26条第４号の特別休暇のうち、会社都合のもの…１日につき平均
　　　　　　賃金の100分の60を支給する

（臨時休業の賃金）

第16条　会社の都合により従業員を臨時に休業させる場合は、休業手当として、休業１日
　　　　につき平均賃金の100分の60を支給する。

第4章 賞　　　与

（賞　　　与）

第17条　賞与は、毎年　7　月および　12　月の賞与支給日に在籍する従業員に対し、会社の業績、従業員の勤務成績等を勘案して支給する。賞与支給日は、毎年その都度定める。ただし、業績の著しい低下その他やむを得ない事由がある場合には、支給日を変更し、又は支給しないことがある。

第5章　旅費および日当

（旅　　　費）

第18条　会社の用務で出張をする場合は、旅費又は宿泊費につき、その実費を支給する。ただし、宿泊費については、一泊　10,000　円を限度とする。

（日　　　当）

第19条　1日以上の出張の場合は、日当を支給するものとし、その額は、次に定めるとおりとする。

職　　　名	日　　　当	職　　　名	日　　　当
部　　長	10,000 円	課　　長	8,000 円
係長・主任	7,000	その他の従業員	5,000

附　　　則

1．この規程は　○　年　4　月　1　日から実施する。
2．この規程を改廃する場合は、従業員代表の意見を聴いて行う。

記入例 1　雇用契約書

雇 用 契 約 書

労働者	ふりがな	さとう　えいこ	生年月日	
	氏　名	佐藤　栄子		1960 年 5 月 1 日生
	現住所	東京都台東区三筋1-5-✕		〒 111-✕✕✕✕ TEL　03（3851）✕✕✕✕

次 の 労 働 条 件 で 契 約 し ま す。

雇用契約の期間	2024 年 4 月 1 日から　　　　　2024 年 12 月 28 日まで

（契約の更新）	更新の有無	自動的に更新する・更新する場合があり得る・契約の更新はしない・その他（　　　　　）
	更新の基準	・契約期間満了時の業務量　　　・勤務成績、態度　　　・能力 ・会社の経営状況　・従事している業務の進捗状況　・その他（　　　　）
	更新上限の有無	(無)・有　（更新　　　回まで／通算契約期間　　　年まで）

有期雇用特別措置法による特例の対象者の場合	無期転換申込権が発生しない期間＊	Ⅰ（高度専門）：特定有期業務の開始から完了までの期間（　　年　か月（上限 10 年）） Ⅱ（定年後の高齢者）：定年後引き続いて雇用されている期間

労働契約に定める同一の企業との間での通算契約期間が5年を超える有期労働契約の締結の場合	本契約期間中に会社に対して期間の定めない労働契約（無期労働契約）の締結の申込みをしたときは、本契約期間の末日の翌日（　　年　月　日）から、無期労働契約での雇用に転換することができる。 この場合の本契約からの労働条件の変更の有無（　無・有　（別紙のとおり））

就 業 の 場 所	（雇入れ直後）（株）日本産業　　　　　　　（変更の範囲）変更なし

仕 事 の 内 容	（雇入れ直後）社内清掃　　　　　　　　　（変更の範囲）変更なし 有期雇用特別措置法による特例の対象者（高度専門）の場合 特定有期業務（　　　　　　開始日　年　月　日完了日　年　月　日）

就 業 の 時 間	午前10時00分から午後4時30分まで　　　　　（うち休憩時間　60 分）

休 日	毎週[　　土、日　　]曜日　その他[　祝祭日　　　　　　　　　]

所定時間外労働	（(無)・有　）
休 日 労 働	（(無)・有　）
休 暇	年次有給休暇：労働基準法の定めによる日数
賃 金	1時間　1,200円　交通費実費支給
手 当	皆勤手当　5,000円
賃 金 の 支 払	毎月20日〆切　同月25日支払い
労使協定に基づく賃金支払時の控除	
昇 給 の 有 無	（ 有 ・(無)）
賞 与 の 有 無	（ 有 ・(無)）
退職手当の有無	（ 有 ・(無)）

退職に関する事項	定 年 制	[(有)（　　60 歳）／　無　]
	継 続 雇 用 制 度	[(有)（　　65 歳まで）／　無　]
	自己都合退職の手続	（退職する　30 日以上前に届け出ること）
	解雇事由及び手続	パートタイマー就業規則に定めるところによる

その他	保 険	
	相 談 窓 口	
	その他上記以外の労働条件については、会社の定めるパートタイマー就業規則による。	

2024 年 4 月 1 日

事 業 所 名 称　（株）日本産業
　　　　　所在地　東京都北区神谷2-3-X
雇 用 者　職氏名　代表取締役 山 田 和 夫　　　　　㊞
労 働 者 氏 名　　　　佐 藤 栄 子　　　　　㊞

＊有期労働契約の契約期間が通算5年を超える場合、労働者の申込みにより無期労働契約に転換されます。ただし、以下の期間には無期転換権は発生しません。
Ⅰ 高度専門職：本契約書に明示した特定有期業務（プロジェクト等）に係る期間（最長10年）Ⅱ 継続雇用の高齢者：定年後引き続き雇用されている期間

　パートタイム労働者であっても労働基準法の適用があり、パートタイム労働者の雇入れに当たり、賃金その他の主要な労働条件を書面で明示することによって労働条件をめぐるトラブルの防止に資するのが、この労働条件通知書です。

　本様式は、法令等の改正により内容が一部変更されることがありますので、最新のものは厚生労働省のホームページ（https://www.mhlw.go.jp）にてご確認ください。

(短時間労働者用；常用、有期雇用型)

労働条件通知書

2024 年 4 月 1 日

山口かおり　殿

事業場名称・所在地　株式会社 日本産業・東京都北区神谷2-3-X
使用者職氏名　代表取締役 山田　和夫

契約期間	期間の定めなし、⟨期間の定めあり⟩（2024年 4 月 1 日〜 2024年 9 月 30 日） ※以下は、「契約期間」について「期間の定めあり」とした場合に記入 1　契約の更新の有無 　[自動的に更新する ⟨更新する場合があり得る⟩ 契約の更新はしない・その他（　　　　）] 2　契約の更新は次により判断する。 [・契約期間満了時の業務量　　　・勤務成績、態度　　　　・能力 ・会社の経営状況　・従事している業務の進捗状況 ・その他（　　　　　　　　　　　　　　　　　　　　　　　）] 3　更新上限の有無（無・⟨有⟩（更新 4 回まで／通算契約期間　　年まで）） 【労働契約法に定める同一の企業との間での通算契約期間が5年を超える有期労働契約の締結の場合】 　本契約期間中に会社に対して期間の定めのない労働契約（無期労働契約）の締結の申込みをすることにより、本契約期間の末日の翌日（　年　月　日）から、無期労働契約での雇用に転換することができる。この場合の本契約からの労働条件の変更の有無（　無　・　有（別紙のとおり）　） 【有期雇用特別措置法による特例の対象者の場合】 　無期転換申込権が発生しない期間： I（高度専門）・II（定年後の高齢者） 　I　特定有期業務の開始から完了までの期間（　　　年　　か月（上限10年）） 　II　定年後引き続いて雇用されている期間
就業の場所	（雇入れ直後）　本社　　　　　　　　（変更の範囲）　なし
従事すべき 業務の内容	（雇入れ直後）経理及び事務一般　　　（変更の範囲）　なし 　　　　　　　　【有期雇用特別措置法による特例の対象者（高度専門）の場合】 　　　　　　　　・特定有期業務（　　　　　　開始日：　　　　完了日：　　　）
始業、終業の 時刻、休憩時 間、就業時転 換（(1)〜(5) のうち該当す るもの一つに ○を付けるこ と。）、所定時 間外労働の有 無に関する事 項	1　始業・終業の時刻等 　(1) 始業（ 9 時 00 分）　終業（ 17 時 00 分） 　【以下のような制度が労働者に適用される場合】 　(2) 変形労働時間制等；（　　）単位の変形労働時間制・交替制として、次の勤務時間の組み合わせによる。 　[　始業（　時　分）終業（　時　分）（適用日　　　　　） 　　始業（　時　分）終業（　時　分）（適用日　　　　　） 　　始業（　時　分）終業（　時　分）（適用日　　　　　）] 　(3) フレックスタイム制；始業及び終業の時刻は労働者の決定に委ねる。 　　　　　　（ただし、フレキシブルタイム（始業）　時　分から　時　分、 　　　　　　　　　　　　　　　　　　（終業）　時　分から　時　分、 　　　　　　　　　　　コアタイム　　　　時　分から　時　分） 　(4) 事業場外みなし労働時間制；始業（　時　分）終業（　時　分） 　(5) 裁量労働制；始業（　時　分）　終業（　時　分）を基本とし、労働者の決定に委ねる。 　○詳細は、就業規則第　条〜第　条、第　条〜第　条、第　条〜第　条 2　休憩時間（60）分 3　所定時間外労働の有無 　　　　　（ 有 （1週　　時間、1か月　　時間、1年　　時間），⟨無⟩ ） 4　休日労働（　有　（1か月　　日、1年　　日），⟨無⟩ ）

休　日 　　　及び 勤　務　日	・定例日；毎週 土・日 曜日、国民の祝日、その他（ 会社の指定する日 ） ・非定例日；週・月当たり　　日、その他（　　　　　　　　） ・１年単位の変形労働時間制の場合－年間　　日 　（勤務日） 　毎週（　　　　）、その他（　　　　　　） ○詳細は、就業規則第●条～第●条、第●条～第●条
休　　暇	1　年次有給休暇　6か月継続勤務した場合→　　10　日 　　　　　　　継続勤務6か月以内の年次有給休暇　（有・⦿無） 　　　　　　　→　か月経過で　　日 　　　　　　　時間単位年休（有・無） 2　代替休暇（有・無） 3　その他の休暇　有給（　　　　　　　　）無給（　　　　　　　） ○詳細は、就業規則第　条～第　条、第　条～第　条

（次頁に続く）

賃　　金	1　基本賃金　イ　月給（　　　　　円）、ロ　日給（　　　　円） 　　Ⓗ　時間給（ 1,200 円）、 　　ニ　出来高給（基本単価　　円、保障給　　円） 　　ホ　その他（　　　　円） 　　ヘ　就業規則に規定されている賃金等級等 　　　　　　　　　　　　　　　　　　　　　　　　　 2　諸手当の額又は計算方法 　　イ（　　手当　　　円　／計算方法：　　　　　） 　　ロ（　　手当　　　円　／計算方法：　　　　　） 　　ハ（　　手当　　　円　／計算方法：　　　　　） 　　ニ（　　手当　　　円　／計算方法：　　　　　） 3　所定時間外、休日又は深夜労働に対して支払われる割増賃金率 　　イ　所定時間外、法定超　月６０時間以内　（ 25 ）％ 　　　　　　　　　　　　　月６０時間超　（ 50 ）％ 　　　　　　所定超（ 0 ）％ 　　ロ　休日　法定休日（ 35 ）％、法定外休日（ 25 ）％ 　　ハ　深夜（ 25 ）％ 4　賃金締切日（　　　）－毎月20日、（　　　）－毎月　日 5　賃金支払日（　　　）－毎月25日、（　　　）－毎月　日 6　賃金の支払方法（　振込み　　　　　　） 7　労使協定に基づく賃金支払時の控除（⦿無 ，有（　　　　）） 8　昇給（　有（時期、金額等　　　　　　　）， ⦿無 ） 9　賞与（⦿有（時期、金額等 原則として6月と12月）， 無 ） 10　退職金（　有（時期、金額等　　　　）， ⦿無 ）
退職に関す る事項	1　定年制　（⦿有　（ 65 歳）， 無 ） 2　継続雇用制度（　有（　歳まで）， 無 ） 3　創業支援等措置（　有（　歳まで業務委託・社会貢献事業）， 無 ） 4　自己都合退職の手続（退職する 30 日以上前に届け出ること） 5　解雇の事由及び手続　〔 就業規則第●条～●条に定めたとおり 〕 ○詳細は、就業規則第　条～第　条、第　条～第　条
そ　の　他	・社会保険の加入状況（⦿厚生年金 ⦿健康保険 その他（　　　）） ・雇用保険の適用（⦿有 ， 無 ） ・中小企業退職金共済制度 　（加入している ， ⦿加入していない （※中小企業の場合） ・企業年金制度（　有（制度名　　　　　　　）， ⦿無 ） ・雇用管理の改善等に関する事項に係る相談窓口 　部署名　人事部　担当者職氏名　●●　●●　（連絡先 ●●-●●●-●●●） ・その他（　　　　　　　　　　　　　　　　　　　　　）

—25—

・具体的に適用される就業規則名（パートタイマー就業規則）

※以下は、「契約期間」について「期間の定めあり」とした場合についての説明です。
　労働契約法第18条の規定により、有期労働契約（平成25年4月1日以降に開始するもの）の契約期間が通算5年を超える場合には、労働契約の期間の末日までに労働者から申込みをすることにより、当該労働契約の期間の末日の翌日から期間の定めのない労働契約に転換されます。ただし、有期雇用特別措置法による特例の対象となる場合は、無期転換申込権の発生については、特例的に本通知書の「契約期間」の「有期雇用特別措置法による特例の対象者の場合」欄に明示したとおりとなります。

以上のほかは、当社就業規則による。就業規則を確認できる場所や方法（事務所内のキャビネットに備付）

※　本通知書の交付は、労働基準法第15条に基づく労働条件の明示及び短時間労働者及び有期雇用労働者の雇用管理の改善等に関する法律（パートタイム・有期雇用労働法）第6条に基づく文書の交付を兼ねるものであること。

※　労働条件通知書については、労使間の紛争の未然防止のため、保存しておくことをお勧めします。

(6)　時間外手当、休日出勤手当、深夜手当

　時間外手当、休日出勤手当、深夜手当を計算するには、あらかじめ1時間当たりの割増賃金額を、労働基準法に定める計算方法によって算出し、マスター台帳に記入しておきます。

　割増賃金の算出方法は、自社の賃金規程に記載されていますので、その方法に従って算出すればよいのですが、その算出方法が、労働基準法上誤っていないかどうかチェックしてみる必要があります。割増率は、例えば時間外労働（1カ月45時間以内の部分）については、通常の1時間当たりの額の2割5分以上でなければなりません。2割5分以上であれば、3割でも4割でもかまいません。割増率が2割5分である場合の、1時間当たりの割増賃金額の計算方法は、次のことをあらかじめ承知の上、給与の決め方により、それぞれに計算してください。

---

①　月額で決まっている給与があるときの1月平均所定労働時間の計算

　月額で決められている給与があるときは、1月平均所定労働時間を計算しなければなりません。年間カレンダーが定められているところでは、次のような式で求められます。

$$\frac{年間労働日 \times 所定労働時間}{12月} = 1月平均所定労働時間$$

　年間カレンダーがない場合には、就業規則に基づく所定休日により求めます。例えば、所定休日が毎日曜日および土曜日（101日）、祝祭日・国民の休日（15日）、年末年始（4日）、夏期休日（3日）であり、所定労働時間8時間の場合は、次のように計算します。なお、暦の関係で年によって日数や休日が異なる場合、所定休日が増加した場合には、その都度再計算をしなければなりません。

$$\frac{\{365 - (101 + 15 + 4 + 3)\} \times 8}{12} = 1月平均所定労働時間$$

　このようにして計算した額が、割増単価計算の分母となります。

注　端数は切り捨てます。ただし、小数点第2位程度までの数字を使用してもかまいません。

---

② 計算の基礎から除外される給与

割増単価を計算するとき、次の給与は、計算の基礎から除外することができます。

ⓐ 家族手当（扶養家族数によって支給されるものに限ります）

ⓑ 通勤手当（通勤距離や定期券購入相当額によって支給されるものに限ります）

ⓒ 別居手当

ⓓ 子女教育手当

ⓔ 住宅手当（下の（注）参照）

ⓕ 臨時に支払われた賃金

ⓖ １カ月を超える期間ごとに支払われる賃金

ここに掲げた７種類の賃金は、割増賃金計算の基礎賃金から控除してもよい賃金として限定（制限）されているものです。したがって、通常の労働時間または労働日の賃金であれば、除外することはできません。精皆勤手当を計算の基礎に含めないケースがあるようですが、これは労働基準法違反となります。

＊ 社会保険適用促進手当（124ページ参照）を毎月支給する場合には、時間外労働手当等の割増賃金の算定基礎に含めることになります。

注 割増賃金の基礎から除外される住宅手当とは、住宅に要する費用に応じて算定される手当をいうものであり、手当の名称の如何を問わず実質によって取り扱うこととされています。

住宅に要する費用とは、賃貸住宅については、居住に必要な住宅（これに付随する設備等を含みます。以下同じ。）の賃借のために必要な費用、持家については、居住に必要な住宅の購入、管理等のために必要な費用をいい、また、費用に応じた算定とは、費用に定率を乗じた額とすることや、費用を段階的に区分し費用が増えるに従って額を多くすることをいうものであるとされています。

なお、住宅に要する費用以外の要素に応じて算定される手当や、住宅に要する費用にかかわらず一律に定額で支給される手当は、割増賃金の基礎から除外される住宅手当には当たりません。

〈具体例〉

① 割増賃金の基礎から除外される住宅手当に当たる例

（ア） 住宅に要する費用に定率を乗じた額を支給することとされているもの。例えば、賃貸住宅居住者には家賃の一定割合、持家居住者にはローン月額の一定割合を支給することとされているもの。

（イ） 住宅に要する費用を段階的に区分し、費用が増えるに従って額を多くして支給することとされているもの。例えば、家賃月額５～10万円の者には２万円、家賃月額10万円を超える者には３万円を支給することとされているようなもの。

② 割増賃金の基礎から除外される住宅手当に当たらない例

（ア） 住宅の形態ごとに一律に定額で支給することとされているもの。例えば、賃貸住宅居住者には２万円、持家居住者には１万円を支給することとされているようなもの。

（イ） 住宅以外の要素に応じて定率または定額で支給することとされているもの。例えば、扶養家族がある者には２万円、扶養家族がない者には１万円を支給することとされているよ

うなもの

(ウ)　全員に一律に定額で支給することとされているもの。

●　賃金規程 がない場合の割増賃金の計算方法

賃金規程 がない場合には労働基準法（第37条）、労働基準法施行規則（第19条、第20条、第21条）により計算することになります。実際の計算方法は、この項の説明のとおりですので、手順に従って計算してください。

●　残業単価の見直し

マスター台帳 に記載されている残業単価は、次のような場合には改定しなければなりません。改定後新しい残業単価を記入してください。

ⓐ　所定休日が増減したとき……1月平均所定労働時間が変わるため

ⓑ　基本給や諸手当が増減したとき……割増賃金算定基礎額が変わるため

ⓒ　残業割増率が改定されたとき……割増率が2割5分から3割となる例など

●　1時間当たりの割増賃金の計算方法（割増率を2割5分とした場合）

	給与の形態	計　算　方　法
1	月　給　制 （日給月給制）	$\dfrac{月額給与合計額}{1月平均所定労働時間} \times 1.25$
2	日　給　制	$\dfrac{日額給与}{1日所定労働時間} \times 1.25$
3	時　給　制	時間給×1.25
4	出来高給制 （歩合給制）	$\dfrac{出来高給（歩合給）}{1カ月の総労働時間} \times 0.25$ ※1カ月の総労働時間は、所定労働時間＋ 　時間外労働時間＋休日出勤労働時間
5	月給、日給、時間給、出来高給の2つ以上で定められている場合	1～4のそれぞれに計算した額の合計額です。

①　時間外手当の計算方法（割増率を2割5分とした場合）

(ア)　1時間当たりの割増賃金額の端数処理

　　1時間当たりの割増賃金額を計算する際に、円未満の端数が生ずることがありますが、端数処理は次のように行います。

ⓐ　通常の1時間当たりの賃金額に円未満の端数が生じた場合は、四捨五入することができます。

〈例〉 $\dfrac{260,000}{161} = 1,614円90銭 \Rightarrow \underline{1,615円}$

ⓑ　1時間当たりの割増賃金額に円未満の端数が生じた場合は、四捨五入することができます。

〈例〉 $\dfrac{260,000}{161} \times 1.25 = 2,018円63銭 \Rightarrow \underline{2,019円}$

● 1時間当たりの割増賃金額の設定方法として、次のような考え方があります。このほか円未満をすべて切り捨てる方法もありますが、常に労働者に不利になることから、法の趣旨に沿わないものと考えられます。

① そのままの数字とする（小数点第2位ぐらいまでが一般的です）。

② 円未満四捨五入とする。

③ 円未満はすべて1円に切り上げる。

(イ) **割増賃金の合計額の端数処理**

時間外手当額に円未満の端数が生ずることがありますが、円未満は四捨五入することができます。また、円未満を切り上げる方法をとることもできます。

〈例〉 残業手当を15分単位で支給する場合（残業時間15時間15分の例）

@1,826 × 15.25 ＝ 27,846円50銭 ➡ 27,847円

〈例〉 小数点第2位までを単価とする場合

@1,825.84 × 15.25 ＝ 27,844円06銭 ➡ 27,844円

(ウ) **時間外労働時間の端数処理**

時間外労働時間の1カ月合計時間に、支給単位に満たない端数が生ずる場合がありますが、端数処理は次のように行います。

〈例〉 支給単位が30分である場合

残業時間	正しい計算	正しくない計算
1：37	1：37	1：30
1：12	1：12	1：00
1：05	1：05	1：00
0：43	0：43	0：30
0：14	0：14	0：00
4：51	4：51	4：00

↳ 5：00 （残業時間4：30 ＋ 端数21分を切上げして0：30）

注 残業時間は1日ごとに算出するのではなく、1カ月を合計して支給単位に満たない時間については、切上げ、切捨てすることになります。

〈例〉 残業時間が39分であるとき

支給単位が1時間の場合 切上げして 1：00となる

支給単位が30分の場合 切捨てして 0：30となる

支給単位が15分の場合 切上げして 0：45となる

設 例

時給850円、主任手当15,000円、1月平均所定労働時間161時間の場合

(⟨イ⟩ 850円 × 1.25 ＝ 1,062.50円)
(⟨ロ⟩ $\frac{15,000}{161}$ × 1.25 ＝ 116.45円) ⟨イ⟩＋⟨ロ⟩＝1,178円95銭 または 1,179円

設例

日給10,000円、1日8時間労働、歩合給25,000円

当月の所定労働時間161時間、時間外労働時間30時間の場合

$$\left(\begin{array}{l} ㋑ \dfrac{10,000}{8} \times 1.25 = 1,562.50円 \\ ㋺ \dfrac{25,000}{161+30} \times 0.25 = 32.72円 \end{array} \right\} ㋑ + ㋺ = 1,595円22銭 または 1,595円$$

② 時間外労働手当の割増率

時間外労働手当の割増率は、次のとおりです。

ⓐ 月60時間を超える部分 　　　　　　5割以上

ⓑ 月45時間を超え60時間までの部分 　2割5分を超える率（努力義務）

ⓒ 月45時間までの部分 　　　　　　　2割5分以上

● 月の計算方法

月の労働時間によって時間外労働の割増率が異なることになりますが、この「月」については、暦による1カ月をいいますが、その起算日（期間）は就業規則で定めることになります。起算日は、毎月1日、賃金計算期間の初日などが考えられます。たとえば、15日締め・当月25日払いの会社で、起算日を賃金計算期間の初日と定めた場合には、毎月16日から翌月15日までの期間で60時間を超えたときに5割以上の割増率となります。

③ 休日出勤手当の計算方法

㋐ 法定休日に労働した場合（割増率を3割5分とした場合）

	給与の形態	計 算 方 法
1	月　給　制 （日給月給制）	$\dfrac{月額給与合計額}{1月平均所定労働時間} \times 1.35$
2	日　給　制	$\dfrac{日額給与}{1日所定労働時間} \times 1.35$
3	時　給　制	時間給 × 1.35
4	出来高給制 （歩合給制）	$\dfrac{出来高給（歩合給）}{1カ月の総労働時間} \times 0.35$ ※1カ月の総労働時間は、所定労働時間＋ 　時間外労働時間＋休日出勤労働時間
5	月給、日給、時間給、出来高給の 2つ以上で定められている場合	1〜4のそれぞれに計算した額の合計額です。

㋑ 法定休日以外の休日に労働した場合

休日労働が法定休日以外の休日である場合は、その日の労働により週の法定労働時間を超えるときは時間外労働となりますので、時間外労働の割増率（2割5分以上、ただし月45時間を超

える場合は異なります）としても差し支えありませんが、賃金規程でその旨を明らかにする必要があります。

④ 深夜労働手当の計算方法

　深夜労働が所定労働時間内である場合と、時間外労働または法定休日労働と重なる場合とでは、割増率が異なります。

㋐ 所定労働時間内の場合（割増率を2割5分とした場合）

$$\boxed{\text{時間賃金} \times 0.25}$$

　1.00の分は所定労働時間労働した分の時給額で支給されていますので、割増分のみを計算します。日給および月給の場合も同じように計算します。

㋑ 時間外労働と重なる場合

　ⓐ 月45時間までの部分（割増率を2割5分とした場合）

$$\boxed{\dfrac{\text{月額賃金}}{\text{1月所定労働時間}} \times 1.50}$$

　深夜労働が時間外労働（月45時間までの部分）と重なる場合は、それぞれの割増率を加えた5割以上で計算することになります。時給および月給の場合も同じように計算します。

　ⓑ 月45時間を超え60時間までの部分（割増率を3割5分とした場合）

$$\boxed{\dfrac{\text{月額賃金}}{\text{1月平均所定労働時間}} \times 1.60}$$

　深夜労働が時間外労働（月45時間を超え60時間までの部分）と重なる場合は、それぞれの割増率を加えた6割以上で計算することになります。時給および月給の場合も同じように計算します。

　ⓒ 月60時間を超える部分（割増率を5割とした場合）

$$\boxed{\dfrac{\text{月額賃金}}{\text{1月平均所定労働時間}} \times 1.75}$$

　深夜労働が時間外労働（月60時間を超える部分）と重なる場合は、それぞれの割増率を加えた7割5分以上で計算することになります。時給および月給の場合も同じように計算します。

　深夜労働が時間外労働と重なる場合は、それぞれの割増率を加えた5割以上で計算することになります。時給および月給の場合も同じように計算します。

　深夜労働が法定休日労働と重なる場合は、それぞれの割増率を加えた6割以上で計算することになります。時給および日給の場合も同じように計算します。ただし、法定休日以外の休日に労働した場合で、賃金規程に定められている場合は上記㋑、㋒としても差し支えありません。

　なお、法定休日を含む2暦日勤務の場合は、法定休日の午前0時から午後12時までの時間帯に労働した部分の割増率が3割5分以上となります。

● 所定労働日の時間外労働が、翌日の法定休日にまで及んだ場合の例

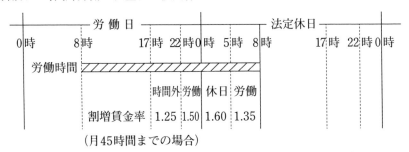

（月45時間までの場合）

(7) 役付手当、家族手当、社宅手当、精皆勤手当等

　| 賃金規程 | で決められた手当の金額を | マスター台帳 | に記入します。

(8) 通勤手当

　通勤手当の出し方には、次の3つの方法があります。どの方法をとるかは自由ですが、本例（20ページ参照）では、ⓑを例としています。

ⓐ　全　　額

ⓑ　非課税限度額の範囲

ⓒ　一定額

　ただし、全従業員に一律に支給すると割増賃金の基礎に含まれますので注意してください。

① 　| マスター台帳 | に1カ月分の通勤手当または定期券代を記入

　6カ月定期券、3カ月定期券を支給している場合は、その旨を表示して記入します。

　なお、| マスター台帳 | には定期券の購入状況を記入する欄がありますので、いつ切れて、いつ手配するのかを知る上で大変役立つと思われます。

② 　通勤手当の支給限度額について

　事業所が従業員に支給する通勤に要する費用（定期券代等）に限度額を設ける場合には、その旨を | 賃金規程 | に記載してください。たとえば、「非課税限度額までとする」等と記載します。

● 通勤用定期乗車券（通勤手当）

	区　　　　　分		課税されない金額
ⓐ	交通機関または有料道路を利用している人に支給する通勤手当		1カ月当たりの合理的な運賃等の額（最高限度150,000円）
ⓑ	自転車や自動車などの交通用具を使用している人に支給する通勤手当	通勤距離が片道55キロメートル以上である場合	1カ月当たり　31,600円
		通勤距離が片道45キロメートル以上55キロメートル未満である場合	1カ月当たり　28,000円
		通勤距離が片道35キロメートル以上45キロメートル未満である場合	1カ月当たり　24,400円
		通勤距離が片道25キロメートル以上35キロメートル未満である場合	1カ月当たり　18,700円

	通勤距離が片道15キロメートル以上25キロメートル未満である場合	1カ月当たり　12,900円
	通勤距離が片道10キロメートル以上15キロメートル未満である場合	1カ月当たり　7,100円
	通勤距離が片道2キロメートル以上10キロメートル未満である場合	1カ月当たり　4,200円
	通勤距離が片道2キロメートル未満である場合	（全額課税）
ⓒ	交通機関を利用している人に支給する通勤用定期乗車券	1カ月当たりの合理的な運賃等の額（最高限度150,000円）
ⓓ	交通機関または有料道路を利用するほか、交通用具も使用している人に支給する通勤手当や通勤用定期乗車券	1カ月当たりの合理的な運賃等の額とⓑの金額との合計額（最高限度150,000円）

「合理的な運賃等の額」とは、その通勤に係る運賃、時間、距離等の事情に照らし、最も経済的かつ合理的と認められる通常の通勤の経路および方法による運賃または料金の額をいい、新幹線鉄道を利用した場合の特別急行料金は含まれますが、グリーン料金は含まれません。

(9)　社会保険適用促進手当

短時間労働者への社会保険の適用を促進するため、労働者が社会保険に加入するにあたり、事業主が労働者の保険料負担を軽減するために社会保険適用促進手当を支給するもの（任意）です。標準報酬月額等の算定から除外されるのは、標準報酬月額が10.4万円以下であった月に発生した本人負担分の保険料相当額が上限となります（124ページ参照）。

* 標準報酬月額が10.4万円を超える者への支払、標準報酬月額が10.4万円以下であった者でも本人負担分の保険料相当額を超える部分の支払については、別の名称の手当として支給する取扱いが想定され、標準報酬月額等の算定に含めることになります。

* 新たに社会保険適用促進手当を支給する場合は、賃金規程に記載してください。なお、標準報酬月額等の算定からの除外は、最長2年間の時限措置であるため、時限措置終了後に支払を取りやめる場合は、就業規則（賃金規程）の不利益変更の問題が生じる可能性がありますので、一定期間の支給として規定することも検討すべきでしょう。

(10)　非課税額

◉ 所得税が非課税となる現物給与など

注 消費税と源泉所得税

給与が物品または用役などにより支払われる場合、その物品または用役などの価額に消費税の額が含まれているときは、その消費税の額を含めた金額が給与の金額となります。ただし、所得税の課非について非課税限度額が定められているもののうち、非課税限度額を超えるかどうかを消費税抜きの金額で判定するものもあります（「食事」「創業記念品など」の項参照）。

② その他の特殊な給与の取扱い

区　　　分	説明（課税されない金額）
食　　　事	(1)　課税されない食事 　●　残業または宿日直をした人に対し、これらの勤務をすることにより支給する食事 　●　乗船中の船員に支給する食事 (2)　役員または使用人に支給する食事 　その食事の価額の半額以上を本人負担とし、しかも、使用者負担が月額3,500円以下であれば課税されません。 　**注**　使用者負担が非課税限度額（月額3,500円）を超えるかどうかは、その食事の価額から本人負担額を差し引いた残額の消費税等抜きの金額で判定します。 　●　食事の価額の評価 　　①　使用者が調理して支給する食事 　　　主食、副食の材料などに要する直接費の額により評価 　　②　使用者が他から購入して支給する食事 　　　その購入価額により評価 　　**注**　給食業者等に委託して支給する食事については、原則として、使用者が、ⓐ社内の食堂、調理場等の給食施設を給食業者等に無償で使用させ、かつ、ⓑ主食、副食などの材料などを提出している場合には、①の食事とし、その他の場合には、②の食事として取り扱われます。 (3)　深夜勤務者の食事代 　正規の勤務時間の一部または全部が深夜（午後10時から翌日午前5時）に及ぶいわゆる深夜勤務者に対し、夜食の提供ができないため、これに代えて通常の給与に加算して支給される夜食代で、その支給額が勤務1回につき300円以下のものについては課税されません。この非課税限度額は、消費税等抜きの金額で判定します。
レクリエーション費用	使用者が社会通念上一般的に行われている会食、旅行などの行事のために負担した費用は課税されません。 　ただし、使用者が不参加者（業務上の理由による不参加者を除きます）に対し、参加に代えて金銭を支給する場合には、参加者を含めた全員に対しその金銭の額に相当する給与の支給があったものとして課税されます（業務上の理由による不参加者に金銭を支給する場合には、その不参加者だけ課税となります）。 　**注**　旅行については、次のすべての要件を満たしている場合には、原則として課税しなくても差し支えありません（その金額が多額で社会通念上一般に行われていないような場合は、課税されます）。

区　　分	説明（課税されない金額）
レクリエーション費用	①　その旅行に要する期間が4泊5日（目的地が海外の場合には、目的地における滞在日数によります）以内のものであること ②　その旅行に参加する従業員等の数が全従業員等（工場、支店等で行う場合には、その工場、支店等の従業員等）の半数以上であること
永年勤続者の記念品	永年勤続者に支給する記念品は、その金額が社会通念上相当と認められるものは課税されません。ただし、金銭支給の場合（株券や商品券など実質的に金銭と同様のものを含みます）には課税されます。 　なお、ここにいう永年勤続者とは、おおむね10年以上勤務した人をいい、その表彰は、同一人については、おおむね5年以上の間隔をおいて行われるものであることが必要です。
創業記念品など	創業記念、増資記念、工事完成記念、合併記念などに際して支給する記念品は、次の要件のいずれにも該当する場合は、課税されません。 　ただし、金銭支給の場合（株券や商品券など実質的に金銭と同様のものを含みます）には課税されます。 ⑴　その支給する記念品が、社会通念上記念品としてふさわしいものであって、処分見込価額が10,000円以下であること。 　処分見込価額は、実際には評価が難しい例が多いと思われますので、一般的には、金銭以外のもので支払われる商品の評価基準（いわゆる現金正価の60％相当額）を準用することも、一つの方法かと思われます。 ⑵　創業記念のように、一定期間ごとに到来する記念に際して支給する記念品については、創業後おおむね5年以上の間隔をおいて支給するものであること。 **注**　1　工事完成記念の記念品には、建築請負業者、造船業者などが請負工事、新造船の完成などに際して支給するものは含まれません。 　　2　非課税限度額の10,000円を超えるかどうかは、処分見込価額（消費税等抜きの金額）で判定します。
宿　日　直　料	宿直または日直1回につき支給する宿日直料のうち、4,000円（宿直または日直の勤務をすることにより支給される食事がある場合には、4,000円からその食事の価額を控除した金額）までの部分については課税されません。 ⑴　食事を支給しない場合 　　1回の宿日直料－4,000円＝課税額 ⑵　食事を支給する場合 　　1回の宿日直料－（4,000円－食事の価額）＝課税額

区　　分	説明（課税されない金額）
社　　宅	(1) 非課税とする住宅

(1) 非課税とする住宅

職務の遂行上やむを得ない必要に基づき使用者から指定された場所に居住する人がその指定する場所に居住するために貸与を受けた家屋または部屋については、賃貸料を徴収していない場合でも課税されません。

(2) 使用人社宅

次の算式で計算した賃貸料相当額の2分の1以上を社宅料として徴収しておけば課税されません。

● 賃貸料相当額（月額）とは

$$\left(\text{その年度の家屋の固定資産税の課税標準額} \times \frac{2}{1,000}\right) +$$

$$\left(12\text{円} \times \frac{\text{家屋の総床面積（㎡）}}{3.3\text{㎡}}\right) + \left(\text{その年度の敷地の固定資産税の課税標準額} \times \frac{2.2}{1,000}\right)$$

注　算式で求めた金額が10,000円で徴収した社宅料が4,000円の場合（10,000円×1／2）－4,000円＝1,000円を課税額とするのは誤りで、2分の1以上を徴収していない限り、10,000円－4,000円＝6,000円が課税額となります。

(3) 役員社宅

次の算式で計算した賃貸料相当額以上を社宅料として徴収しておけば課税されません。

● 賃貸料相当額（月額）とは

$$\left\{\text{その年度の家屋の固定資産税の課税標準額} \times \frac{12}{100}\left(\text{木造家屋以外の家屋については} \frac{10}{100}\right)\right.$$

$$\left. + \text{その年度の敷地の固定資産税の課税標準額} \times \frac{6}{100}\right\} \times \frac{1}{12}$$

注　その役員社宅が、使用者が他から借り受けたいわゆる借上社宅である場合は、使用者が支払う賃借料の額の50％相当額と上記の算式により計算した額とのうち、いずれか多い金額がその社宅の賃貸料相当額となります。

(4) いわゆる豪華な役員社宅の賃貸料

使用者が役員に貸与した住宅等が社会通念上一般に貸与されている住宅等と認められないいわゆる豪華社宅である場合には、その賃貸料は時価（実勢価額）により評価します。なお、床面積が240㎡以下のものは、原則として(3)の取扱いによります。

(5) 小規模住宅である役員社宅

役員社宅が小規模住宅である場合は、(3)にかかわらず(2)の算式で計算

区　　分	説明（課税されない金額）
社　　宅	した額が賃貸料相当額となります。使用者が他から借り受けた借上社宅であっても、小規模住宅に当たる場合には、(3)の**注**の計算をする必要はなく、(2)の算式で計算した額が賃貸料相当額となります。 **注**　小規模住宅 　　床面積（2以上の世帯を収容する構造の家屋については、1世帯として使用する部分の床面積）が132㎡（木造家屋以外の家屋については、99㎡）以下であるもの (6)　役員社宅の特例 　　前記(3)または(4)により賃貸料相当額を計算する場合、その社宅が次のような住宅であるときは、その賃貸料相当額はその使用状況を考慮して定めることになりますが、使用者がその社宅につきそれぞれ次の金額を賃貸料として徴収しているときは、その徴収している金額をその社宅の賃貸料相当額として差し支えないことになっています。 　①　使用者の業務に関する使用部分がある住宅等 　　　(3)または(4)により計算した賃貸料相当額の70％以上に相当する金額 　②　単身赴任者のような人が一部を使用しているにすぎない住宅等 $$\text{その住宅等につき(3)または(4)により計算した賃貸料相当額} \times \frac{50\,(㎡)}{\text{その家屋の総床面積}\,(㎡)}$$ (7)　プール計算 　　社宅を貸与したすべての役員または使用人から、その貸与した社宅の状況に応じてバランスのとれた賃貸料を徴収している場合で、その徴収している賃貸料の額の合計額が、役員または使用人の別に応じ、それぞれの貸与したすべての社宅につき前記の計算式等により計算した賃貸料相当額の合計額（使用人に貸与した社宅については、その賃貸料相当額の合計額の2分の1相当額）以上であるときは、これらの役員または使用人が社宅の貸与により受ける経済的利益はないものとして、課税されません。 　　この場合、使用人に貸与したすべての社宅につき一括して賃貸料相当額を合計することが困難なときは、1カ所または数カ所の事業所等ごとに計算して差し支えないことになっています。 　　なお、役員および使用人に貸与した社宅を合わせてプール計算することはできません。 (8)　使用者が役員または使用人に対し、居住の用に供する家屋の敷地を貸与した場合に、借地（借地権）を無償で返還することとされているとき（法人税基本通達13－1－7「権利金の認定見合わせ」の取扱いの適用がある場合）は、更地価額のおおむね6％程度（年額）が、その土地の賃貸料相当額となります。

区　　　分	説明（課税されない金額）
金銭の無利息または低利貸付等	使用者が金銭を無利息または低い金利による利息で貸し付けたことによる経済的利益で、次のものについては課税されません。 ⑴　災害、疾病等により臨時的に多額の生活資金を要することとなった人に対し貸し付けた場合、その返済に要する期間として合理的と認められる期間内に受ける経済的利益 ⑵　平均調達金利など合理的と認められる貸付利率により利息を徴している場合に生じる経済的利益 ⑶　⑴および⑵以外の経済的利益で少額（年5,000円以下）のもの 　注　無利息とか低利という場合の基準となる利息相当額の評価 　　①　使用者が他から借り入れて貸し付けたことが明らかな場合……その借入金の利率により評価 　　②　その他の場合……前年11月30日の商業手形の基準割引率＋1％
生命保険料等の負担	⑴　使用者契約の生命保険契約等 　使用者が自己を契約者とし、役員または使用人（これらの人の親族を含み、以下「使用人等」といいます）を被保険者とする生命保険契約に加入して、その保険料を支払ったことにより役員または使用人が受ける経済的利益については、保険契約の区分に応じ、それぞれ次のように取り扱われます。 　①　養老保険 　　㋑　死亡保険金と生存保険金の受取人が使用者である場合には、課税されません。 　　㋺　死亡保険金と生存保険金の受取人が被保険者またはその遺族である場合には、その支払った保険料の額に相当する金額は、給与所得とされます。 　　㋩　死亡保険金の受取人が被保険者の遺族で、生存保険金の受取人が使用者である場合には、課税されません。ただし、役員または特定の使用人等のみを被保険者としている場合には、その支払った保険料の2分の1に相当する金額は、給与所得とされます。 　②　定期保険 　　死亡保険金の受取人が被保険者の遺族で、かつ、役員または特定の使用人等のみを被保険者としている場合に限り、その支払った保険料の額に相当する金額は、給与所得とされ、それ以外の場合には課税されません。 　③　定期付養老保険 　　㋑　保険料の額が養老保険部分と定期保険部分とに区分されている場合には、それぞれ、①または②の取扱いによります。 　　㋺　㋑以外の場合には、①の取扱いによります。

区　　分	説明（課税されない金額）
生命保険料等の負担	(2)　使用者契約の損害保険契約等 　　使用者が自己を契約者および満期返戻金等の受取人とし、役員または使用人のために、使用人等の身体を保険や共済の目的とする損害保険契約等、あるいは役員や使用人に係る所得税法第77条第1項に規定する家屋または資産を保険や共済の目的とする損害保険契約等に係る保険料や掛金を支払ったことにより役員または使用人が受ける経済的利益については、課税されません。 　　ただし、特定の使用人等のみを対象としている場合には、その支払った保険料や掛金に相当する金額（積立保険料に相当する部分の金額を除きます）は、給与所得とされます。 (3)　使用人契約の保険契約等 　　使用者が、役員または使用人が支払うべき社会保険料や生命保険契約等に係る保険料等を負担する場合には、その負担する金額は給与所得とされます。 (4)　少額な保険料の負担 　　使用者が、役員または使用人のために次の保険料や掛金を負担した場合の経済的利益については、その役員または使用人につきその月中に負担する金額の合計額が300円以下である場合に限り、課税されません。ただし、役員または特定の使用人（これらの人の親族を含みます）のみを対象としてその保険料や掛金を負担することとしている場合には、給与所得とされます。 ①　健康保険、雇用保険、厚生年金保険または船員保険の保険料で、役員または使用人が被保険者として負担すべきもの ②　生命保険契約等または損害保険契約等に係る保険料や掛金（(1)、(2)および(3)の取扱いにより課税されない保険料や掛金を除きます）
在宅勤務手当 （テレワーク）	(1)　在宅勤務手当（テレワーク）の取扱い 　　在宅勤務に通常必要な費用について、その費用の実費相当額を精算する方法により支給する一定の金銭については、課税されません。ただし、従業員が在宅勤務に通常必要な費用として使用しなかった場合でも、その金銭を企業に返還する必要がないものについては、課税対象となります。 (2)　業務用のパソコンなどの事務用品等 　　貸与が前提となりますので、支給（所有権の移転）した場合には、課税対象となります。 (3)　通信費・電気料金 　　家事部分を含めて負担した通信費・電気料金について、業務のために使用した部分を合理的に計算した部分を支給することが前提となります。 　　電話料金のうち通話料については、通話明細書等により確認した業務のための通話料金、基本使用料やインターネット接続に係る通信料、電気料

区　　分	説明（課税されない金額）
在宅勤務手当 （テレワーク）	金については、業務のために使用した部分として合理的に計算した部分は、課税されません。 (4)　業務のために使用した部分の合理的計算方法 　　業務のために使用した部分の合理的計算方法として、次の方法が挙げられています。 　①　通信費 　　月額料金 × 当月の在宅勤務日数／当月の日数 × $\frac{1}{2}$ 　②　電気料金 　　月額料金 × 業務使用した部屋の床面積／家屋の床面積 × 　　当月の在宅勤務日数／当月の日数 × $\frac{1}{2}$

⑾　健康保険・厚生年金保険の控除保険料額の決定

　健康保険と厚生年金保険は、保険の目的は異なりますが、保険料の決定、徴収、納付等は実務的には、同時に処理をします。したがって、健康保険および厚生年金保険をまとめて説明します。

　なお、以下の説明は全国健康保険協会に加入している事業所で、厚生年金基金に加入していない事業所を前提としています。健康保険組合、厚生年金基金に加入している場合は、その手続に従ってください。

①　標準報酬月額の決定方法

　各人の標準報酬月額を決定する方法は、次のとおりです。

　㋐　資格取得届　の提出

入社の際、雇用契約により定められた、1カ月フルに労働した場合に受ける見込給与総額を
資格取得届　により届け出ることによって決まります。

　㋑　算定基礎届　の提出（定時決定）

　　毎年7月1日現在の在籍者について、4月、5月、6月に支払われた給与の平均額を　算定基礎届
により届け出ることによって決まります。

　㋒　月額変更届　の提出（随時改定）

　　昇給その他により各人の固定的賃金が変動した場合に、その変動した賃金を支払った月から3
カ月間の給与の平均額を　月額変更届　により届け出ることによって決まります。

②　保険料の決定方法

　㋐　「資格取得届」「算定基礎届」「月額変更届」「育児休業等終了時報酬月額変更届」「産前産後
　　休業終了時報酬月額変更届」で届け出られた給与額（報酬）により、年金事務所が標準報酬等
　　級表に基づいて決定した各人の標準報酬月額を「決定通知書」または「改定通知書」により事
　　業主に通知します。

　㋑　年金事務所が決定した標準報酬月額を各人ごとに保険料額表に当てはめて、該当する等級欄
　　の数字が、控除する保険料額となります。

注 各人の保険料決定の基礎となる標準報酬月額の決定には、給与総額を正しく届け出る必要がありますので、報酬の範囲（123ページ）を参照してください。

⑿ **所得税等**

給与から差し引く所得税等（所得税と復興特別所得税）の額は、「社会保険料等控除後の給与等の金額」と、「扶養親族等の数」に応じて、税額表（月額表あるいは日額表）を使用して求めます。

① **扶養親族等の数**

この数は、本人から 扶養控除等申告書 （正式には「給与所得者の扶養控除等（異動）申告書」）によって申告されている扶養親族等の状況に応じて、次のように計算します。

(ア) 源泉控除対象配偶者と控除対象扶養親族との合計人数

(イ) 本人が障害者、寡婦、ひとり親または勤労学生に該当するときは、その該当する控除ごとに1人多くあるものとして数えた数

(ウ) 申告された同一生計配偶者または扶養親族のうちに、障害者または同居特別障害者に該当する人がいる場合には、これらの1つに該当するごとに1人を加えた数

源泉控除対象配偶者とは、居住者（合計所得金額が900万円以下である者に限ります）の配偶者でその居住者と生計を一にするもの（青色事業専従者で給与の支払いを受ける人や白色事業専従者を除きます）のうち合計所得金額が95万円以下である人をいいます。

なお、扶養親族、控除対象扶養親族、障害者、寡婦、ひとり親、勤労学生の定義については、87〜89ページを参照してください。

設 例

本人がひとり親で、控除対象扶養親族が2人（うち1人は障害者）ある場合

控除対象扶養親族 ……………………………………… 2人
本人がひとり親 …………………………プラス1人
扶養親族の1人が障害者…………プラス1人

計4人を扶養親族等の数とします。

設 例

源泉控除対象配偶者があり、扶養親族（控除対象扶養親族に該当しない扶養親族）が1人（同居特別障害者に該当）ある場合

源泉控除対象配偶者………………………………… 1人
扶養親族が障害者………………………プラス1人
扶養親族が同居特別障害者………………プラス1人

計3人を扶養親族等の数とします。

---

② 扶養控除等申告書

(ア) この申告書は、その年最初に給与の支払を受ける日の前日までに本人から提出を受け、使用者が保管しておきます。

(イ) この申告書を提出後、年内に記載事項に異動を生じた場合は、その都度訂正してもらいます。

(ウ) この申告書は、2カ所以上から給与の支払を受ける人については、そのうち1カ所にしか提出できません（たとえば、A社とB社から給与の支払を受けている人が、この申告書をA社に提出したときは、B社には提出できません。なお、A社が支払う給与を「主たる給与」、B社が支払う給与を「従たる給与」といい、所得税等の計算の仕方が違ってきます）。

(エ) この申告書は、扶養親族等がまったくない人でも提出することになっています。申告書の提出がない人（(ウ)のB社の例のように申告書を提出できない場合も、1カ所からだけしか給与の支払を受けていない人がこの申告書を提出していない場合も同じです）に支払う給与については、税額表の乙欄により高額な税額を徴収することになります。

③ 社会保障・税番号制度による本人確認

(ア) 社会保障・税番号制度（マイナンバー制度）の導入によって、平成28年1月1日以降、給与所得者（従業員）本人の個人番号、源泉控除対象配偶者や控除対象扶養親族等の個人番号が記載された「扶養控除等申告書」の提出を受ける必要があります。

(イ) ただし、従業員が扶養控除等申告書の余白に「個人番号については給与支払者に提供済みの個人番号と相違ない」旨を記載した上で、給与支払者がすでに提供を受けている従業員等の個人番号を確認し、確認した旨を扶養控除等申告書に表示すれば、扶養控除等申告書の提出時に従業員等の個人番号の記載を省略することができます。

(ウ) 源泉徴収義務者（会社）が、本人からその者の個人番号の提供を受ける場合には、本人確認を行うことが義務づけられていますので、給与所得者（従業員）の本人確認（ⅰ番号確認とⅱ身元確認）を行うことになります。

(エ) 本人確認のうち、ⅰの番号確認については、番号確認書類（個人番号カード、通知カード、個人番号が記載された住民票の写し）によって、申告書に記載された個人番号が正しいかどうか確認することになります。

(オ) ⅱの身元確認については、身元確認書類（個人番号カード、運転免許証、パスポート等）によって、本人であるかどうかの確認をすることになります。会社が従業員から個人番号の提供を受ける場合に、その従業員を対面で確認することにより本人であることが明らかな場合には、身元確認書類の提示を不要としています。

なお、事業主が従業員の個人番号を電子メールなどにより、電子的に提供を受ける場合は、番号確認書類（通知カード等）や身元確認書類（運転免許証等）の提出を受ける代わりに、当該画像データの送信を受けて、確認することも可能です。

(カ) 扶養控除等申告書に記載される源泉控除対象配偶者や控除対象扶養親族等の本人確認については、源泉徴収義務者（会社）ではなく、給与所得者（従業員）自身が行うこととなります。

(キ) 個人番号の記載省略

扶養控除等申告書には、基本的には、従業員等の個人番号を記載する必要がありますが、給与支払者（会社）が扶養控除等申告書に記載されるべき従業員本人、源泉控除対象配偶者また

は控除対象扶養親族等の氏名および個人番号等を記載した帳簿を備えている場合には、その従業員が提出する扶養控除等申告書には、その帳簿に記載されている人の個人番号の記載を要しないこととされています。

④　国外居住親族がある場合

(ア)　源泉控除対象配偶者が国外居住親族（非居住者である親族）である場合には、「非居住者である親族」欄に○印を付け、親族関係書類を扶養控除等申告書等に添付したり、提出の際に提示しなければならないこととされています。

　　　また、控除対象扶養親族が国外居住親族（非居住者である親族）である場合には、次の区分に応じて「非居住者である親族」欄の該当箇所にチェックを付け、親族関係書類と②の者は留学ビザ等相当書類を添付したり、提出の際に提示したりしなければならないこととされています。

①　16歳以上30歳未満又は70歳以上

②　留学により国内に住所及び居所を有しなくなった者

③　障害者

④　扶養控除の適用を受けようとする居住者からその年において生活費又は教育費に充てるための支払を38万円以上受けている者

(イ)　親族関係書類とは、①戸籍の附票の写しその他の国または地方公共団体が発行した書類およびその国外居住親族の旅券の写し、②外国政府または外国の地方公共団体が発行した書類で、その国外居住親族の氏名、生年月日および住所または居所の記載があるもの、のいずれかで、その国外居住親族がその居住者（納税者）の親族であることを証するものをいいます。

　　　なお、親族関係書類が外国語で作成されている場合には、その翻訳文を添付する必要があります。

(ウ)　留学ビザ等相当書類とは、外国政府又は外国の地方公共団体が発行したその非居住者である扶養親族に係る外国における査証に類する書類の写し又は外国における在留カードに相当する書類の写しであって、その非居住者である扶養親族が出入国管理及び難民認定法の留学の在留資格に相当する資格をもってその外国に在留することにより国内に住所および居所を有しなくなった旨を証するものをいいます。

(エ)　給与等の年末調整において、国外居住親族に係る扶養控除等の適用を受ける人は、「生計を一にする事実」欄に、その年中のその国外居住親族への送金額を記載し、送金関係書類（上記(ア)④の者は38万円以上の送金関係書類）を扶養控除等申告書等に添付したり、提出の際に提示しなければならないこととされています。

(オ)　送金関係書類とは、①金融機関の書類またはその写しで、その金融機関が行う為替取引によりその居住者（納税者）からその国外居住親族に支払をしたことを明らかにする書類、②いわゆるクレジットカード発行会社の書類またはその写しで、そのクレジットカードを提示してその国外居住親族が商品等を購入したこと等およびその商品等の購入等の代金に相当する額をその居住者（納税者）から受領したことを明らかにする書類で、その国外居住親族の生活費または教育費に充てるための支払を、必要の都度、各人に行ったことを明らかにするものをいいます。

　　　なお、送金関係書類が外国語で作成されている場合には、その翻訳文を添付する必要があります。

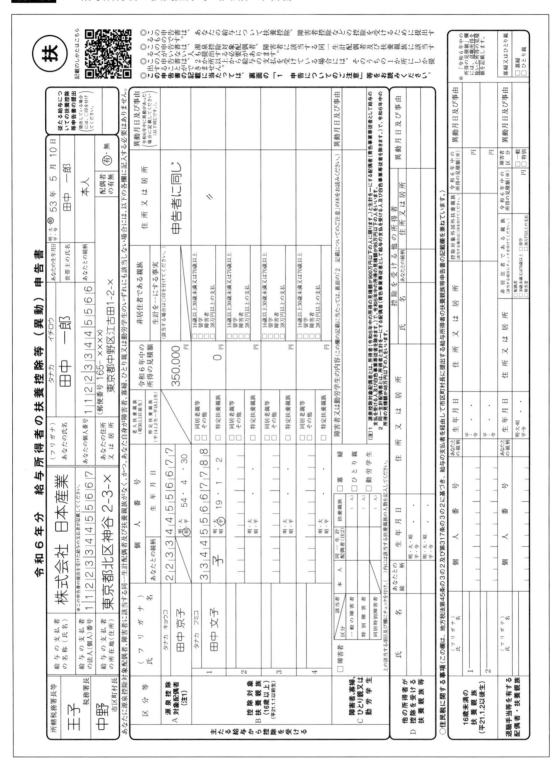

⑤ 税 額 表

税額表には、月額表と日額表があり、給与の支払形態に応じて使い分けることになります（賞与については、原則として、別に定められている「賞与に対する源泉徴収税額の算出率の表」を使用します）。

● 月額表の一部

その月の社会保険料等控除後の給与等の金額		甲								乙
		扶　養　親　族　等　の　数								
		0　人	1　人	2　人	3　人	4　人	5　人	6　人	7　人	
以　　上	未　　満	税							額	税　　額
円	円	円	円	円	円	円	円	円	円	円
167,000	169,000	3,620	2,000	390	0	0	0	0	0	11,400
169,000	171,000	3,700	2,070	460	0	0	0	0	0	11,700
171,000	173,000	3,770	2,140	530	0	0	0	0	0	12,000
173,000	175,000	3,840	2,220	600	0	0	0	0	0	12,400
175,000	177,000	3,910	2,290	670	0	0	0	0	0	12,700
177,000	179,000	3,980	2,360	750	0	0	0	0	0	13,200

● 日額表の一部

その日の社会保険料等控除後の給与等の金額		甲								乙	丙
		扶　養　親　族　等　の　数									
		0　人	1　人	2　人	3　人	4　人	5　人	6　人	7　人		
以　　上	未　　満	税							額	税　　額	税　　額
円	円	円	円	円	円	円	円	円	円	円	円
7,000	7,100	175	115	65	10	0	0	0	0	810	0
7,100	7,200	175	120	65	15	0	0	0	0	840	0
7,200	7,300	180	125	70	15	0	0	0	0	860	0
7,300	7,400	185	125	75	20	0	0	0	0	890	0
7,400	7,500	185	130	75	25	0	0	0	0	920	0
7,500	7,600	190	135	80	30	0	0	0	0	960	0

㈠ 月額表、日額表の適用区分

給与の形態によって、月額表と日額表を使い分けてください。

種　　類	給　与　の　形　態
月額表	①　1カ月ごとに支払う給与 ②　半月ごとまたは10日ごとに支払う給与 ③　月の整数倍ごとに支払う給与
日額表	①　日々支払う給与 ②　日割りで支払う給与 ③　月額表を使えない給与（例えば、週給の場合または臨時の人に13日分とか23日分のような給与をまとめて支払うような場合）

(イ) 甲欄、乙欄、丙欄の適用区分

月額表には、甲・乙欄、日額表には甲・乙・丙欄がありますが、これらの各欄は、次のように使い分けます。

欄	適　用　区　分
甲	「扶養控除等申告書」を提出している人に支払う給与
乙	「扶養控除等申告書」を提出していない人に支払う給与
丙	日雇賃金（「扶養控除等申告書」は不要です）

注 1　特殊なケースですが、従たる給与（42ページの②の(ウ)参照）について 従たる給与についての扶養控除等申告書 を提出できる場合があります。この場合も乙欄を適用した上で、申告された扶養親族等の数に応じて所要の調整を行うことになっています。

2　日額表丙欄を適用する給与

イ　日々雇い入れられる人に対し、労働した日または時間によって計算し、かつ、労働した日ごとに支払う給与。ただし、継続して2カ月を超えて支払うこととなった場合には、その2カ月を超えて支払う部分の給与は、扶養控除等申告書の提出の有無に応じて甲欄または乙欄を適用することになります。

ロ　日々雇い入れられる人に対し、労働した日または時間によって計算して支払う給与で労働した日以外の日に支払うもの（たとえば、5日ごとに締め切って支払うようなもの）。ただし、継続して2カ月を超えて支払うこととなった場合には、その2カ月を超えて支払う部分の給与は扶養控除等申告書の提出の有無に応じて甲欄または乙欄を適用することになります。

ハ　あらかじめ定められた雇用契約の期間が2カ月以内の人に支払う給与で、労働した日または時間によって計算されたもの。ただし、雇用契約の期間の延長または再雇用により継続して2カ月を超えて支払うこととなった場合には、その2カ月を超えて支払う部分の給与は、扶養控除等申告書の提出の有無に応じて甲欄または乙欄を適用することになります。

(13) 定額減税による特別控除額の控除

令和6年分の所得税については、定額減税の実施により、給与計算・賞与計算における源泉徴収税額から次のとおり定額減税による特別控除の額を控除することになります。

① 特別控除を実施しなければならない者

特別控除を実施しなければならないのは、主たる給与の支払者（扶養控除等申告書の提出を受けている給与の支払者）で、従たる給与の支払者は実施しません。

＊　令和6年6月2日以後に雇用されて扶養控除等申告書を提出した者については、特別控除の額について年末調整時に控除することとし、各給与等支払時における控除は行いません。

② 特別控除の実施時期

　令和6年6月1日以後に支払う給与・賞与に係る源泉徴収税額から特別控除額を控除します。ただし、源泉徴収税額が限度となります。控除しきれない場合には、それ以後の給与・賞与に係る源泉徴収税額から順次控除します。

③ 定額減税の対象者

　令和6年分の合計所得金額が1,805万円以下の人が対象となります。合計所得金額には、退職所得を含めることになります。

　　＊　給与所得のみの者については、給与収入2,000万円（23歳未満扶養親族を有する者など所得金額調整控除の適用を受ける場合は、2,015万円）以下の者が対象です。

　ただし、令和6年6月段階では、令和6年分の合計所得金額は確定していないため、源泉徴収税額からの特別控除に際しては、年末調整を除いて、合計所得金額に関わらず特別控除を実施し、年末調整の対象となる者については、年末調整時において合計所得金額が1,805万円超になると見込まれる場合には、控除実施済額について調整することになります。

④ 定額減税による特別控除額

　本人分として3万円に同一生計配偶者・扶養親族（居住者に限定されます）1人について3万円を加算した金額となりますが、その者の所得税額が上限となります。
「同一生計配偶者」は、居住者の配偶者でその居住者と生計を一にするもの（青色事業専従者等を除く）のうち、合計所得金額が48万円以下である者をいい、合計所得金額が900万円超である居住者の同一生計配偶者（非源泉控除対象同一生計配偶者）が含まれます。

　また、同一生計配偶者には、源泉控除対象配偶者のうち、合計所得金額が48万円超95万円以下である配偶者は含まれません。

　　＊　合計所得金額48万円超の配偶者は、配偶者自身が定額減税の対象となります。

⑤ 非源泉控除対象同一生計配偶者の把握

　非源泉控除対象同一生計配偶者については、配偶者控除等申告書で把握可能な者（配偶者控除の対象者のうち源泉控除対象配偶者でない者）を除いて、新たに「年末調整に係る申告書」の提出を求めることとし、原則として年末調整において控除します。

　ただし、令和6年6月1日以後最初の給与支払日までに「源泉徴収に係る申告書」が提出された場合には、給与・賞与から控除します。

⑥ 15歳以下の扶養親族の把握

　15歳以下の扶養親族については、令和6年6月1日以後最初の給与支払日までに新たに「源泉徴収に係る申告書」の提出を求め、給与・賞与から控除します。

　ただし、その申告書の記載情報に代えて、扶養控除等申告書の「住民税に関する事項」を参照して計算することも可能です。この場合には他の者の扶養親族として特別控除を受けていないことの確認が必要となります。

⑦ 給与明細書等への記載

　令和6年6月1日以後に交付する給与明細書等には、源泉徴収税額から控除した定額減税の特

別控除済額を記載する必要があります。給与明細書等に直接記載しないで、別紙の添付等によって交付することも認められます。

　なお、年末調整を行って支払う給与等にかかる給与明細書等においては、源泉徴収票で定額減税額を把握することが可能であるため、定額減税の特別控除済額の記載は必要ありません。

＊　国税庁では、各人別の月次減税と各月の控除額等を管理するための様式として「各人別控除事績簿」を公表しています。必ずしもこの様式を使用しなければならないわけではありませんが、各人別の管理は重要です。

各人別控除事績簿

基準日在職者（受給者の氏名）	月次減税額の計算		月次減税額の控除												備考
			令和6年6月25日			令和6年7月10日			令和6年7月25日			令和6年8月23日			
	同一生計配偶者と扶養親族の数 ①	月次減税額（受給者本人＋①の人数）×30,000円 ②	控除前税額 ③	②のうち③から控除した金額 ④	控除しきれない金額（②−④）⑤	控除前税額 ⑥	⑤のうち⑥から控除した金額 ⑦	控除しきれない金額（⑤−⑦）⑧	控除前税額 ⑨	⑧のうち⑨から控除した金額 ⑩	控除しきれない金額（⑧−⑩）⑪	控除前税額 ⑫	⑪のうち⑫から控除した金額 ⑬	控除しきれない金額（⑪−⑬）⑭	
日本 太郎	3	120,000	13,520	13,520	106,480	81,365	81,365	25,115	13,960	13,960	11,155	12,970	11,155	0	
法令 花子	1	60,000	11,800	11,800	48,200	40,283	40,283	7,917	10,560	7,917	0				
出般 一郎	0	30,000	9,210	9,210	20,790	32,181	20,790	0							

⑧　留　意　点

　令和6年6月1日以後の最初の給与等の支払日以後に、その定額減税額の計算の基となった同一生計配偶者等の数に異動が生じても、月次減税額を変更することはなく、年末調整の際に精算することになります。

　給与と公的年金等の両方を有する場合、公的年金等に係る源泉徴収税額から定額減税の適用を受ける人についても、主たる給与の支払者のもとで定額減税の適用を受けることになります。なお、給与等と公的年金等との定額減税額の重複控除については、確定申告で最終的な年間の所得税額と定額減税額との精算が行われることとなります。

⑭　住　民　税

　市町村民税と道府県民税を総称したものを住民税といいますが、事務の窓口は市町村となっています。

　住民税は、事業所が提出した 給与支払報告書 により市町村が計算して、5月末までに 市町村民税・県民税特別徴収税額通知書 が事業所に送られてきますので、この通知に基づいて6月から翌年の5月までの税額を給与から特別徴収すると同時に マスター台帳 に転記します。

⑮　住民税の定額減税

　令和6年度分の個人住民税の定額減税について、令和6年6月支給の給与からの特別徴収は行いません。そして、住民税の所得割から定額減税の特別控除額を控除した額に均等割額を加算した額（定

額減税による特別控除後の住民税額）を11等分した額を、令和6年7月から令和7年5月まで支給の給与から毎月控除します。端数処理の関係で、7月分と8月分以降の額が異なる場合があります。

定額減税による特別控除について、対象者等は次のとおりです。

① 対 象 者

令和6年度分の個人住民税に係る合計所得金額が1,805万円以下の者が対象者となります。

＊ 給与所得のみの者については、給与収入2,000万円（23歳未満扶養親族を有する者など所得金額調整控除の適用を受ける場合は、2,015万円）以下の者が対象

② 特別控除額

本人分として1万円に控除対象配偶者・扶養親族（国外居住者は除く）1人について1万円を加算した金額となりますが、その者の住民税の所得割の額を超える場合には、所得割の額が上限となります。

⑯ 社宅・寮費、生命保険・損害保険、組合費、購買代金、財形貯蓄金、貸付金返済金、親睦会費、旅行積立金、その他

ここに掲げられている項目の金額を、給与から天引きする場合には、労使協定が必要です。項目ごとに天引きする額を マスター台帳 に記入します。

● 労使協定の例

賃金控除に関する協定書

　株式会社日本産業代表取締役山田和夫と従業員代表川崎四郎は、労働基準法第24条第1項ただし書に基づき賃金控除に関し、次のとおり協定する。

1. 会社は、毎月25日に賃金支払の際、次に掲げるものを控除して支払うことができる。
   (1) 社宅費、寮費及び給食費
   (2) 貸付金の月割返済金（元利とも）
   (3) 財形貯蓄金
   (4) 親睦会費及び旅行積立金
   (5) 生命保険料
   (6) 介護休業等に伴う会社立替分保険料・税金等の月割返済金
2. 前記(2)については、従業員の希望により、賞与支払の際控除することができる。
3. 1に掲げるもののうち、従業員が退職の際未払のものがあるときは、退職金から控除することができる。
4. この協定は、令和○年4月1日から有効とする。
5. この協定は、いずれかの当事者が90日前に文書による破棄を通告しない限り効力を有するものとする。

　令和○年3月25日

株式会社日本産業
　代表取締役　山田和夫　㊞
　従業員代表　川崎四郎　㊞

2　給与計算

それでは、実際に給与の計算をしてみましょう。

● 給料台帳は種別に分類して記入すると便利です。

　給料台帳への記入にあたっては、入社順や役職順、男女順などの記入の仕方がありますが、従業員等を種別に分類し、計算の順番を決めておくほうが後で労働保険料の計算をするときに便利です。

第1グループ	取締役等の役員で給与を支払うもの

第2グループ	一般の従業員 雇用保険、社会保険の対象となるパートタイマー

第3グループ	雇用保険、社会保険の対象とならない パートタイマー等

(1)　氏名欄等

　月分、氏名を記入し、出欠欄は 出勤簿 や タイムカード で確認して記入します。

　また、欠勤、遅刻、早退などの取扱いについては、 賃金規程 による計算方法によりますが、各社まちまちのようです。

(2)　支給の部

　支給金額を 給料明細書 で表わしてみますと、次のようになります。

⑦基本給	⑦時間外手当	⑦皆勤手当	⑦家族手当	⑦住宅手当	⑦通勤手当	㊀	㊁	給与総額Ⓐ	非課税額Ⓑ	課税分給与額Ⓒ
280,000	9,472 4H@ 2,368	10,000	15,000	15,000	26,000			355,472	26,000	329,472

以下、給与計算の順序に従って説明します。

①　基本給

　 マスター台帳 に記入されている基本給を、次の区分に従って記入してください。

月　給　制	マスター台帳 に記入されている基本給の額を記入します。
日給月給制	欠勤、遅刻、早退などがない場合は、 マスター台帳 に記入してある月額を記入します。 欠勤等がある場合には、賃金規程に基づく計算方法で減額し、支給額を記入します。

日 給 制	マスター台帳 に記入された1日当たりの単価（日給）に、1カ月間の労働日数を掛けた金額を記入します。
時 給 制	マスター台帳 に記入された1時間当たりの単価（時給）に、労働時間数を掛けた金額を記入します。
出 来 高 給	マスター台帳 に記入してある支給基準により支給額を計算して記入します。

② 時間外手当

(ア) 1カ月間の残業時間がどのくらいあるのかを タイムカード や 出勤簿 から計算します。

(イ) マスター台帳 に記入してある残業単価に、実際に残業した時間（1時間、30分、15分などの支給単位がある）を掛けて計算した額を、時間外手当欄に記入します。

　　なお、この例では、休日労働、深夜労働、月45時間を超える時間外労働はないものとしています。

③ 役付手当、家族手当、住宅手当、精皆勤手当、その他の手当

　 マスター台帳 に記入されている手当の額を、計算用紙に記入します。

　欠勤等の場合に減額することが定められている手当については、その計算方法によって算出した手当額を記入します。

④ 通勤手当

(ア) マスター台帳 に記入されている通勤手当額を記入します。

　　ⓐ 定期券を現物支給した場合

　　　定期券の額を通勤手当欄に記入します。しかし、実際には、すでに定期券を支給していますので、一般控除額欄にその額を記入して差し引きます。

　　ⓑ 定期券購入代金を金銭で支給する場合

　　　定期券購入相当額を手当として金銭で支給しますので、通勤手当欄にその額を記入します。

(イ) 給料台帳の種類によって、通勤手当の記入の仕方が異なります。

> ⓐ （給与総額）－（非課税額）＝（課税分給与額）の給料台帳（日本法令が販売している給与B-1）を使用する場合

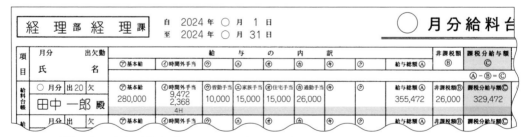

　＊通勤手当は給与計算上諸手当の一番後に記入するのが一般的です。

1 通勤手当欄に通勤手当額の全額を記入し、非課税額欄には非課税限度額以内の通勤手当額を記入します。つまり、通勤手当が非課税限度額以内であれば、通勤手当額と非課税額は同額となります。非課税限度額は32ページを参照してください。

2 給与総額欄には、課税、非課税を問わず、基本給、諸手当の全額を記入し、その金額から非課税額を差し引いて課税分給与額を求めます。

ⓑ （月例給与合計）＋（非課税額）＝（支給金額合計）の給料台帳（日本法令が販売している給与K-1）を使用する場合

| 経 理 部 経 理 課 | | | 自 2024年 ○ 月 1 日 至 2024年 ○ 月 31 日 | | | | | | ○ | **月分給料** | | |

No.	月分	出勤	欠勤	残業	⑦基本給	①時間外手当	⑦	④	⑦	④	⑦	⑦	月例給与合計④	非課税額⑧	支給金額合計ⓒ
	氏 名							課 税 分 給 与							④+⑧=ⓒ
	月分 ○	出勤 20	欠勤	残業 15	⑦基本給	①時間外手当	⑦営勤手当	④家族手当	⑦住宅手当	④通勤手当	⑦	⑦	月例給与合計④	非課税額⑧	支給金額合計ⓒ
	田中 一郎 殿				280,000	9,472 2,368	10,000	15,000	15,000	0			329,472	26,000	355,472
	月分	出勤	欠勤	残業	⑦基本給	①時間外手当	⑦						月例給与合計④	非課税額⑧	支給金額合計⑨非

1 通勤手当欄には、通勤手当額のうち、非課税限度額を超えた分の金額を記入し、非課税額欄には、非課税限度額以内の通勤手当額を記入します。

2 月例給与合計欄には、非課税限度額を超える分、すなわち、課税対象となる分の通勤手当額や基本給等の合計額を記入します。

　非課税額欄には、非課税分の通勤手当額を記入して、支給金額合計欄に、課税、非課税を問わず基本給、諸手当の合計額を記入します。

　＊ 社会保険適用促進手当を支給する場合、社会保険の標準報酬月額の算定基礎に含めるか否かにかかわらず、当然に所得税の課税対象となります。

⑤ 現物給与

　現物給与を支給した場合には、空欄に記入します（34 ～ 40ページ参照）。

　現物給与分が課税、非課税に分かれる場合は、課税分を手当欄の空欄に、非課税分を非課税額⑧欄に記入してください。

⑥ 給与総額

㋐ 基本給と手当の合計額を記入します。この金額を基に雇用保険料の算出をすることになります。

㋑ 通勤手当欄への記入の仕方によって、計算の仕方が異なります（前ページ参照)。

⑦ 非課税額

㋐ 通勤手当額、その他の非課税額を記入します。通勤手当額が非課税限度額を超えた場合には、非課税限度額を記入します。なお、限度額を超えた部分が課税扱いとなります。

㋑ 現物給与として支給したもののうち、非課税になる金額を記入します。

㋒ 通勤手当欄への記入の仕方によって、計算の仕方が異なります。

⑧ 課税分給与額

㋐ 給与総額から非課税額分を差し引いた金額を記入します。

(イ) 通勤手当欄への記入の仕方によって、計算の仕方が異なります。

(3) 控除の部

控除の計算例を示してみました。以下、給与計算の順序に従って説明します。

⑦健保	㋒厚保及び基金掛金	㋚雇保	社保計⑪	差引控除後の給与額(2)⑥	㋛所得税	㋜住民税	㋝組合	㋞	㋟	控除計⑥	差引支給額⑥
19,686	31,110	2,132	52,928	276,544	4,270	10,600	1,000			15,870	286,674

① 健康保険料・厚生年金保険料

　　マスター台帳 に記入されている保険料を記入します。給与を支払うとき、前月分の保険料を控除することになっています。給与の締切日と支払日に注意してください。

　たとえば、20日締切末日払の場合は、4月1日入社の人の保険料は5月末日に支払う給与から4月分の保険料を控除します。4月末日に控除する間違いが多くみられます。

　なお、健康保険の被保険者である40歳以上65歳未満の人は、介護保険の第2号被保険者に該当しますので、介護保険料（保険料率1,000分の16.0を事業主と被保険者が折半で負担）を徴収することになりますが、実際には、介護保険料として別に徴収するのではなく、給与計算のときに健康保険料と一体化して控除します。健康保険料の額（健康保険料＋介護保険料）は、標準報酬月額保険料額表の「介護保険第2号被保険者に該当する場合」欄から、本人の標準報酬月額に当てはめて算出します。

　健康保険料、厚生年金保険料の控除の仕方をまとめますと、次のようになります。

(ア) 資格取得時、算定、月額変更、産前産後休業終了時改定、育児休業等終了時改定（40ページ参照）において保険者が決定した、被保険者ごとの「標準報酬月額」により、月額保険料額表に基づいて控除します。

(イ) 給与を支払うときに、前月分の保険料を控除します。

(ウ) 被保険者であった月分を、暦月を単位として保険料を控除します。

(エ) 被保険者資格を取得した月の翌月分から徴収されます。

(オ) 被保険者資格を喪失した月分は徴収されません。

(カ) 給与から控除できないときは、直接本人から徴収することとなります。

(キ) 退職時に限り、前月分と当月分を控除することができます（例―①末日に退職し、給与を現金精算払する場合、②月末締切り25日前払で、末日退職などがあります）。

(ク) 産前産後休業期間中、育児休業期間中の保険料は免除されます。

また、保険料に1円未満の端数がある場合には、次の方法があります。

(ア) 事業主が、給与から被保険者負担分を控除する場合、被保険者負担分の端数が50銭以下の場合は切捨てし、50銭超の場合は切上げして1円とします。

(イ) 被保険者が、被保険者負担分を事業主へ現金で支払う場合、被保険者負担分の端数の50銭未満の場合は切捨てし、50銭以上の場合は切上げして1円とします。

(ウ) 前記の(ア)(イ)にかかわらず、事業主と被保険者の間で特約がある場合には、特約（「被保険者負担分の端数は常に切り捨てる。」など）に基づき端数処理をすることができます。

　本書の設例では、特約に基づき端数を切捨てしています。

社会保険料控除の間違いは、保険料額が高いだけに、取り過ぎないように注意してください。上記の控除の仕方を図解しますと、次のようになります。

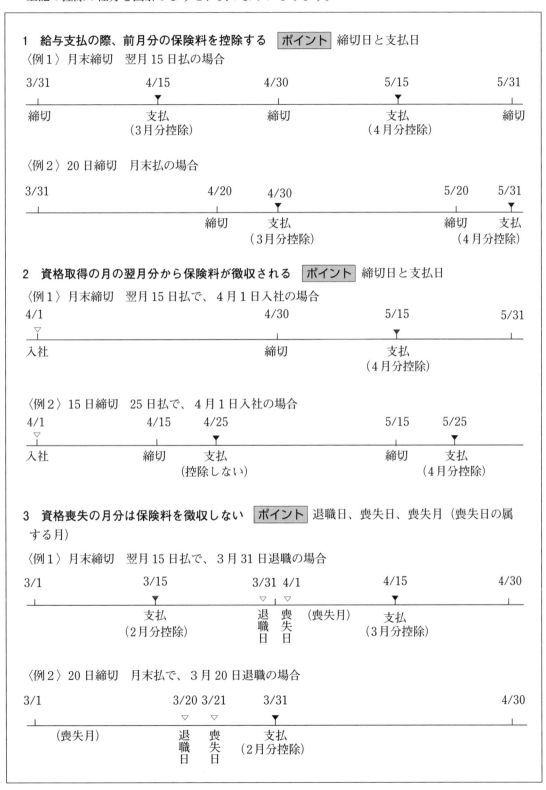

② 雇用保険料

雇用保険料は、給与支払の都度、その額に次の被保険者負担率を掛けて求めます。

保険料に1円未満の端数があるときは、①健康保険料・厚生年金保険料の場合と同様です。本書では、特約があるものとして、端数を切り捨てています。

〈被保険者負担率〉

- 一般の事業……… $\dfrac{6}{1,000}$

- 農林水産業・建設業・清酒製造業……… $\dfrac{7}{1,000}$

注 農林水産業のうち、牛馬育成、養鶏、酪農、養豚、園芸サービスの事業は、一般の事業となります。

③ 社会保険料等控除額計

「健康保険」欄、「厚保及び基金掛金」欄、「雇用保険」欄に記載された金額の合計額を記入します。

④ 差引控除後の給与額

「課税分給与額」から「社会保険料等控除額計」を差し引いた金額を記入します。この金額に基づいて所得税を算出することになります。

⑤ 所得税等

「差引控除後の給与額」を税額表の「その月の社会保険料等控除後の給与等の金額」と「扶養親族等の数」の該当するところに当てはめ、所得税等を算出し、記入します。

設 例

社会保険料等控除後の給与等の金額が276,136円
源泉控除対象配偶者あり、控除対象扶養親族1人
} の場合の所得税等は、4,270円となります。

● 月額表

その月の社会保険料等控除後の給与等の金額		甲								乙
		扶　養　親　族　等　の　数								
		0 人	1 人	2 人	3 人	4 人	5 人	6 人	7 人	
以　　上	未　　満			税		額				税　額
円 272,000	円 275,000	円 7,390	円 5,780	円 4,160	円 2,540	円 930	円 0	円 0	円 0	円 44,500
275,000	278,000	7,490	5,880	→4,270	2,640	1,030	0	0	0	45,500
278,000	281,000	7,610	5,990	4,370	2,760	1,140	0	0	0	46,600
281,000	284,000	7,710	6,100	4,480	2,860	1,250	0	0	0	47,600

社会保険料等控除後の給与等の金額が276,136円
源泉控除対象配偶者あり、控除対象扶養親族2人
（うち1人は一般障害者）
の場合の所得税等は、1,030円になります。

● 月 額 表

その月の社会保険料等控除後の給与等の金額		甲									乙
		扶 養 親 族 等 の 数									
		0 人	1 人	2 人	3 人	4 人	5 人	6 人	7 人		
以 上	未 満			税			額				税 額
円	円	円	円	円	円	円	円	円	円		円
269,000	272,000	7,280	5,670	4,050	2,430	820	0	0	0		43,500
272,000	275,000	7,390	5,780	4,160	2,540	930	0	0	0		44,500
275,000	278,000	7,490	5,880	4,270	2,640	→1,030	0	0	0		45,500
278,000	281,000	7,610	5,990	4,370	2,760	1,140	0	0	0		46,600
281,000	284,000	7,710	6,100	4,480	2,860	1,250	0	0	0		47,600
284,000	287,000	7,820	6,210	4,580	2,970	1,360	0	0	0		48,600
287,000	290,000	7,920	6,310	4,700	3,070	1,460	0	0	0		49,700

注 扶養親族等の数の数え方については、41ページを参照してください。

社会保険料等控除後の給与等の金額が265,000円
扶養控除等申告書の提出がない人
の場合の所得税等は、41,500円になります。

● 月 額 表

その月の社会保険料等控除後の給与等の金額		甲									乙
		扶 養 親 族 等 の 数									
		0 人	1 人	2 人	3 人	4 人	5 人	6 人	7 人		
以 上	未 満			税			額				税 額
円	円	円	円	円	円	円	円	円	円		円
263,000	266,000	7,070	5,450	3,840	2,220	600	0	0	0		→41,500
266,000	269,000	7,180	5,560	3,940	2,330	710	0	0	0		42,500
269,000	272,000	7,280	5,670	4,050	2,430	820	0	0	0		43,500
272,000	275,000	7,390	5,780	4,160	2,540	930	0	0	0		44,500
275,000	278,000	7,490	5,880	4,270	2,640	1,030	0	0	0		45,500
278,000	281,000	7,610	5,990	4,370	2,760	1,140	0	0	0		46,600
281,000	284,000	7,710	6,100	4,480	2,860	1,250	0	0	0		47,600

注 甲欄、乙欄などの使い分けについては、46ページを参照してください。

⑥ 住 民 税

 マスター台帳 に記入された住民税額を記入します。端数処理の関係で6月分と7月分以降の額が異なる場合がありますので注意が必要です。

　＊　住民税の定額減税の対象者（48ページ参照）については、6月分の特別徴収は行いません。端数処理の関係で、7月分と8月分以降の額が異なる場合があります。

⑦ その他の控除

 マスター台帳 に記入されている組合費、社宅・寮費、生命保険、財形貯蓄金その他の控除額を一般控除額欄の空欄に記入します。

　定期券を現物支給した場合も、この欄に記入して控除します。

　＊　令和6年6月1日以後に交付する給与明細書等には、源泉徴収税額から控除した定額減税の特別控除済額を記載する必要があります。給与明細書等に直接記載しないで、別紙の添付等によって交付することも認められます。

⑧ 控 除 計

　所得税等、住民税および一般控除額の合計額を記入します。

(4) 差引支給額

　従業員に実際に支給する金額を記入します。

　ただし、定期券を現物で支給している場合には、定期券分を差し引いた額が実際の「差引支給額」となります。その場合は、定期代をかっこ書きしておくとよいでしょう。

　① 給与B-1（日本法令）の給料台帳を使用する場合

（課税分給与額）－（控除額合計）＋（非課税額）＝（差引支給額）となります。

　② 給与K-1（日本法令）の給料台帳を使用する場合

（支給金額合計）－（控除額合計）＝（差引支給額）となります。

1 賞与額の算出

賞与額の支給基準は、事業所によってそれぞれ異なります。

賞与額は、賃金規程 や慣習により算出されますが、その際には、人事考課や出勤率により調整される場合もあります。自社の計算方式に従って求めてください。

2 控除額の計算

(1) 健康保険料

健康保険料は、75歳未満の被保険者が対象となり、介護保険第2号被保険者に該当しない場合と介護保険第2号被保険者に該当する場合（54ページ参照）の保険料率が異なります。

① 介護保険第2号被保険者に該当しない場合

> 賞与額（1,000円未満を切り捨てた額）× 都道府県別の料率

② 介護保険第2号被保険者に該当する場合

> 賞与額（1,000円未満を切り捨てた額）× 都道府県別の料率

● 被保険者の保険料率（令和6年3月分〜）　　　　　　　　　　（単位：％）

都　道　府　県	介護保険第2号被保険者に該当しない場合	介護保険第2号被保険者に該当する場合
新潟県	4.675	5.475
青森県	4.745	5.545
沖縄県	4.76	5.56
長野県	4.775	5.575
福島県	4.795	5.595
富山県	4.81	5.61
岩手県	4.815	5.615
茨城県	4.83	5.63
鳥取県	4.84	5.64
千葉県	4.885	5.685

埼玉県	4.89	5.69
栃木県	4.895	5.695
群馬県	4.905	5.705
山形県	4.92	5.72
秋田県、静岡県、宮崎県	4.925	5.725
滋賀県、高知県	4.945	5.745
岐阜県	4.955	5.755
島根県	4.96	5.76
石川県、山梨県、三重県	4.97	5.77
広島県	4.975	5.775
東京都	4.99	5.79
和歌山県	5	5.8
宮城県	5.005	5.805
神奈川県、愛知県、岡山県	5.01	5.81
愛媛県	5.015	5.815
福井県	5.035	5.835
京都府、鹿児島県	5.065	5.865
長崎県	5.085	5.885
兵庫県	5.09	5.89
徳島県	5.095	5.895
山口県	5.1	5.9
北海道	5.105	5.905
奈良県	5.11	5.91
大分県	5.125	5.925
熊本県	5.15	5.95
香川県	5.165	5.965
大阪府	5.17	5.97
福岡県	5.175	5.975
佐賀県	5.21	6.01

　なお、保険料計算の対象となる賞与額は、年間賞与（毎年4月1日から翌年3月31日まで）の累計額で573万円が上限となります。

(2) 厚生年金保険料

厚生年金保険料は、70歳未満の被保険者が対象となります。

$$賞与額（1,000円未満を切り捨てた額）\times \frac{91.5}{1,000}$$

注 保険料計算の対象となる賞与額は、1回当たり150万円が上限となります。

(3) 雇用保険料

賞与額に被保険者負担率を掛けて計算してください。

なお、被保険者負担率は56ページを参照してください。

(4) 所得税等

賞与に対する所得税等は通常、次のようにして求めます。

賞与支給額（社会保険料等控除後）× 税率 ＝所得税等の額

設 例

賞与支給額（社会保険料等控除後）……………………… 475,700円 ⎫
前月中の給与等の金額から社会保険料等を控除した金額…… 276,136円 ⎬ の場合
源泉控除対象配偶者あり、控除対象扶養親族1人（いずれも賞与支給時）⎭

㋐ 税率を求めます。

276,136円 ⎫
2人 ⎬ 算出率の表をもとに、税率4.084％を求めます。

● **賞与に対する源泉徴収税額の算出率の表（抜粋）**

賞与の金額に乗ずべき率	扶		養		親		族	甲
	0 人		1 人		2 人		3 人	
	前 月 の 社 会				保	険	料 等 控	
	以 上	未 満	以 上	未 満	以 上	未 満	以 上	未 満
％	千円	千円	千円	千円	千円	千円	千円	千円
0.000	68 千円未満		94 千円未満		133 千円未満		171 千円未満	
2.042	68	79	94	243	133	269	171	295
→4.084	79	252	243	282	→269	312	295	345
6.126	252	300	282	338	312	369	345	398
8.168	300	334	338	365	369	393	398	417
10.210	334	363	365	394	393	420	417	445

● なお、次の賞与から徴収する所得税等は「算出率の表」ではなく、月額表によって求めることになっていますので注意が必要です。

ⓐ 前月中の普通給与の10倍を超える賞与

社会保険料等控除後の賞与の金額×$\frac{1}{6}$ $\left\{\begin{array}{l}\text{賞与の計算の基礎と} \\ \text{なった期間が6カ月} \\ \text{を超えるときは×}\frac{1}{12}\end{array}\right\}$ ‥‥‥‥‥‥‥‥‥‥ A

前月中の給与等の金額から社会保険料等を控除した金額‥‥‥‥‥‥‥‥‥‥ B

Bに対する月額表の税額‥‥‥‥‥‥‥‥‥‥‥‥‥‥‥‥‥‥‥‥‥‥‥‥‥‥ C

（A＋B）に対する月額表の税額‥‥‥‥‥‥‥‥‥‥‥‥‥‥‥‥‥‥‥‥‥‥ D

（D－C）×6 $\left\{\begin{array}{l}\text{賞与の計算の基礎となった期間} \\ \text{が6カ月を超えるときは×12}\end{array}\right\}$ ‥‥‥‥‥ **求める税額**

ⓑ 前月中に普通給与の支払がない人に支払った賞与

社会保険料等控除後の賞与の金額×$\frac{1}{6}$ $\left\{\begin{array}{l}\text{賞与の計算の基礎と} \\ \text{なった期間が6カ月} \\ \text{を超えるときは×}\frac{1}{12}\end{array}\right\}$ ‥‥‥‥‥‥‥‥‥‥ A

Aに対する月額表の税額‥‥‥‥‥‥‥‥‥‥‥‥‥‥‥‥‥‥‥‥‥‥‥‥‥‥ B

B×6 $\left\{\begin{array}{l}\text{賞与の計算の基礎となった期間} \\ \text{が6カ月を超えるときは×12}\end{array}\right\}$ ‥‥‥‥‥‥‥‥‥ **求める税額**

＊ 令和6年分の所得税については、定額減税の実施により、賞与に係る源泉徴収の際に定額減税による特別控除の額を控除する場合があります。

(5) 控 除 計

健康保険料、厚生年金保険料、雇用保険料、所得税等の合計額を記入します。

---
3 差引支給額

従業員に実際に支給する賞与を記入します。

$\boxed{\text{賞与額}}-\boxed{\text{控除計（健康保険料＋厚生年金保険料＋雇用保険料＋所得税等）}}=\boxed{\text{差引支給額}}$

Ⅲ　年　末　調　整

1　年末調整とは

　年末調整とは、給与の支払者がその年最後の給与の支払をする際、年間給与総額について所定の方法により正しい年税額を計算し、これとその年中に給与を支払う都度徴収してきた所得税等の合計額を比較し、過不足額を精算する手続をいいます。年末調整は、このように年間の給与所得に対する所得税等の額を精算するものであるため、年間の所得税等の源泉徴収事務の締めくくりともいえますし、一方、給与所得者にとっては、確定申告に代わる役目を果たす重要な手続ということができます。

> ### 確定申告とは
>
> 　所得税の基本的な納税手続で、所得者は毎年2月16日〜3月15日に住所地の所轄税務署に確定申告書を提出して、前年分の所得税等を精算することになっていますが、給与所得については、給与の支払者が年末調整により所得税等の額の精算を行いますので、給与所得者は、原則として確定申告をする必要はありません。
>
> 　しかし、給与所得者であっても特別な人（たとえば、年間の給与総額が高額な人や給与のほかにも所得がある人など）の場合には、年末調整が行われたかどうかに関係なく、必ず確定申告をして納税しなければならないことになっています。
>
> 　また、確定申告をする必要がない人でも、年末調整の段階では受けることができない控除（たとえば、医療費控除など）を受けることにより、源泉徴収税額の還付を受けようとする人などの場合には、確定申告をすることができることになっています。

● 年末調整の時期

　一般的には、本年最後の給与の支払をするときに行います。つまり、12月に行うことになります。ただし、例外的に次のような人で、扶養控除等申告書 を提出していた人は退職等の時点で年末調整を行います。

　① 　本年中途で死亡により退職した人

　② 　本年中途で出国して非居住者となった人

　注　非居住者……居住者（日本国内に住所を有する個人または現在まで引き続いて1年以上居所を有する個人）以外の個人

　年末調整の対象となる給与は居住者の給与です。したがって、海外勤務のため日本を出国した人が出国後は非居住者に当たる場合には、出国時までのその年分の居住者の給与について年

末調整を行うことになります（出国後の非居住者としての給与は、国内にいた時の居住者の給与とまったく異なる税務の扱いとなり、もちろん年末調整の対象とはなりません）。

┌─〈参　考〉──────────────────────────────────────┐
│　　海外勤務のため出国した人が、出国後国内に住所を有するかどうかは、「住所の有無の推│
│　定規定」（ポイント・国外における在留期間が契約等によりあらかじめ１年未満であること│
│　が明らかであると認められる場合を除き、国内に住所を有しない人と推定）によって判断│
│　します。│
└───┘

③　本年中途で著しい心身の障害のため退職した人のうち、その退職の時期からみて本年中に再就職することができないと認められ、かつ、退職後本年中に給与の支払を受けることとなっていない人

④　12月中に支給日の到来する給与の支払を受けた後に退職した人

⑤　11月以前に本年最後の給与の支払を受ける人（本年中途で退職した人で、年末調整の対象とならない人は除かれます）

⑥　本年中途で退職したパートタイマー主婦等のうち、その年中の給与の総額が103万円以下で、かつ、退職後、他の勤務先等から給与等の支払を受けない人

2　年末調整をする給与としない給与

(1)　年末調整をする給与

　本年最後に給与を支払う時までに、扶養控除等申告書 を提出している人（本年中の給与総額が2,000万円を超える人は除きます）に対し、本年中に支払うべき給与について年末調整を行います。

　なお、本年中途で就職した人については、その就職前、本年中に他の給与の支払者から受けていた給与（扶養控除等申告書 の提出先から受けていた給与に限ります）があれば、その給与の金額、その給与から控除された社会保険料、税額などを含めて年末調整を行います。

　注1　本年中に支払うべき給与とは、本年中に支払った給与ではなく、本年中に支払の確定した給与をいいますから、前年の未払給与で本年に繰り越して支払ったものは含まれませんが、本年の未払給与で翌年に繰り越して支払うものは含まれます。

〈参 考〉

給与の支払がいつ確定するかは、次のように取り扱われます。

区　分	確　定　の　日
①　契約または慣習などにより支給日の定められている給与	その定められている支給日
②　支給日の定められていない給与	その支給をした日
③　利益を基礎として支給金額が定められる役員賞与など	株主総会その他正当な権限のある機関がその支払の決議をした日。ただし、その決議が、役員に対して支払う賞与などの金額の総額を定めただけで、各役員に支払う具体的な金額の決定を取締役会などに一任したような場合には、取締役会などにおいて各役員に支払う具体的な金額を決定した日
④　給与の改定を過去にさかのぼって実施し、過去の期間に対応して支払う新旧給与の差額	その金額の支給日。ただし、その日が定められていない場合には、その改定の効力が発生した日

注2　年末調整の計算に含める他の給与の支払者が支払った給与等の金額は、他の給与の支払者から本人に交付されている 源泉徴収票 （166ページ参照）によって確認します。

(2)　年末調整をしない給与

次の人に支払った給与については、年末調整をせず、本年最後に支払う給与についても、月々（日々）の源泉徴収の要領で所得税等を源泉徴収することになります。

①　本年中の給与の総額（本年中途で就職した人については、その就職前に 扶養控除等申告書 を提出していた他の給与の支払者から受けた給与を含めた総額）が、2,000万円を超える人

②　本年最後の給与を支払う時までに 扶養控除等申告書 を提出していない人

③　災害により被害を受け、本年中に「災害被害者に対する租税の減免、徴収猶予等に関する法律」第3条の規定により、給与に対する源泉所得税の徴収猶予または還付を受けた人

④　本年中途で退職した人（ただし、中途退職であっても、年末調整を行う場合もあります（63ページ参照））

⑤　非居住者（現に外国支店に勤務している人など）（63ページ参照）

⑥　丙欄適用者（現に日額表の丙欄を適用している臨時日雇の人やアルバイトなど）

3 年末調整の事務手順

年末調整の計算を正確に行うため、まず下図の事務手順を頭の中に入れておいてください。

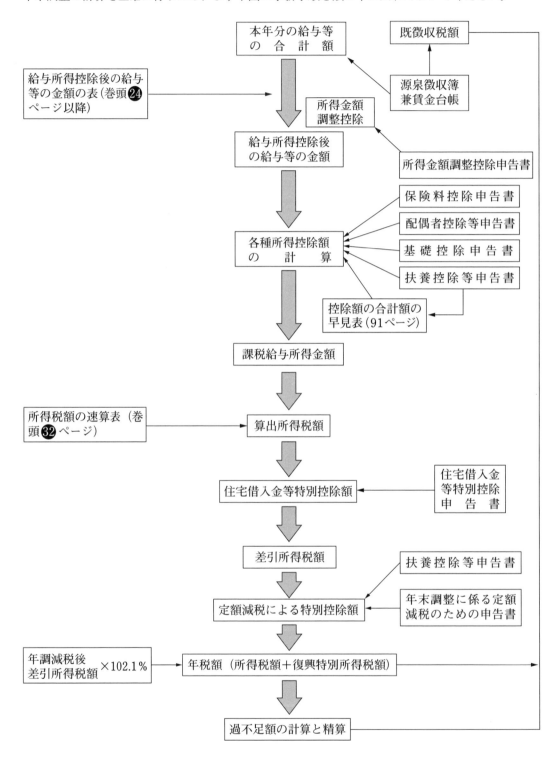

年末調整に必要な申告書を各人に配付するときに、次のような「回報」をつければよりよいでしょう。その際、昨年提出してもらった申告書を参考までに添付してあげれば、より書きやすくなるでしょう。

記入例 4-1　回報「年末調整関係の申告書提出について」①

回　報

No.＿＿＿＿＿

宛先
＿＿＿＿＿＿＿

2024 年 11 月 10 日

件名	2024 年	年末調整関係の申告書提出について	総務 部　総務 課
			発信者　印　印

添付書類……有（　）枚・無　　回答……要（　／　　まで）・不要

用件　　年末調整に必要な下記申告書を、12月8日までに
提出してください。申告書は漏れや誤りがないように注
意、確認の上、提出願います。
　　提出後、12月末までに申告事項に変更が生じた場合は、
5　総務課に連絡してください。

記

1．扶養控除等（異動）申告書（令和6年分）

　　令和6年1月提出の申告書を一度返しますので、
10　配偶者以外の扶養親族について内容を確認の上、申告
内容に変更のある場合は、追加記入または抹消して総
務課に提出してください。
　　なお、提出後12月末までに申告事項に異動が生じた
場合には、総務課に連絡してください。
15

2．保険料控除申告書（令和6年分）

　　給与天引き以外の生命保険料等について記載し、生
処理　命保険料、地震保険料、小規模企業共済等掛金につい
20　ては、証明書（ただし、一般の旧生命保険料について
年間保険料が一口9,000円以下のものは除きます）が
必要です。

回覧印

回　報

No. _____

宛先

_____

2024年11月10日

件名

発信者

部	課
印	印

添付書類……有（　）枚・無　　回答……要（　/　まで）・不要

用件　　　給与天引き以外の社会保険料について記載し、国民
年金保険料と国民年金基金の加入者掛金については証
明書が必要です。

5　**3．基礎控除申告書兼配偶者控除等申告書兼年末調整に係
る定額減税のための申告書兼所得金額調整控除申告書
（令和6年分）**
　　　基礎控除、配偶者控除または配偶者特別控除、所得
金額調整控除のいずれかまたは複数の適用を受ける方
10　は提出してください。ほぼ、すべての方が提出対象と
なります。

　**4．源泉徴収に係る定額減税のための申告書兼年末調整に係
る定額減税のための申告書**
　　　非源泉控除対象同一生計配偶者（居住者に限ります）
15　がいる場合は、3または4の申告書を提出してください。
16歳未満扶養親族について、1の申告書に記載もれが
ある場合は提出してください。

処理

20

_____

回覧印

4　年末調整の準備

(1)　事前に準備する書類

年末調整を行うにあたって、まず必要な申告書その他を準備しなければなりません。

①　申告書関係

1	扶養控除等申告書	すでに事業所に備えつけてあります。
2	保険料控除申告書	11月中旬頃、税務署から配付を受けるか、国税庁のホームページからダウンロードします（3と4の申告書については、既にダウンロード可能です）。
3	基礎控除申告書兼配偶者控除等申告書兼年末調整に係る定額減税のための申告書兼所得金額調整控除申告書	
4	源泉徴収に係る定額減税のための申告書兼年末調整に係る定額減税のための申告書	
5	住宅借入金等特別控除申告書	最初の年分について確定申告書を提出した人に対して、先々の申告書をまとめて税務署から10月中旬頃送付されます。

> **注**　1については、本人からすでに提出されていますが、年内の異動事項について訂正されているかどうか確認のため、一度、本人に返し12月上旬頃に回収してください。その際、控除額が加算されるもの（たとえば、老人扶養親族、障害者、ひとり親その他）については、赤い印等をつけて返すと見落としがないでしょう。
>
> 　2、3については、1と同じく12月上旬頃には回収できるよう本人に渡します。4については、本人が申告書を持っていますから、提出漏れがないよう指導しましょう（99ページ⑤参照）。

②　税額計算書類等

1	源泉徴収簿兼賃金台帳	日本法令で商品として販売しています。
2	給与所得金額の算出表	国税庁のホームページ等で確認します（本書にも収録されています）。
3	所得税額の速算表	
4	控除額の早見表	

(2)　年末調整を行う人と行わない人の分類

64・65ページを参照して、年末調整を行う人と行わない人を分類します。ここで、分類しておかないと、混乱のもととなりますので、注意してください。

5 年末調整欄への記入

　年末は、どこの事業所でも忙しい時期ですから、次のような手順で年末調整を行うと事務がスムーズにいきます。

(1)　給与総額、徴収税額等（源泉徴収簿年末調整欄の①③④⑥⑦⑧⑨⑫欄）の計算

　①　11月下旬から12月上旬に行う作業

　　(ア)　11月の給与が確定し、12月の給与の計算に入る前（11月下旬〜12月上旬）に1月から11月までの給与と賞与のうち、①課税分給与額、②社保計、③所得税等の集計をします。

　　　ⓐ　給与については、課税分給与額、社保計、所得税等の1月から11月までの合計額を集計し、12月分の欄の上部にかっこ書きしてください。そして、所得税等の合計額のみ、年調欄③に転記します。

　　　ⓑ　賞与については、本年最後の賞与を支給済である場合には、課税分賞与額と所得税等の合計金額を年調欄④⑥に転記してください。

　　　ⓒ　6月1日以降の給与・賞与について、定額減税による特別控除が行われた場合は、特別控除後の税額を集計します（定額減税による特別控除額を集計する必要はありません）。

　　　注　年末調整の方法は、必ずしもひと通りではありません。

　　　　　ここでは、一般的に行われている能率的な方法（その年最後に支払う給与に対する税額計算を省略し0として調整する方法。記載例では11月までの給料に対する税額44,220円を③に転記する方法）によっています。

　　(イ)　中途採用者があった場合、前の会社から発行してもらった 源泉徴収票 を提出させ、それをもとに、賃金台帳の上部の空欄を利用して、課税分給与額、社保計、所得税等の額を記入し、本年分の給与に含めて計算してください。

　②　12月中旬から12月下旬に行う作業

　　(ア)　12月分の給料が確定（支給ではない）した段階で、給与の課税分給与額と社保計の年間合計額を算出し、年調欄の①、⑫欄（②+⑤）に記入してください。

　　(イ)　年調欄の①と④の合計額を⑦欄に記入し、「給与所得金額の算出表」で「給与所得控除後の給与等の金額⑨」を求めます。

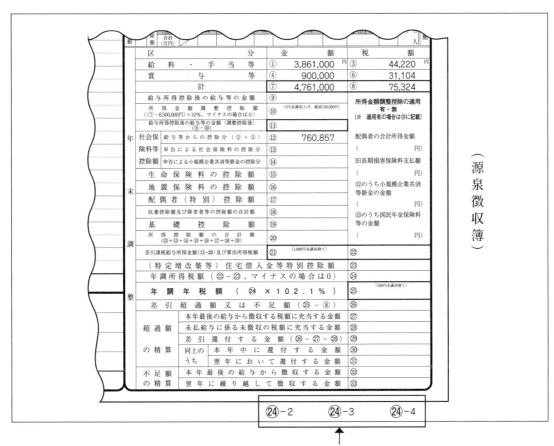

区　　　　　　分	金　　　額	税　　　額	
給　料　・　手　当　等	① 3,861,000 円	③ 44,220 円	
賞　　　与　　　等	④ 900,000	⑥ 31,104	
計	⑦ 4,761,000	⑧ 75,324	
給与所得控除後の給与等の金額	⑨	所得金額調整控除の適用	
所 得 金 額 調 整 控 除 額 ((⑦-8,500,000円)×10%、マイナスの場合は0)	⑩ (1円未満切上げ、最高150,000円)	有・無 （※ 適用有の場合は⑩に記載）	
給与所得控除後の給与等の金額（調整控除後） (⑨-⑩)	⑪		
社会保 険料等 控除分	給与等からの控除分（②+⑤）	⑫ 760,857	配偶者の合計所得金額
	申告による社会保険料の控除分	⑬	（　　　　円）
	申告による小規模企業共済等掛金の控除分	⑭	旧長期損害保険料支払額
生 命 保 険 料 の 控 除 額	⑮	（　　　　円）	
地 震 保 険 料 の 控 除 額	⑯	⑫のうち小規模企業共済 等掛金の金額	
配 偶 者 （ 特 別 ） 控 除 額	⑰	（　　　　円）	
扶養控除額及び障害者等の控除額の合計額	⑱	⑬のうち国民年金保険料 等の金額	
基 　礎 　控 　除 　額	⑲	（　　　　円）	
所 得 控 除 額 の 合 計 額 (⑫+⑬+⑭+⑮+⑯+⑰+⑱+⑲)	⑳		
差引課税給与所得金額(⑪-⑳)及び算出所得税額	㉑ (1,000円未満切捨て)	㉒	
（ 特 定 増 改 築 等 ） 住 宅 借 入 金 等 特 別 控 除 額	㉓		
年 調 所 得 税 額 （ ㉒ - ㉓ 、 マイナスの場合は0）	㉔		
年 調 年 税 額 （ ㉔ × 1 0 2 . 1 ％ ）	㉕ (100円未満切捨て)		
差 引 超 過 額 又 は 不 足 額 （ ㉕ - ⑧ ）	㉖		
超 過 額 の 精 算	本年最後の給与から徴収する税額に充当する金額	㉗	
	未払給与に係る未徴収の税額に充当する金額	㉘	
	差 引 還 付 す る 金 額 （ ㉖ - ㉗ - ㉘ ）	㉙	
	同上の うち	本 年 中 に 還 付 す る 金 額	㉚
		翌 年 に お い て 還 付 す る 金 額	㉛
不足額 の精算	本 年 最 後 の 給 与 か ら 徴 収 す る 金 額	㉜	
	翌 年 に 繰 り 越 し て 徴 収 す る 金 額	㉝	

（源泉徴収簿）

㉔-2　　㉔-3　　㉔-4

＊欄外に定額減税額等を記入します（100 〜 104ページ参照）。

● 給与所得金額の算出表

給料等の金額		給与所得控除後の給与等の金額	給料等の金額		給与所得控除後の給与等の金額	給料等の金額		給与所得控除後の給与等の金額
から	まで		から	まで		から	まで	
円	円	円	円	円	円	円	円	円
4,752,000	4,755,999	3,361,600	4,952,000	4,955,999	3,521,600	5,152,000	5,155,999	3,681,600
4,756,000	4,759,999	3,364,800	4,956,000	4,959,999	3,524,800	5,156,000	5,159,999	3,684,800
4,760,000	4,763,999	3,368,000	4,960,000	4,963,999	3,528,000	5,160,000	5,163,999	3,688,000
4,764,000	4,767,999	3,371,200	4,964,000	4,967,999	3,531,200	5,164,000	5,167,999	3,691,200
4,768,000	4,771,999	3,374,400	4,968,000	4,971,999	3,534,400	5,168,000	5,171,999	3,694,400

(2) 給与所得控除後の給与等の金額（調整控除後）（⑩⑪欄）の計算

① 所得金額調整控除申告書の受理

　給与の支払を受ける人のうちに、所得金額調整控除の適用を受ける人がいる場合には、年末調整を行う時までに、その人から　所得金額調整控除申告書　の提出を求め、その内容を確認して所得金額調整控除額（⑩欄）を計算し、給与所得控除後の給与等の金額（調整控除後）（⑪欄）を求めます。

> 給与所得控除後の給与等の金額（⑨欄）－所得金額調整控除額（⑩欄）

② 所得金額調整控除の対象者

　所得金額調整控除の対象者は、その年中の給与等の収入金額が850万円を超える人で、次のいずれかに該当する人です。

　a　特別障害者に該当する人

　b　年齢23歳未満の扶養親族を有する人

　　　＊扶養控除と異なり、2以上の居住者の扶養親族に該当する者がある場合には、その者は、これらの居住者のうちいずれか一の居住者の扶養親族にのみ該当するものとみなすこととはされていませんので、2以上の居住者それぞれの扶養親族として所得金額調整控除の対象とすることができます。

　c　特別障害者である同一生計配偶者若しくは扶養親族を有する人

③ 所得金額調整控除額

　所得金額調整控除額は、次により求めます。

> （総支給金額計（⑦欄）－8,500,000円）×10%（マイナスの場合は、0）
> ＊1円未満切上げ、最高150,000円

記入例 5 所得金額調整控除申告書

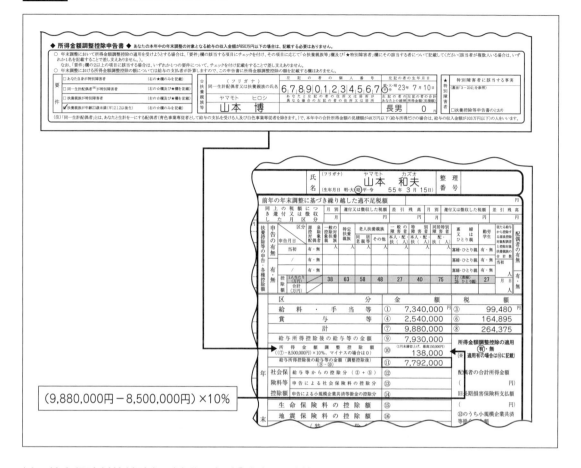

(3) 社会保険料等控除額（申告分）（⑬欄）の計算

　給与の支払を受ける人のうちに、本年中に本人または本人と生計を一にする配偶者その他の親族が負担することになっている社会保険料等を直接支払っている人がいる場合には、年末調整を行う時までに、その人から 保険料控除申告書 の提出を求め、その記載内容を検討して控除する社会保険料等控除額の確認を行い、その確認した金額を、次の記載例のように、源泉徴収簿の「年末調整」欄の「申告による社会保険料の控除分⑬」欄に転記しておきます。また、その中に国民年金保険料等の金額がある場合には，年末調整欄の「⑬のうち国民年金保険料等の金額」欄に転記します。

　申告の対象となる社会保険料には、次のようなものがあります。

ⓐ 国民健康保険料（税）または大学生である子供の国民年金保険料

　注 国民年金保険料等に係る社会保険料控除の適用については、支払をした旨を証する書類の添付または提示が必要となります。

ⓑ 健康保険、船員保険の任意継続被保険者が負担する保険料

ⓒ 公的年金等から控除された介護保険料

なお、控除額の制限はなく、国民年金保険料等以外は証明書の添付は必要ありません。

令和5年分 給与所得者の保険料控除申告書

◎この申告書の記載に当たっては、裏面の説明をお読みください。

所轄税務署長　王子　税務署長

給与の支払者の名称（氏名）　株式会社 日本産業

給与の支払者の法人（個人）番号　1 1 1 2 2 3 3 4 4 5 5 6 6 1 7

給与の支払者の所在地（住所）　東京都北区神谷 2-3-X

あなたの氏名　（フリガナ）ヤマダ マサオ　山田 正雄

あなたの住所又は居所　東京都中野区野方 3-5-X

（保）記載のしかたはこちら

社会保険料控除

社会保険の種類	保険料支払先の名称	保険料を負担することになっている人 氏名	あなたが本年中に支払った保険料の金額
国民年金	日本年金機構	山田花子 子	194,090 円
		合計（控除額）	194,090 円

小規模企業共済等掛金控除

掛金の種類	あなたが本年中に支払った掛金の金額
独立行政法人中小企業基盤整備機構の共済契約の掛金	円
確定拠出年金法に規定する企業型年金加入者掛金	
確定拠出年金法に規定する個人型年金加入者掛金	
心身障害者扶養共済制度に関する契約の掛金	
合計（控除額）	

（源泉徴収簿）

区分	金額	税額
給料・手当等	①	④
賞与等	②	⑤
計	③	⑥
給与所得控除後の給与等の金額（②＋⑤）	⑦	
所得金額調整控除の適用 有・無（※ 適用有の場合は⑨に記載）		
配偶者の合計所得金額（　　　　　　　円）		
社会保険料等控除分 給与等からの控除分	⑨	194,090
申告による社会保険料の控除分	⑩	
旧長期損害保険料支払額（　　　　　円）		
⑬のうち小規模企業共済等掛金の金額（　　円）		
⑬のうち国民年金保険料等の金額 194,090 円		
生命保険料の控除額	⑬	
地震保険料の控除額	⑭	
配偶者（特別）控除額	⑮	
扶養控除額及び障害者等の控除額の合計額	⑯	
基礎控除額	⑰	
所得控除額の合計額（⑧＋⑬＋⑭＋⑮＋⑯＋⑰＋⑱＋⑲）	⑳	
差引課税給与所得金額（⑦−⑳）及び算出所得税額	㉑	
（特定増改築等）住宅借入金等特別控除額	㉒	
年調所得税額（㉑−㉒、マイナスの場合は0）	㉓	
年調年税額（㉓×102.1％）	㉔	
差引超過額又は不足額（㉔−⑧）	㉕	
本年最後の給与から徴収する税額に充当する金額		
未払給与に係る未徴収の税額に充当する金額		
差引還付する金額		

*この様式は、令和5年分の保険料控除申告書です。本年分の様式は、執筆時点では公表されていません。

(4)　小規模企業共済等掛金控除額の計算（⑭欄）

　①従業員が20名以下（商業、サービス業では5名以下）の個人事業主または会社の役員が、小規模企業共済等掛金を払い込んでいる場合、②確定拠出年金法に基づく企業型年金加入者掛金又は個人型年金加入者掛金を払い込んでいる場合、③地方公共団体の条例の規定による心身障害者扶養共済制度の掛金を払い込んでいる場合には、年末調整の際に、保険料控除申告書を提出してもらい控除することができます。申告書に記載された掛金を、年末調整欄の⑭欄に記入してください。

　社会保険料控除とは異なり、本人分のみが控除対象となりますので、同一生計親族分を支払ったとしても控除することはできません。

　なお、小規模企業共済等掛金控除証明書の添付または提示が必要となります。

(5)　生命保険料控除額の計算（⑮欄）

①　控除の対象となる生命保険料等の範囲

　㋐　対象となる生命保険料等

　　生命保険料控除の対象となるのは、新生命保険料、介護医療保険料、新個人年金保険料、旧生命保険料、旧個人年金保険料を支払った場合です。

　㋑　旧生命保険料

　　控除の対象となる旧生命保険料は、保険金受取人のすべてを本人か、または配偶者その他の親族とする平成23年12月31日以前に締結した次に掲げる生命保険契約等に基づいて支払った生命保険料に限られます。

---

①　一般の生命保険会社または外国生命保険会社等と日本国内において結んだ生命保険契約のうち生存または死亡に基因して一定額の保険金が支払われるもの

②　生命保険会社、外国生命保険会社等、損害保険会社または外国損害保険会社等と国内で結んだ身体の傷害または疾病により保険金が支払われる保険契約のうち、病院または診療所に入院して医療費を支払ったこと、身体の傷害もしくは疾病またはこれらを原因とする人の状態、身体の傷害または疾病により就業することができなくなったことを事由として保険金が支払われるもの

③　簡易生命保険契約（旧郵便年金契約を含む）

④　農業協同組合、農業協同組合連合会、漁業協同組合、水産加工業協同組合、共済水産業協同組合連合会および消費生活協同組合連合会と結んだ生命共済契約

⑤　教職員共済生活協同組合、警察職員生活協同組合、埼玉県民共済生活協同組合、全国交通運輸産業労働者共済生活協同組合、全逓信労働者共済生活協同組合、全日本自治体労働者共済生活協同組合、電気通信産業労働者共済生活協同組合と結んだ生命共済契約

⑥　全国理容生活衛生同業組合連合会と結んだ年金共済契約

⑦　独立行政法人中小企業基盤整備機構と結んだ旧第二種共済契約

---

⑧　確定給付企業年金法に規定する確定給付企業年金に係る規約

⑨　適格退職年金契約

㈬　**新生命保険料**

　控除の対象となる新生命保険料は、保険金受取人のすべてを本人か、または配偶者その他の親族とする平成24年1月1日以後に締結した上記㈪に掲げる生命保険契約等に基づいて支払った生命保険料に限られます。

㈭　**介護医療保険料**

　控除の対象となる介護医療保険料は、保険金受取人のすべてを本人か、または配偶者その他の親族とする平成24年1月1日以後に締結した次に掲げる保険契約等に基づいて支払った保険料や掛金に限られます。

> ①　一般の生命保険会社または外国生命保険会社等、一般の損害保険会社または外国損害保険会社等と日本国内において結んだ疾病または身体の障害その他これに類する事由に基因して保険金等が支払われる保険契約のうち、医療費等支払事由に基因して保険金等が支払われるもの
> ②　疾病または身体の障害その他これに類する事由に基因して保険金等が支払われる旧簡易生命保険契約または生命共済契約等のうち、医療費等支払事由に基因して保険金等が支払われるもの

◉医療費等支払事由

　医療費等支払事由とは、次に掲げる事由をいいます。

①　疾病にかかったことまたは身体の傷害を受けたことを原因とする人の状態に基因して生ずる医療費その他の費用を支払ったこと

②　疾病もしくは身体の傷害またはこれらを原因とする人の状態（介護医療保険契約等に係る約款に、これらの事由に基因して一定額の保険金等を支払う旨の定めがある場合に限ります）

③　疾病または身体の傷害により就業することができなくなったこと

㈮　**旧個人年金保険料**

　控除の対象となる旧個人年金保険料は、平成23年12月31日以前に締結した一般の生命保険契約等（適格退職年金契約を除きます）のうち、次の要件を満たす年金の給付を目的とする一定の範囲の個人年金保険契約等に基づいて、本人が支払った保険料や掛金に限られます。

> 1　**年金の受取人**
> 　保険料等の払込みをする人またはその配偶者が生存している場合には、これらの人のいずれかが年金の受取人であること
> 2　**保険料等の払込方法**
> 　年金支払開始日前10年以上の期間にわたって定期に保険料等の払込みが行われること
> 3　**年金の支払方法**

① 年金受取人の年齢が60歳に達した日（契約で定める日）以後10年以上の期間にわたって定期に年金が支払われるものであること

注 契約で定める日は、次の日以後とすること

- イ 1月から6月までの間に60歳となる人……………………………前年の7月1日
- ロ 7月以後に60歳となる人 …………………………………… その年の1月1日

② 年金受取人が生存している期間にわたって定期に年金が支払われるものであること

③ ①の年金の支払のほか、被保険者の重度の障害を原因として年金の支払を開始し、かつ、年金の支払開始日以後10年以上の期間にわたって、またはその人が生存している期間にわたって定期に年金が支払われるものであること

● **個人年金保険料の対象となる契約の範囲**

区　　分	契　　約　　の　　範　　囲
① 生命保険契約	イ 年金以外の金銭の支払は、被保険者が死亡しまたは重度の障害に該当することとなった場合に限り行うものであること ロ イの金銭の額は、その契約の締結日以後の期間または支払保険料の総額に応じて逓増的に定められていること ハ 年金の支払は、その支払期間を通じて年1回以上定期に行うものであること。かつ、年金の一部を一括して支払う旨の定めがないこと ニ 剰余金の分配は、年金支払開始前に行わないもの、またはその年の払込保険料の範囲内の額とするものであること
② 簡易生命保険契約	契約の内容が①のイからニまでの要件を満たすもの
③ 農協・漁協等の生命共済契約	契約の内容が①のイからニまでの要件に相当する要件その他の財務省令（所得税法施行規則40の6）で定める要件を満たすもの
④ ③以外の生命共済契約	全国労働者共済生活協同組合連合会または教職員共済生活協同組合と結んだ生命共済契約で、次の要件を満たすもの イ 年金の給付を目的とする生命共済事業に関し、④適正に経理の区分が行われていること、⑩その事業の継続が確実であると見込まれること、⑪その契約に係る掛金の安定運用が確保されていること ロ 年金の額および掛金の額が適正な保険数理に基づいて定められており、かつ、その契約の内容が①のイからニまでに掲げる要件に相当する要件を満たしていること

(カ) **新個人年金保険料**

　控除の対象となる新個人年金保険料は、平成24年1月1日以後に締結した一般の生命保険契約等（適格退職年金契約を除きます）のうち、上記(オ)の要件を満たす年金の給付を目的とする一

定の範囲の個人年金契約等に基づいて、本人が支払った保険料や掛金に限られます。

② 控 除 額

㋐ 一般の生命保険料を支払った場合

　㋐ 旧生命保険料のみを支払った場合

年間の支払保険料の金額	生命保険料控除額
25,000円以下	支払った保険料の全額
25,000円から50,000円まで	（支払った保険料の金額の合計額）×1/2＋12,500円
50,000円から100,000円まで	（支払った保険料の金額の合計額）×1/4＋25,000円
100,001円以上	一律に50,000円

　㋑ 新生命保険料のみを支払った場合

年間の支払保険料の金額	生命保険料控除額
20,000円以下	支払った保険料の全額
20,000円から40,000円まで	（支払った保険料の金額の合計額）×1/2＋10,000円
40,000円から80,000円まで	（支払った保険料の金額の合計額）×1/4＋20,000円
80,001円以上	一律に40,000円

　㋒ 旧生命保険料と新生命保険料の両方を支払った場合

　　㋐および㋑で求めた金額の合計額（最高限度額40,000円）

㋑ 介護医療保険料を支払った場合

年間の支払保険料の金額	生命保険料控除額
20,000円以下	支払った保険料の全額
20,000円から40,000円まで	（支払った保険料の金額の合計額）×1/2＋10,000円
40,000円から80,000円まで	（支払った保険料の金額の合計額）×1/4＋20,000円
80,001円以上	一律に40,000円

㋒ 個人年金保険料を支払った場合

　㋐ 旧個人年金保険料のみを支払った場合

年間の支払保険料の金額	生命保険料控除額
25,000円以下	支払った保険料の全額
25,000円から50,000円まで	（支払った保険料の金額の合計額）×1/2＋12,500円
50,000円から100,000円まで	（支払った保険料の金額の合計額）×1/4＋25,000円
100,001円以上	一律に50,000円

④　新個人年金保険料のみを支払った場合

年間の支払保険料の金額	生命保険料控除額
20,000円以下	支払った保険料の全額
20,000円から40,000円まで	（支払った保険料の金額の合計額）×1/2＋10,000円
40,000円から80,000円まで	（支払った保険料の金額の合計額）×1/4＋20,000円
80,001円以上	一律に40,000円

⑦　旧個人年金保険料と新個人年金保険料の両方を支払った場合

⑦および④で求めた金額の合計額（最高限度額40,000円）

注1　生命保険料控除額の最高限度額は、120,000円となります。

2　支払った保険料は、支払う予定ではなく、現実に支払った保険料の金額をいいます。

3　剰余金の分配または割戻金の割戻しを受けた場合には、支払った保険料から剰余金または割戻金を差し引いた残額が、支払った保険料の金額となります。

　複数の区分に該当する場合には、主契約と特約のそれぞれの支払保険料等の金額の比に応じて剰余金の分配等の金額を按分し、それぞれの保険料等の金額から差し引きます。

4　郵便局の簡易保険の証明書には月額しか記載されていませんので、支払った年額に引き直して 保険料控除申告書 に記入してください。

5　平成24年1月1日以後に締結した保険契約（新契約）については、主契約または特約の保障内容に応じ、その保険契約等に係る支払保険料等が各保険料控除に適用されます。

6　異なる複数の保障内容が一の契約で締結されている保険契約等は、その保険契約等の主たる保障内容に応じて保険料控除を適用します。

③　保険料控除申告書 の提出と年末調整欄への転記

従業員より、加入している生命保険の内容と控除額の記載された 保険料控除申告書 を提出してもらいます。

保険料控除申告書 に記載された生命保険料控除額を、年末調整欄の⑮欄に転記します。

添付書類

支払金額や控除を受けられることを証明する書類。ただし、平成23年12月31日以前に締結した保険契約（旧契約）等に係る一般の生命保険料の金額が9,000円以下のものについては、証明する書類は不要です。

令 和 5 年 分　　給 与 所 得 者 の 保 険 料 控 除 申 告 書

所轄税務署長	給与の支払者の名称(氏名)	株式会社　日本産業		(フリガナ)あなたの氏名	タナカ　イチ ロウ 田中 一郎
王子 税務署長	給与の支払者の法人番号	1 1 2 2 3 3 4 4 5 5 6 6 7		あなたの住所又は居所	東京都中野区江古田 1-2-×
	給与の支払者の所在地(住所)	東京都北区神谷 2-3-×			

※この申告書の提出を受けた給与の支払者(個人を除きます。)が記載してください。

	保険会社等の名称	保険等の種類	保険期間又は年金支払期間	保険等の契約者の氏名	保険金等の受取人 氏名	あなたとの続柄	新・旧の区分	(a)あなたが本年中に支払った保険料等の金額(分配を受けた剰余金等の控除後の金額)	給与の支払者の確認
一般の生命保険料	○○生命	終身	終身	田中一郎	田中京子	妻	新・旧	40,000 円	
							新・旧	(a)	
							新・旧	(a)	
							新・旧	(a)	

生命保険料控除

	(a)のうち新保険料等の金額の合計額 A	円	Aの金額を下の計算式 I (新保険料等用)に当てはめて計算した金額 ① (最高40,000円) 円		②と③のいずれか大きい金額 計(①+②) ③ (最高40,000円) 32,500	④ 32,500
	(a)のうち旧保険料等の金額の合計額 B 40,000 円		Bの金額を下の計算式 II (旧保険料等用)に当てはめて計算した金額 ② (最高50,000円) 32,500			

介護医療保険料	××損保	医療	1年	田中一郎	田中一郎	本人		32,000 円	
								(a)	
								(a)	
	(a)の金額の合計額 C 32,000 円				Cの金額を下の計算式 I (新保険料等用)に当てはめて計算した金額 (最高40,000円) 26,000	

個人年金保険料	△△生命	個人年金	20年	田中一郎	田中一郎 支払開始日 ××. 4. 1	本人	新・旧	56,000 円	
					支払開始日		新・旧	(a)	
					支払開始日		新・旧	(a)	

	(a)のうち新保険料等の金額の合計額 D 56,000 円	Dの金額を下の計算式 I (新保険料等用)に当てはめて計算した金額 ④ (最高40,000円) 34,000	⑤と⑥のいずれか大きい金額 計(④+⑤) ⑥ (最高40,000円) 34,000	㋑ 34,000
	(a)のうち旧保険料等の金額の合計額 E 円	Eの金額を下の計算式 II (旧保険料等用)に当てはめて計算した金額 ⑤ (最高50,000円)		

生命保険料控除計(㋑+㋺+㋩)(最高120,000円)　92,500

計 算 式 I (新保険料等用)※		計 算 式 II (旧保険料等用)※	
A、C又はDの金額	控除額の計算式	B又はEの金額	控除額の計算式
20,000円以下	A、C又はDの全額	25,000円以下	B又はEの全額
20,001円から40,000円まで	(A、C又はD)×1/2+10,000円	25,001円から50,000円まで	(B又はE)×1/2+12,500円
40,001円から80,000円まで	(A、C又はD)×1/4+20,000円	50,001円から100,000円まで	(B又はE)×1/4+25,000円
80,001円以上	一律に40,000円	100,001円以上	一律に50,000円

※ 控除額の計算において算出した金額に1円未満の端数があるときは、その端数を切り上げます。

(源泉徴収簿)

料　　　等	③		⑥
賞　　与　　等	④		⑥
計	⑦		
給与所得控除後の給与等の金額	⑧		
所 得 金 額 調 整 控 除 額((⑧-8,500,000円)×10%、マイナスの場合は0)	⑩ (1円未満切上げ、最高150,000円)		所得金額調整控除の適用 有・無 (※ 適用有の場合は⑩に記載)
給与所得控除後の給与等の金額(調整控除後) (⑧-⑩)	⑪		
社会保険等控除額	給与等からの控除分 (② + ⑤)	⑫		配偶者の合計所得金額 円
	申告による社会保険料の控除分	⑬		旧長期損害保険料支払額 円
	申告による小規模企業共済等掛金の控除分	⑭		
生 命 保 険 料 の 控 除 額	⑮ 92,500		⑫のうち小規模企業共済等掛金の金額 円
地 震 保 険 料 の 控 除 額	⑯		
配 偶 者 (特 別) 控 除 額	⑰		
扶養控除額及び障害者等の控除額の合計額	⑱		⑬のうち国民年金保険料等の金額 円
基 礎 控 除 額	⑲		
所 得 控 除 額 の 合 計 額 (⑫+⑬+⑭+⑮+⑯+⑰+⑱+⑲)	⑳		
差引課税給与所得金額(⑪-⑳)及び算出所得税額	㉑ (1,000円未満切捨て)	㉒	

計算例

旧生命保険料の支払金額	40,000円
介護医療保険料の支払金額	32,000円
新個人年金保険料の支払金額	56,000円

① 40,000円×1/2+12,500円＝32,500円

② 32,000円×1/2+10,000円＝26,000円

③ 56,000円×1/4+20,000円＝34,000円

　①+②+③＝92,500円

＊この様式は、令和5年分の保険料控除申告書です。本年分の様式は、執筆時点では公表されていません。

(6)　地震保険料控除額の計算（⑯欄）

①　控除の対象となる地震保険料の範囲

　控除の対象となる地震保険料は、平成19年分以後の各年において、本人または本人と生計を一にする配偶者その他の親族の所有する家屋・家財（注1）のうち一定のものを保険や共済の目的とし、かつ、地震等損害（注2）によりこれらの資産について生じた損失の額をてん補する保険金または共済金が支払われる損害保険契約等（注3）に基づいて支払った地震等損害部分の保険料または掛金をいいます。

注1　家財を保険の目的とする契約であっても、宝石、貴金属、書画、骨とうなどで1個または1組の価額が30万円を超えるものその他の生活に通常必要でない資産が保険の目的となっている家財のうちに含まれている場合には、この契約により支払う保険料のうち生活に通常必要な資産に対応する部分の保険料だけが控除の対象になります。

　　2　「地震等損害」とは、地震もしくは噴火またはこれらによる津波を直接または間接の原因とする火災、損壊、埋没または流出による損害をいいます。

　　3　「損害保険契約等」とは、次に掲げる契約に附帯して締結されるものまたはその契約と一体となって効力を有する一の保険契約若しくは共済に係る契約をいいます。

> ⑴　損害保険会社または外国損害保険会社等と締結した損害保険契約のうち、一定の偶然の事故によって生ずることのある損害をてん補するもの（損害保険会社または外国損害保険会社等の締結した身体の傷害または疾病により保険金が支払われる一定の保険契約は除かれます。また、外国損害保険会社等については国内で締結したものに限ります）
> ⑵　農業協同組合と締結した建物更生共済契約または火災共済契約
> ⑶　農業協同組合連合会と締結した建物更生共済契約または火災共済契約
> ⑷　農業共済組合または農業共済組合連合会と締結した火災共済契約または建物共済契約
> ⑸　漁業協同組合、水産加工業協同組合または共済水産業協同組合連合会と締結した建物もしくは動産の共済期間中の耐存を共済事故とする共済契約または火災共済契約
> ⑹　火災共済協同組合と締結した火災共済契約
> ⑺　消費生活協同組合連合会と締結した火災共済契約または自然災害共済契約
> ⑻　消費生活協同組合法第10条第1項第4号の事業を行う次に掲げる法人と締結した自然災害共済契約
> 　　○ 全国交通運輸産業労働者共済生活協同組合
> 　　○ 全逓信労働者共済生活協同組合
> 　　○ 全日本自治体労働者共済生活協同組合
> 　　○ 電気通信産業労働者共済生活協同組合

②　地震保険料控除の対象とならない保険料等

　次に掲げる保険料または掛金は地震保険料控除の対象となりません。

　㋐　地震等損害により臨時に生ずる費用またはその資産の取壊し、もしくは除去に係る費用その他これらに類する費用に対して支払われる保険金または共済金に係る保険料または掛金

　㋑　一の損害保険契約等の契約内容につき、次の算式により計算した割合が100分の20未満であることとされている場合における地震等損害部分の保険料または掛金㋐に掲げるものを除きます）

$$\frac{\text{地震等損害により資産について生じた損失をてん補する}}{\text{火災（注1）による損害により資産について生じた損失を}} < \frac{20}{100}$$
$$\text{保険金または共済金の額（注3）}$$
$$\text{てん補する保険金または共済金の額（注2）}$$

注1 「火災」は、地震もしくは噴火またはこれらによる津波を直接または間接の原因とする火災を除きます。

2 損失の額をてん補する保険金または掛金の額の定めがない場合には、その火災により支払われることとされている保険金または共済金の限度額とします。

3 損失の額をてん補する保険金または共済金の額の定めがない場合には、その地震等損害により支払われることとされている保険金または共済金の限度額とします。

③ 控除額

　控除額は、損害保険契約等に係る地震保険料を支払った場合に、地震保険料の金額の合計額（最高5万円）となります。ただし、剰余金の分配や割戻金の割戻しを受けたり、その剰余金や割戻金を保険料の払込みに充てたりした場合には、その年中に支払った保険料の合計額からその支払を受けたり払込みに充てたりした剰余金や割戻金の合計額を控除した残額が、支払った地震保険料の金額になります。

●経過措置

　平成19年分の所得税から従来の損害保険料控除に代わり、地震保険料控除が適用されたため、経過措置として、平成19年分以後の各年において、平成18年12月31日までに締結した長期損害保険契約等（注）に係る保険料等（以下「長期損害保険料等」といいます）を支払った場合には、上記にかかわらず、支払った地震保険料等（地震保険料控除の対象となる地震保険料及び長期損害保険料等）は、次の区分に応じて計算した金額とすることができます。

	支払った保険料等の区分	保険料等の金額		控除額
①	地震保険料等のすべてが地震保険料控除の対象となる損害保険契約等である場合	―		その年中に支払った地震保険料の金額の合計額（最高5万円）
②	地震保険料等に係る契約のすべてが長期損害保険契約等（注）に該当するものである場合	旧長期損害保険料の金額の合計額	10,000円以下	その合計額
			10,000円超20,000円以下	10,000円＋（支払った保険料の合計額－10,000円）×1／2
			20,000円超	15,000円
③	①と②がある場合	①、②それぞれ計算した金額の合計額	50,000円以下	その合計額
			50,000円超	5万円

＊上記①～③により控除額を計算する場合において、一の損害保険契約等または一の長期損害保険契約等が①または②に規定する契約のいずれにも該当するときは、いずれか一の契約のみに該当するものとして適用します。

注 「長期損害保険契約等」とは、次のすべてに該当する損害保険契約等をいいます（保険期間または共済期間の始期が平成19年1月1日以後であるものを除きます）。

(1) 保険期間または共済期間の満了後に満期返戻金を支払う旨の特約のある契約その他一定の契約（建物または動産の共済期間中の耐存を共済事故とする共済に係る契約）であること

(2) 保険期間または共済期間が10年以上であること

(3) 平成19年1月1日以後にその損害保険契約等の変更をしていないものであること

③ 　保険料控除申告書　の提出と年末調整欄への転記

　従業員より、加入している損害保険の内容と控除額の記載された　保険料控除申告書　を提出してもらいます。

　保険料控除申告書　に記載された地震保険料控除額を、年末調整欄の⑭欄に転記します。

　また、旧長期損害保険料等の適用を受けた場合には、旧長期損害保険料支払額（Ⓒの金額）を年末調整欄の旧長期損害保険料支払額欄に転記します。

　添付書類

　保険料の多少にかかわらず、保険料を支払ったことを証明する証明書を添付します。

記入例 6-3 給与所得者の保険料控除申告書

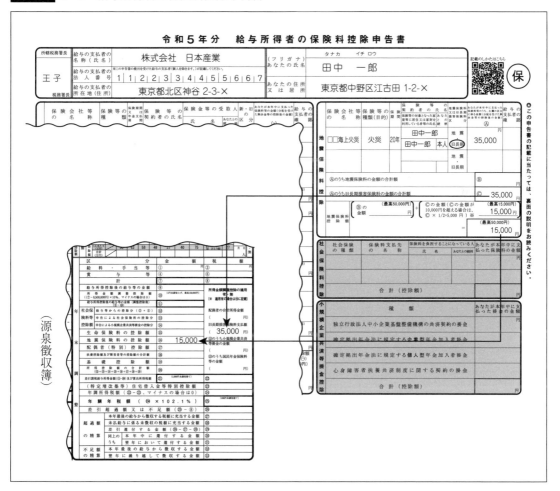

＊この様式は、令和5年分の保険料控除申告書です。本年分の様式は、執筆時点では公表されていません。

　　旧長期損害保険料の支払金額　　　35,000円

　　35,000円＞20,000円　　　∴15,000円

(7) 配偶者（特別）控除額の計算（⑰欄）

　控除対象配偶者がある場合には配偶者控除額を、配偶者特別控除の対象となる配偶者がある場合には配偶者特別控除額を記載します。

① 配偶者控除額

　居住者が控除対象配偶者（同一生計配偶者のうち、合計所得金額が1,000万円以下の居住者の配偶者）を有する場合には、居住者の合計所得金額に応じた次の金額が配偶者控除額となります。

　なお、同一生計配偶者とは、居住者の配偶者でその居住者と生計を一にするもののうち、合計所得金額が48万円以下である者（青色事業専従者として給与の支払いを受ける人や白色事業専従者を除きます）をいいます。

居住者の合計所得金額	控　除　額	
	控除対象配偶者	老人控除対象配偶者
900万円以下	38万円	48万円
900万円超　　950万円以下	26万円	32万円
950万円超　1,000万円以下	13万円	16万円

＊老人控除対象配偶者とは、控除対象配偶者のうち、年齢70歳以上（昭和28年1月1日以前に生まれた人）をいいます。

② 配偶者特別控除額

　居住者が生計を一にする配偶者（合計所得金額が133万円以下であるものに限ります）で控除対象配偶者に該当しないもの（合計所得金額が1,000万円以下である当該居住者の配偶者に限ります）を有する場合には、居住者の合計所得金額及び配偶者の合計所得金額に応じた次の金額が配偶者特別控除額となります。

本人の合計所得金額／配偶者の合計所得金額	900万円以下	900万円超 950万円以下	950万円超 1000万円以下
48万円超　　95万円以下	38万円	26万円	13万円
95万円超　100万円以下	36万円	24万円	12万円
100万円超　105万円以下	31万円	21万円	11万円
105万円超　110万円以下	26万円	18万円	9万円
110万円超　115万円以下	21万円	14万円	7万円
115万円超　120万円以下	16万円	11万円	6万円
120万円超　125万円以下	11万円	8万円	4万円
125万円超　130万円以下	6万円	4万円	2万円
130万円超　133万円以下	3万円	2万円	1万円

〈参 考〉

「生計を一にする配偶者」とは

　配偶者とは、法律上正式に婚姻届が提出されている配偶者をいいます。したがって、正式に婚姻届を提出していない、いわゆる、内縁の配偶者は、たとえ会社の給与規程の上で家族手当などの受給対象者となっていても、その配偶者は税務上の控除対象配偶者にはなれません。法律上正式に婚姻届が提出されている配偶者である限り、その人が妻であっても、夫であってもさしつかえありませんから、例えば、夫に所得がなく妻に所得がある場合には、夫が妻の控除対象配偶者になります。

　また、控除対象配偶者は、給与の支払を受ける人と生計を一にしている配偶者であることが一つの要件となっていますが、この場合の「生計を一にしている」とは、必ずしも同一の家屋に起居していることをいうのではありません。

　したがって、次のような場合には、それぞれ次のように取り扱われます。

① 　勤務、療養などの都合で夫と妻とが日常の起居を共にしていない場合であっても、次の場合に該当するときは、その夫と妻は生計を一にするものとされます。

　イ　日常の起居を共にしていない夫と妻とが、勤務などの余暇には起居を共にすることを常例としている場合

　ロ　夫と妻との間において、常に生活費、療養費などの送金が行われている場合

② 　夫と妻とが同一の家屋に起居している場合には、明らかに互いに独立した生活を営んでいると認められる場合を除いては、その夫と妻とは生計を一にするものとされます。

「給与所得」とは

　俸給、給与、賞与や賃金（パートタイマーやアルバイトとして支払を受けるものを含みます）は、給与所得となります。

　給与所得の所得金額は、給与の収入金額から給与所得控除額を控除した後の金額となります。

③ 配偶者控除等申告書 の提出と年末調整欄への転記

　配偶者（特別）控除を受けるためには、その年の最後の給与支払日の前日までに、配偶者控除等申告書 を提出させます。

　配偶者控除等申告書 に記載された控除額を年末調整欄の⑰欄に転記します。

　また、配偶者の合計所得金額の見積額を年末調整欄の配偶者の合計所得金額欄に転記します。

記入例 7　給与所得者の配偶者控除等申告書

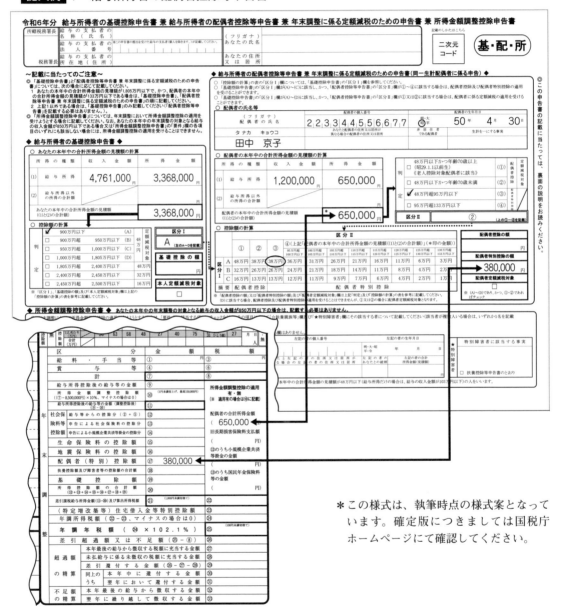

＊この様式は、執筆時点の様式案となっています。確定版につきましては国税庁ホームページにて確認してください。

(8) 扶養控除額および障害者等の控除額の合計額の計算（⑱欄）

① 控除対象扶養親族等の定義および控除額

令和 6 年12月31日現在で、次の状況にある人

区　分		説　　　明		控除額
扶養親族	控除対象	扶養親族〔所得者の親族（配偶者を除きます）および児童福祉法の規定により所得者に養育を委託された児童または所得者に養護を委託された老人で、その所得者と生計を一にする人（青色事業専従者として給与の支払を受ける人や白色事業専従者を除きます）のうち、合計所得金額が48万円以下の人〕のうち、年齢16歳以上の人（平成21年 1 月 1 日以前に生まれた人） 　ただし、年齢30歳以上70歳未満の非居住者については、次に掲げる者のいずれかに該当する必要があります。 ① 留学により国内に住所および居所を有しなくなった者 ② 障害者 ③ 扶養控除の適用を受けようとする居住者からその年において生活費または教育費に充てるための支払を38万円以上受けている者		38万円
	特定	控除対象扶養親族のうち、年齢19歳以上23歳未満の人（平成14年 1 月 2 日～平成18年 1 月 1 日に生まれた人）		63万円
	老人	控除対象扶養親族のうち、年齢70歳以上の人（昭和30年 1 月 1 日以前に生まれた人）（老人扶養親族）	同居老親等以　　　　外	48万円
		老人扶養親族のうち、所得者またはその配偶者の直系尊属（父母や祖父母など）で、所得者またはその配偶者のいずれかとの同居を常況としている人（同居老親等）	同居老親等	58万円

【参考】 **親族表**

① 扶養親族の対象となる「親族（配偶者を除きます）」とは、6 親等内の血族及び 3 親等内の姻族をいいます。
② 肩書の数は、親等を示します。
③ 点枠は姻族を、偶は配偶者を示します。

区分	説　　　　明	控除額
障害者	障害者の定義は細かく定められていますが、簡単にいいますと、 ① 心神喪失の常況にある人 ② 精神保健指定医その他の判定により、知的障害者と判定された人 ③ 精神障害者保健福祉手帳の交付を受けている人 ④ 身体障害者手帳に身体上の障害がある者と記載されている人 ⑤ 戦傷病者手帳の交付を受けている人 ⑥ 原子爆弾被爆者で、厚生労働大臣の認定を受けている人 ⑦ 常に就床を要し、複雑な介護を要する人 ⑧ 精神や身体に障害がある年齢65歳以上の人（昭和35年1月1日以前に生まれた人）で福祉事務所長の認定を受けている人 などをいい、所得者自身が障害者である場合または所得者の同一生計配偶者もしくは扶養親族のうちに障害者がある場合に控除されます。	27万円
特別障害者	障害者に該当する人のうち、心神喪失の常況にある人や重度の知的障害者と判定された人または障害の程度が1級もしくは2級の人などをいい、所得者自身が特別障害者である場合または、所得者の同一生計配偶者もしくは扶養親族のうちに特別障害者（同居特別障害者を除きます）がある場合に控除されます。	40万円
同居特別障害者	特別障害者に該当する人のうち、所得者または所得者の配偶者もしくは所得者と生計を一にするその他の親族のいずれかとの同居を常況としている人をいい、所得者の同一生計配偶者または扶養親族のうちに同居特別障害者がある場合に控除されます。	75万円
寡婦	所得者が次のいずれかに該当する人 ① 夫と離婚した後婚姻をしていない人で、次のいずれにも該当する人 　イ　扶養親族があること 　ロ　合計所得金額が500万円以下であること 　ハ　その人と事実上婚姻関係と同様の事情にあると認められる人がいないこと ② 夫と死別した後婚姻をしていない人または夫の生死の明らかでない人で、次のいずれにも該当する人 　イ　合計所得金額が500万円以下であること 　ロ　その人と事実上婚姻関係と同様の事情にあると認められる人がいないこと	27万円

区分	説　　　　明	控除額
ひ と り 親	所得者が現に婚姻をしていない人または配偶者の生死の明らかでない人で、次のいずれにも該当する人 　イ　所得金額の合計額が48万円以下である生計を一にする子（他の人の控除対象配偶者や扶養親族とされている子を除きます）があること 　ロ　合計所得金額が500万円以下であること 　ハ　その人と事実上婚姻関係と同様の事情にあると認められる人がいないこと	35万円
勤 労 学 生	所得者自身が次のすべての要件に該当する人 ①　次のいずれかに該当すること 　イ　学校教育法に規定する学校の学生、生徒または児童である人 　ロ　国、地方公共団体または私立学校法に規定する学校法人および同法の規定により設立された法人が設置した各種学校の生徒で一定の課程を履修する人 　ハ　前記ロの法人に準ずる法人（医療法人、社会福祉法人、宗教法人等）が設置した各種学校の生徒で一定の課程を履修する人 　ニ　国、地方公共団体、学校法人、私立学校法の規定により設立された法人及び上記ハの医療法人等の設置した専修学校の生徒で一定の課程を履修する人 　ホ　職業訓練法人の行う職業訓練法に基づく認定職業訓練を受ける人で、一定の課程を履修する人 ②　自分の勤労に基づく事業所得、給与所得、退職所得または雑所得がある人 ③　自分の勤労に基づく所得以外の各種所得の金額の合計額が10万円以下の人 ④　合計所得金額が75万円以下の人 　**注**　勤労学生控除の対象となる各種学校であるかどうかは、学校長あてに文部科学大臣からの証明書がでているかどうかによって判定することができます。	27万円

② 扶養控除等申告書に記載された控除対象扶養親族等により、控除額の合計額を年末調整欄の⑱
欄に記入します。

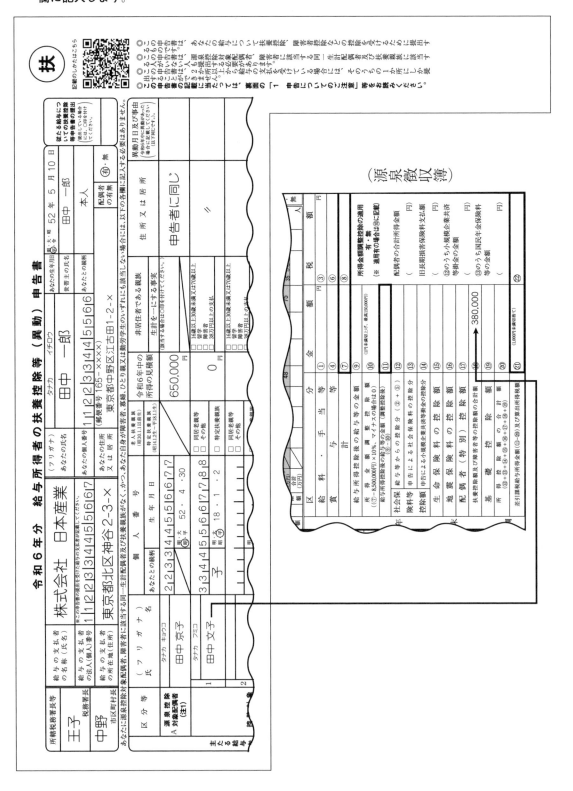

合計額は、次の早見表で求めます。

〈令和6年分の扶養控除額および障害者等の控除額の合計額の早見表〉

① 控除対象扶養親族の数に応じた控除額			
人　数	控　除　額	人　数	控　除　額
1　人	380,000円	5　人	1,900,000円
2　人	760,000円	6　人	2,280,000円
3　人	1,140,000円	7　人	2,660,000円
4　人	1,520,000円	8 人 以 上	7人を超える1人につき380,000円を7人の場合の金額に加えた金額

② 障害者等がいる場合の控除の加算額	㋑同居特別障害者に当たる人がいる場合	1人につき 750,000円
	㋺同居特別障害者以外の特別障害者に当たる人がいる場合、または給与の支払を受ける人がこれに当たる場合	1人につき 400,000円
	㋩一般の障害者に当たる人がいる場合、または給与の支払を受ける人が一般の障害者、寡婦、または勤労学生に当たる場合	左の一に該当するとき 各270,000円
	㋥給与の支払を受ける人がひとり親に当たる場合	350,000円
	㋭同居老親等に当たる人がいる場合	1人につき 200,000円
	㋬特定扶養親族に当たる人がいる場合	1人につき 250,000円
	㋷同居老親族以外の老人扶養親族に当たる人がいる場合	1人につき 100,000円

＊「②」欄の㋑㋺㋩について、配偶者については、同一生計配偶者が該当する場合となります。
＊控除額の合計額は、「①」欄および「②」欄により求めた金額の合計額となります。
＊上記の表には、基礎控除額、配偶者控除額および配偶者特別控除額は含まれていません。

〈「控除額の合計額の早見表」による控除額の求め方の例示〉

設例を「控除額の合計額の早見表」に当てはめると，控除額は次のようになります。

- ▢ ……… 所得者
- 配 ……… 同一生計配偶者
- 扶 ……… 扶養親族のうち年齢16歳未満の人
- 控扶 ……… 控除対象扶養親族
- 特 ……… 特定扶養親族
- 同居老親 ……… 老人扶養親族のうち同居老親等
- 老扶 ……… 同居老親等以外の老人扶養親族
- 障 ……… 障害者
- 特障 ……… 特別障害者
- 同居特障 ……… 同居特別障害者
- ひ ……… ひとり親
- 寡 ……… 寡婦
- 勤 ……… 勤労学生

区　分	設　例	「①控除対象扶養家族の数に応じた控除額」欄	「②障害者等がいる場合の控除の加算額」欄	求める控除額の合計額
		早見表の当てはめる欄		
1　障害者である同一生計配偶者がいる人	▢—配—障, 控扶	1　人 の欄	の欄 ハ	380,000円 ＋障　270,000円 650,000円
	▢—配—特, 控扶—同居老親, 控扶	2　人	ホ ヘ	760,000円 ＋同居老親　200,000円 ＋特　250,000円 1,210,000円
	▢(障)—配—特障, 扶, 控扶—老扶, 控扶—特	2　人	ロ ハ ト ヘ	760,000円 ＋特障　400,000円 ＋障　270,000円 ＋老扶　100,000円 ＋特　250,000円 1,780,000円
2　上記1以外の人	▢(ひ)—控扶—同居特障, 控扶—特, 控扶, 扶	3　人	イ ニ ヘ	1,140,000円 ＋同居特障　750,000円 ＋ひ　350,000円 ＋特　250,000円 2,490,000円
	▢—控扶—同居特障, 控扶—同居老親	2　人	イ ホ	1,140,000円 ＋同居特障　750,000円 ＋同居老親　200,000円 1,710,000円
	▢(寡)または(勤)	な　し	ハ	0円 ＋寡または勤　270,000円 270,000円

(9) 基礎控除額の計算（⑲欄）

　給与の支払を受ける人のうちに、基礎控除の適用を受ける人がいる場合には、年末調整を行う時までに、その人から 基礎控除申告書 の提出を求め、その内容を確認して基礎控除額（⑲欄）を求めます。

　基礎控除額は、給与の支払を受ける人の合計所得金額に応じた次の金額です。

合計所得金額		基礎控除額
	2,400万円以下	48万円
2,400万円超	2,450万円以下	32万円
2,450万円超	2,500万円以下	16万円
2,500万円超		0

記入例 8　給与所得者の基礎控除申告書

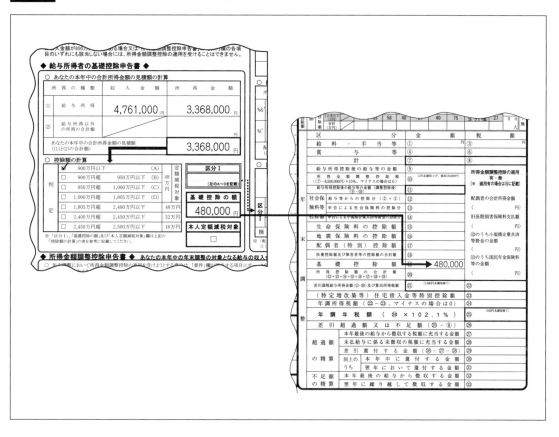

⑽ 所得控除額の合計額の計算（⑳欄）

次の控除額の合計額を、年末調整欄の⑳欄に記入します。

区　　　　　　分	金　額	税　額
給　料　・　手　当　等　①	3,861,000 円	③ 19,620 円
賞　　　　与　　　　等　④	900,000	⑥ 0
計　⑦	4,761,000	⑧ 19,620
給与所得控除後の給与等の金額　⑨	3,368,000	所得金額調整控除の適用
所得金額調整控除額 ⑩（(⑦-8,500,000円)×10%、マイナスの場合は0）	（1円未満切上げ、最高150,000円）	有（⑩）（※ 適用者は⑩に記載）
給与所得控除後の給与等の金額（調整控除後）⑪ (⑨-⑩)	3,368,000	配偶者の合計所得金額
社会保険料等控除額　給与等からの控除分（②＋⑤）⑫	777,507	（ 650,000円）
申告による社会保険料の控除分　⑬		旧長期損害保険料支払額
申告による小規模企業共済等掛金の控除分　⑭		（ 35,000円）
生　命　保　険　料　の　控　除　額　⑮	92,500	⑫のうち小規模企業共済等掛金の金額
地　震　保　険　料　の　控　除　額　⑯	15,000	
配　偶　者（特　別）控　除　額　⑰	380,000	（ 円）
扶養控除額及び障害者等の控除額の合計額　⑱	380,000	⑬のうち国民年金保険料等の金額
基　礎　控　除　額　⑲	480,000	
所得控除額の合計額 ⑳（⑫+⑬+⑭+⑮+⑯+⑰+⑱+⑲）	2,125,007	（ 円）
差引課税給与所得金額(⑪-⑳)及び算出所得税額 ㉑	(1,000円未満切捨て) 1,242,000	㉒ 62,100
（特定増改築等）住宅借入金等特別控除額 ㉓		
年調所得税額（㉒-㉓、マイナスの場合は0）㉔		62,100

社会保険料等控除額(給与等からの控除分)
社会保険料の控除額(申告分)
小規模企業共済等掛金の控除額(申告分)
生命保険料の控除額
地震保険料の控除額
配偶者(特別)控除額
扶養控除額、障害者(特別障害者)控除額、寡婦控除額、ひとり親控除額、勤労学生控除額
基礎控除額

⑾ 所得税額の計算（㉑㉒欄）

① 差引課税給与所得金額の算出

年税額を計算する基礎となる差引課税給与所得金額㉑を求めます。

（給与所得控除後の給与等の金額（調整控除後）⑪）－（所得控除額の合計額⑳）

② 年税額の計算

差引課税給与所得金額㉑を基にして、次の速算表から算出所得税額を計算します。

所得税額の速算表	
課税給与所得金額（A）	税　額
195万円以下	（A）× 5 ％
195万円超　　330万円以下	（A）×10％ －　 97,500円
330　〃　　　695　〃	（A）×20％ －　427,500円
695　〃　　　900　〃	（A）×23％ －　636,000円
900　〃　　1,800　〃	（A）×33％ － 1,536,000円
1,800　〃　　1,805　〃	（A）×40％ － 2,796,000円

（注）　1　（A）の金額に1,000円未満の端数があるときは、これを切り捨てます。
　　　　2　課税給与所得金額が1,805万円を超える場合は、年末調整の対象となりません。

③　年末調整欄への転記

　差引課税給与所得金額と年税額を、それぞれ年末調整欄の㉑欄と㉒欄に記入します。

　なお、㉑欄は1,000円未満を切り捨ててください。

区　　分		金　　額		税　　額	
給料・手当等	①	3,861,000 円	③	19,620 円	
賞　与　等	④	900,000	⑥	0	
計	⑦	4,761,000	⑧	19,620	
給与所得控除後の給与等の金額	⑨	3,368,000	所得金額調整控除の適用　有・無 (※　適用有の場合は⑩に記載)		
所得金額調整控除額 ((⑦−8,500,000円)×10%、マイナスの場合は0)	⑩				
給与所得控除後の給与等の金額（調整控除後） (⑨−⑩)	⑪	3,368,000			
社会保険料等控除額　給与等からの控除分（②＋⑤）	⑫	777,507	配偶者の合計所得金額 (　650,000 円)		
申告による社会保険料の控除分	⑬		旧長期損害保険料支払額 (　35,000 円)		
申告による小規模企業共済等掛金の控除分	⑭		⑫のうち小規模企業共済等掛金の金額 (　　円)		
生命保険料の控除額	⑮	92,500			
地震保険料の控除額	⑯	15,000	⑬のうち国民年金保険料等の金額 (　　円)		
配偶者（特別）控除額	⑰	380,000			
扶養控除額及び障害者等の控除額の合計額	⑱	380,000			
基礎控除額	⑲	480,000			
所得控除の合計額 (⑫+⑬+⑭+⑮+⑯+⑰+⑱+⑲)	⑳	2,125,007			
差引課税給与所得金額(⑪−⑳)及び算出所得税額 (1,000円未満切捨て)	㉑	1,242,000	㉒	62,100	
（特定増改築等）住宅借入金等特別控除額	㉓				
年調所得税額（㉒−㉓、マイナスの場合は0）	㉔				
年　調　年　税　額（㉔×102.1%）	㉕	(100円未満切捨て)			
差引超過額又は不足額（㉕−⑧）	㉖				
超過額の精算　本年最後の給与から徴収する税額に充当する金額	㉗				
未払給与に係る未徴収の税額に充当する金額	㉘				
差引還付する金額（㉖−㉗−㉘）	㉙				
同上のうち　本年中に還付する金額	㉚				
翌年において還付する金額	㉛				
不足額の精算　本年最後の給与から徴収する金額	㉜				
翌年に繰り越して徴収する金額	㉝				

⑿　住宅借入金等特別控除額の控除（㉓欄）

　　居住者（63ページ参照）が、国内において、一定の要件を満たす新築家屋や中古家屋を取得（居住者と生計を一にする配偶者その他特別の関係がある人からの中古住宅の取得及び贈与によるものを除きます）し、または居住用家屋の増改築等（以下これらを「取得等」といいます）をして、これらの家屋（増改築等をした家屋については、その増改築等の部分に限ります）を令和4年12月31日までの間にその人の居住の用に供した場合（取得等をした日から6カ月以内に居住の用に供した場合に限ります）において、その人がこれらの家屋の取得等について、一定の要件を満たす借入金や賦払債務（以下「借入金等」といいます）があるときは、その居住の用に供した年（以下「居住年」といいます）以後10年間又は13年間（バリアフリー改修促進税制等の場合は5年間の各年（同日以後、原則としてその年の12月31日まで引き続き居住の用に供している年に限ります）のうち、合計所得金額が3,000万円（令和4・5年中居住分については2,000万円、令和4・5年中居住分で特例居住用家屋、特例認定住宅等については、1,000万円）以下である年について、借入金等の年末残高を基にして計算した金額を所得税から控除（税額控除）する制度です。

> 注　1　特例居住用家屋とは、床面積が40㎡以上50㎡未満で令和5年12月31日以前に建築基準法第6条第1項の規定による建築確認を受けた居住用家屋をいいます。
> 　　　2　特例認定住宅等とは、床面積が40㎡以上50㎡未満で令和5年12月31日以前に建築基準法第6条第1項の規定による建築確認を受けた認定住宅等をいいます。

①　住宅を居住の用に供した日の区分に応じた制度の概要

　　この控除は1年限りのものではなく、しかも2年目以降は年末調整の際に控除できることになっています。また、制度の改正がたびたび行われていますので、控除額の計算その他について、どの区分に当たるかを承知しておく必要があります。

【令和3年12月31日まで居住の場合】

住宅を居住の用に供した日	各年分の控除額
平成27年1月1日～令和3年12月31日【特定取得の場合】	• 全期間（10年間） $\left(\begin{array}{l}借入金等の年末残高4,000\\万円以下の部分の金額\end{array}\right) \times 1\%$　（最高40万円）
平成27年1月1日～令和3年12月31日【特定取得以外の場合】	• 全期間（10年間） $\left(\begin{array}{l}借入金等の年末残高2,000\\万円以下の部分の金額\end{array}\right) \times 1\%$　（最高20万円）
平成27年1月1日～令和3年12月31日【認定長期優良住宅で特定取得の場合】	• 全期間（10年間） $\left(\begin{array}{l}借入金等の年末残高5,000\\万円以下の部分の金額\end{array}\right) \times 1\%$　（最高50万円）
平成27年1月1日～令和3年12月31日【認定長期優良住宅で特定取得以外の場合】	• 全期間（10年間） $\left(\begin{array}{l}借入金等の年末残高3,000\\万円以下の部分の金額\end{array}\right) \times 1\%$　（最高30万円）

住宅を居住の用に供した日	各年分の控除額
令和元年10月１日〜令和２年12月31日 【特別特定取得の場合】	• 居住年から１〜10年目 （借入金等の年末残高4,000万円以下の部分の金額）× １ ％　（最高40万円）
令和元年10月１日〜令和２年12月31日 【認定長期優良住宅で特別特定取得の場合】	• 居住年から１〜10年目 （借入金等の年末残高5,000万円以下の部分の金額）× １ ％　（最高50万円）
令和３年１月１日〜令和３年12月31日 【特別特例取得の場合】	• 居住年から１〜10年目 （借入金等の年末残高4,000万円以下の部分の金額）× １ ％　（最高40万円）
令和３年１月１日〜令和３年12月31日 【認定長期優良住宅で特別特例取得の場合】	• 居住年から１〜10年目 （借入金等の年末残高5,000万円以下の部分の金額）× １ ％　（最高50万円）

【令和４・５年居住の場合】

令和４年１月１日〜令和５年12月31日	• 全期間（13年間） （借入金等の年末残高3,000万円以下の部分の金額）× 0.7％　（最高21万円）
令和４年１月１日〜令和５年12月31日 【エネルギー消費性能向上住宅の場合】	• 全期間（13年間） （借入金等の年末残高4,000万円以下の部分の金額）× 0.7％　（最高28万円）
令和４年１月１日〜令和５年12月31日 【特定エネルギー消費性能向上住宅の場合】	• 全期間（13年間） （借入金等の年末残高4,500万円以下の部分の金額）× 0.7％　（最高31.5万）
令和４年１月１日〜令和５年12月31日 【認定住宅・認定長期優良住宅・認定低炭素住宅の場合】	• 全期間（13年間） （借入金等の年末残高5,000万円以下の部分の金額）× 0.7％　（最高35万円）

注　1　エネルギー消費性能向上住宅とは、認定住宅および特定エネルギー消費性能向上住宅以外の家屋でエネルギーの使用の合理化に資する住宅の用に供する家屋（断熱等性能等級４以上および一次エネルギー消費量等級４以上の家屋）に該当するものとして証明がされたものをいいます。

　　2　特定エネルギー消費性能向上住宅とは、認定住宅以外の家屋でエネルギーの使用の合理化に著しく資する住宅の用に供する家屋（断熱等性能等級５以上および一次エネルギー消費量等級６以上の家屋）に該当するものとして証明がされたものをいいます。

　　3　認定低炭素住宅とは、都市の低炭素化の促進に関する法律に規定する低炭素建築物に該当する家屋および同法の規定により低炭素建築物とみなされる特定建築物に該当するものとして証明がされたものをいいます。

　　4　認定長期優良住宅とは、長期優良住宅の普及の促進に関する法律に規定する認定長期優良住宅に該当するものとして証明がされたものをいいます。

＊バリアフリー改修促進税制、省エネ改修促進税制、住宅耐震改修促進税制の場合は異なります。

注　1　控除額は100円未満の端数を切り捨てます。

　　2　令和６年（本年）中に居住の用に供した人の本年分の住宅借入金等特別控除は、確定申告でし

か受けられません。

3　特定取得とは、住宅の取得等をした家屋の対価の額または費用の額に含まれる消費税等の額が8％または10％の税率によるものである場合をいいます。

4　特別特定取得とは、住宅の取得等をした家屋の対価の額または費用の額に含まれる消費税額等が10％の税率によるものである場合をいいます。

5　特別特例取得とは、特別特定取得のうち、特別特定取得に係る契約が次の住宅の取得等の区分に応じそれぞれ次に定める期間内に締結されているものをいいます。

①　居住用家屋の新築又は認定住宅の新築の場合
……令和2年10月1日から令和3年9月30日までの期間

②　居住用家屋で建築後使用されたことのないもの（新築住宅）若しくは既存住宅の取得、居住の用に供する家屋の増改築等又は認定住宅で建築後使用されたことのないものの取得の場合
……令和2年12月1日から令和3年11月30日までの期間

②　家屋の要件

（ｱ）　新築家屋

イ　床面積が50㎡以上（令和4・5年中居住分で特例居住用家屋、特例認定住宅等については、40㎡以上50㎡未満）であること

ロ　床面積の2分の1以上が専ら自己の居住の用に供されること

（ｲ）　中古家屋

イ　新築家屋のイ、ロと同じ

ロ　建築後使用されたことのあるものであること

ハ　耐火建築物については、その取得日以前25年以内、耐火建築物以外の建物については、その取得の日以前20年以内に建築されたものであること

ニ　地震に対する安全上必要な構造方法に関する技術的基準またはこれに準ずるものに適合する一定の既存住宅であること

（ｳ）　居住用家屋の増改築等

増築や改築、建築基準法上の大規模の修繕、大規模の模様替の工事および地震に対する一定の安全基準に適合させるための修繕または模様替えの工事で、次の要件を満たすもの

イ　その工事に要した費用の額が100万円を超えること

ロ　工事部分のうちに自己の居住の用以外の用に供する部分がある場合には、自己の居住の用に供する部分の工事費用の額が、その工事費用の総額の2分の1以上であること

ハ　工事後の床面積が50㎡以上であること

ニ　工事後の床面積の2分の1以上が専ら自己の居住の用に供されること

③　借入等の要件

控除の対象とされる借入金は、次に掲げる住宅の取得等のための借入金や債務ですが、住宅の取得等と共にする対象住宅の敷地の用に供される土地（借地権等を含みます）の取得のための借入金や債務が含まれます。

（ｱ）　取得等に要する資金に充てるために金融機関、住宅金融公庫、地方公共団体その他その資金の貸付けを行う一定の者から借り入れた借入金（その債務に類する一定の債務を含みます）で、償還期間が10年以上のもの

(イ)　建設業者に対する工事の請負代金に係る債務または宅地建物業者、独立行政法人都市再生機構、地方住宅供給公社その他居住用家屋の分譲を行う一定の者に対する取得等に係る債務（その債務に類する一定の債務を含みます）で、賦払期間が10年以上のもの

(ウ)　独立行政法人都市再生機構、地方住宅供給公社その他一定の者を当事者とする中古家屋の取得に係る債務の承継に関する契約に基づくこれらの法人に対する債務（その債務に類する一定の債務を含みます）で、承継後の賦払期間が10年以上のもの

(エ)　取得等の資金に充てるために使用者から借り入れた借入金または使用者に対する取得等の対価に係る債務（これらの借入金または債務に類する一定の債務を含みます）で、償還期間または賦払期間が10年以上のもの

注　その借入金または債務が無利息または利息が著しく低い金利のものとなる場合のその借入金または債務は含まれません。

④　住宅借入金等特別控除が受けられない場合

　この控除を受けるためには、上記のとおりいろいろな要件がつけられていますが、このほか、住宅に居住した人が、その居住した年の前々年からその居住した年の翌々年までの間に、居住用財産の3,000万円控除などの課税の特例の適用を受ける場合には、この住宅借入金等特別控除を受けることはできません。

　この場合、その居住の年の翌年または翌々年に、この課税の特例等の適用を受けることとなったときは、住宅借入金等特別控除を受けた年分の所得税について修正申告書等を提出し、すでに受けた住宅借入金等特別控除に相当する税額を納付することになります。

⑤　控除を受ける手続

　住宅借入金等特別控除は、最初の年分については本人が確定申告書（63ページ参照）を提出して控除を受けなければなりませんが、その後の年分については年末調整の際に控除を受けることができます。年末調整の際にこの控除を受けるためには、その年最後の給与の支払を受ける日の前日まで（実務的には、保険料控除申告書等と同じくなるべく早め）に、給与の支払者に住宅借入金等特別控除申告書（年末調整のための住宅借入金等特別控除証明書兼用様式、最初の年分について確定申告した税務署から本人あてに送付されます）に、住宅取得資金に係る借入金の年末残高等証明書（借入等を行った金融機関等から交付を受けます）を添付して提出する必要があります。

注　令和5年中に、新築等をして居住の用に供した人で、令和5年分の確定申告で住宅借入金等特別控除の適用を受けた人が、令和6年分以降、年末調整で住宅借入金等特別控除の適用を受ける場合は、電子交付された住宅借入金等特別控除証明書のデータをダウンロードして、住宅取得資金に係る借入金の年末残高等証明書のデータ又は書面とあわせて給与の支払者に提出することになります。

　なお、給与の支払者が電子データの提出を受付できず、書面でしか受領できない場合は、QRコード付証明書等作成システムを利用して、書面で出力して提出します。

⑥　転勤等による転出・再居住の取扱い

　転勤等やむを得ない事由により居住の用に供さなくなった後、その事由がやんで再居住した場合

には、一定の要件の下で、再居住年以後の各適用年について控除の再適用が受けられます。

この特例の適用を受けるためには、居住の用に供しなくなる日までに転勤の事由等を記載した「届出書」等を住所地の所轄税務署長に提出する必要があります。

⑦　取得年の転勤等

住宅の取得等をして居住の用に供した居住者が、その年の12月31日までの間に転勤等やむを得ない事由によりその居住の用に供しなくなった後、当該事由がやんで再居住した場合には、一定の要件の下で、再居住年以後の各適用年について住宅借入金等特別控除の適用を受けられます。

⑧　その年中に再居住した場合

住宅の取得等をして居住の用に供した居住者が、その年の12月31日までに勤務先からの転任の命令等やむを得ない事情によりその住宅をその者の居住の用に供しなくなった後、当該事由がやんで、その年の12月31日までに再居住した場合には、一定の要件の下で、再居住年以後の各適用年について住宅借入金等特別控除の適用を受けられます。

⒀　年調所得税額の計算（㉔欄）

住宅借入金等特別控除申告書の提出がある場合は、住宅借入金等特別控除額を控除した残額（100円未満切捨て）が年調所得税額となります。なお、住宅借入金等特別控除額のほうが多くて、上記の金額が赤字の場合は、㉔欄には０と記入してください。

> （算出所得税額㉒）－（住宅借入金等特別控除額㉓）＝（年調所得税額㉔）

⒁　年調減税額の計算（㉔－２欄：源泉徴収簿の欄外に記入）

所得税の定額減税に係る特別控除額（３万円＋３万円×同一生計配偶者・扶養親族の数）を記入します。

㋐　合計所得金額が1,805万円を超える人は、定額減税の対象となりません（次ページ記入例参照）。給与所得が1,805万円以下であっても、たとえば不動産所得等他の所得があり、合計所得金額が1,805万円を超える場合は、給与計算・賞与計算の段階で定額減税の対象としていたとしても、年末調整において定額減税の対象となりません。控除実施済額がある場合には、年末調整で調整することになります。基礎控除申告書の判定欄が(A)～(D)の場合、定額減税による特別控除（本人分３万円）の対象となります。

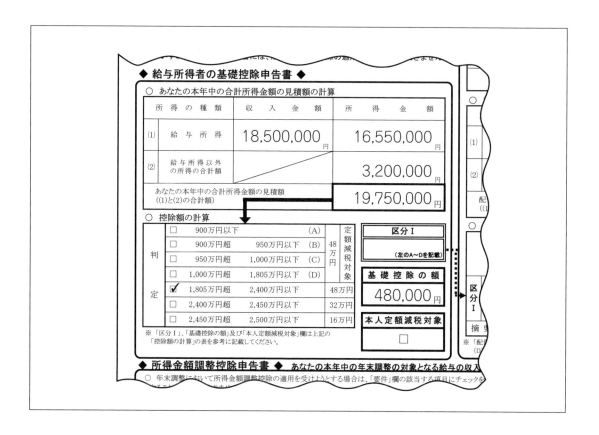

◆ 給与所得者の基礎控除申告書 ◆

○ あなたの本年中の合計所得金額の見積額の計算

	所 得 の 種 類	収 入 金 額	所 得 金 額
(1)	給 与 所 得	18,500,000 円	16,550,000 円
(2)	給与所得以外の所得の合計額		3,200,000 円
	あなたの本年中の合計所得金額の見積額 ((1)と(2)の合計額)		19,750,000 円

○ 控除額の計算

判定				定額減税対象
	□ 900万円以下		(A)	48万円
	□ 900万円超	950万円以下	(B)	
	□ 950万円超	1,000万円以下	(C)	
	□ 1,000万円超	1,805万円以下	(D)	
	☑ 1,805万円超	2,400万円以下		48万円
	□ 2,400万円超	2,450万円以下		32万円
	□ 2,450万円超	2,500万円以下		16万円

※ 「区分Ⅰ」、「基礎控除の額」及び「本人定額減税対象」欄は上記の
「控除額の計算」の表を参考に記載してください。

区分Ⅰ

（左のA～Dを記載）

基 礎 控 除 の 額

480,000 円

本人定額減税対象

□

◆ 所得金額調整控除申告書 ◆ あなたの本年中の年末調整の対象となる給与の収入

○ 年末調整において所得金額調整控除の適用を受けようとする場合は、「要件」欄の該当する項目にチェックを

(イ) 非源泉控除同一生計配偶者については、年末調整に係る定額減税のための申告書（一般的には、配偶者控除等申告書との兼用様式）による申告に基づいて、特別控除の加算対象とします。

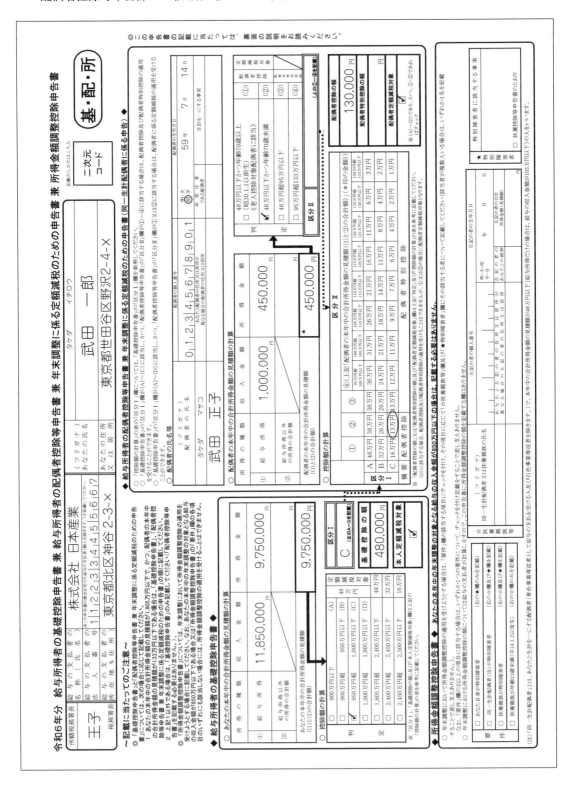

(ウ) 扶養控除等申告書に記載していない扶養親族については、年末調整に係る定額減税のための申告書による申告に基づいて、特別控除の加算対象とします。

令和6年分　源泉徴収に係る定額減税のための申告書　兼　年末調整に係る定額減税のための申告書

記載のしかたはこちら　二次元コード

所轄税務署長	給与の支払者の名称（氏名）	株式会社　日本産業
王子税務署長	給与の支払者の法人番号	1 1 2 3 4 4 5 5 6 6 1 7
	給与の支払者の所在地（住所）	東京都北区神谷2-3-×

（フリガナ）あなたの氏名	タケダ　イチロウ　武田　一郎
あなたの住所又は居所	東京都世田谷区野沢2-4-×

～記載に当たってのご注意～

◎ この申告書は、同一生計配偶者や扶養親族につき定額減税額を加算して控除を受けようとする場合に提出するものです。「給与所得者の扶養控除等（異動）申告書」（住民税に関する事項を含みます。）の源泉控除対象配偶者及び「給与所得者の扶養控除等（異動）申告書」に記載した控除対象配偶者や控除対象扶養親族については、この申告書への記載は不要です。

◎ この申告書は、あなたが「給与所得者の扶養控除等（異動）申告書」を提出した給与の支払者にしか提出することはできません。

【源泉徴収に係る申告書として使用】　…令和6年6月1日以後最初に支払を受ける給与（賞与を含みます。）の源泉徴収から、以下に記載した者について定額減税額を控除を受けます。

※「給与所得者の扶養控除等（異動）申告書」に記載した源泉控除対象配偶者、控除対象扶養親族又は16歳未満の扶養親族については、この申告書に記載して提出する必要はありません。

※ 給与所得者の同一生計配偶者や扶養親族を記載して提出した場合であっても、年末調整に係る定額減税額の加算の対象となる源泉対象配偶者については「給与所得者の配偶者控除等申告書 兼 年末調整に係る定額減税のための申告書」に記載して提出する必要があります。

【年末調整に係る申告書として使用】　…年末調整を行うときまでに、この申告書を給与の支払者に提出します。

※「給与所得者の扶養控除等（異動）申告書」又は「源泉徴収に係る定額減税のための申告書」に記載した源泉控除対象配偶者、控除対象扶養親族又は16歳未満の扶養親族については、この申告書に記載して提出する必要はありません。

※ 給与所得者の扶養控除等（異動）申告書」に配偶者の氏名等を記載して提出した場合であっても、年末調整の際には、同一生計配偶者の氏名等を記載した「給与所得者の配偶者控除等申告書 兼 年末調整に係る定額減税のための申告書」を提出する必要があります。この申告書への記載は不要となります。

※「源泉徴収に係る定額減税のための申告書」（兼用様式）を使用して提出している場合であっても、「給与所得者の扶養控除等（異動）申告書」に記載した扶養親族については、「源泉控除対象配偶者 兼 年末調整に係る定額減税の扶養親族の「氏名等」に記載してください。

（注）使用する目的に応じて、いずれかの□にチェックを付けてください。

○ 同一生計配偶者の氏名等

※ 記載しようとする配偶者の本年中の合計所得金額の見積額が48万円を超える場合には、控除を受けることはできません。

（フリガナ）氏名	個　人　番　号	生　年　月　日	配偶者の住所又は居所	居住者に該当	本年中の合計所得金額の見積額
		明治・大正・昭和・平成・令和　・　・		□	円

○ 扶養親族の氏名等

※ 記載しようとする親族の本年中の合計所得金額の見積額が48万円を超える場合には、控除を受けることはできません。

（フリガナ）氏名	個　人　番　号	続柄	生　年　月　日	扶養親族の住所又は居所	居住者に該当	本年中の合計所得金額の見積額
タケダ　ケン　武田　健	9 9 8 8 7 7 6 6 5 5 4 4	子	明治・大正・昭和・平成・令和　28・3・31	東京都世田谷区野沢2-4-×	☑	0 円
			明治・大正・昭和・平成・令和　・　・		□	円
			明治・大正・昭和・平成・令和　・　・		□	円

(エ)　令和6年分の給与収入に係る源泉徴収税額から控除しきれない額があった場合であっても、還付することはありませんし、令和7年分の給与収入に係る源泉徴収税額から控除することもありません。

(オ)　同一生計配偶者等であっても居住者でなければ、定額減税額の加算対象になりませんが、居住者かどうかは令和6年12月31日の現況で判断します。したがって、月次控除の段階で居住者であり加算対象としていたとしても12月31日時点で非居住者となっている場合は年末調整段階で加算対象となりません。逆に、月次控除段階で非居住者で加算対象でなかったとしても、12月31日時点で居住者となっている場合は年末調整で加算対象となります。

(15)　減税後年調所得税額の計算（㉔−3欄：源泉徴収簿の欄外に記入）

> （年調所得税額㉔）−（年調減税額㉔−2）

　年調所得税額から該当者は年調減税額を差し引いた額が、減税後年調所得税額となります。控除しきれない場合は、㉔−3欄には0と記入してください。

(16)　年調控除外額の計算（㉔−4欄：源泉徴収簿の欄外に記入）

> （年調減税額㉔−2）−（年調所得税額㉔）

　年調所得税額から年調減税額が控除しきれなかった場合にその額を記入します。全額控除できた場合は、0と記入してください。

(17)　年調年税額の計算（㉕欄）

> （減税後年調所得税額㉔−3）×102.1％＝（年調年税額㉕）

　年調所得税額に復興特別所得税額（所得税額の2.1％）を加算した額が年調年税額となります。年調年税額に100円未満の端数がある場合には、切り捨てます。

(18)　差引超過額又は不足額の計算（㉖欄）

> （年調年税額㉕）−（源泉徴収税額計⑧）

　なお、源泉徴収税額より年調年税額のほうが多いときは、「差引超過額又は不足額」の「不足額」を、差引年税額のほうが少ないときは「超過額」を、○で囲み、「超過額」の場合はその金額の頭部に△印をつけて記入します。

⒆　**超過額又は不足額の精算（㉗〜㉝欄）**

㉗〜㉝欄で過不足額の精算をします。

①　**本年最後の給与または未払の給与から徴収する税額に充当する金額 ㉗㉘**

(ｱ)　本年最後に支払う給与に対する税額の計算を省略して 0 としている設例の場合には、㉗欄は空欄とします。

　本年最後に支払う給与に対する税額の計算を省略しないで、通常どおり計算している場合（この場合は、実際には徴収していない税額が、徴収したことにして⑧欄の金額に含まれています）には、㉖欄の過納額は、まず、本年最後に支払う給与に対する本年の徴収税額に充当する必要がありますから、その充当する金額を㉗欄に記入します。

区　　　　　分		金　　　額		税　　　額	
給　料　・　手　当　等	①	3,861,000 円	③	19,620 円	
賞　　　　与　　　　等	④	900,000	⑥	0	
計	⑦	4,761,000	⑧	19,620	
給与所得控除後の給与等の金額	⑨	3,368,000			
所 得 金 額 調 整 控 除 額 ((⑦−8,500,000円)×10%、マイナスの場合は 0)	⑩	(1円未満切上げ、最高150,000円)			
給与所得控除後の給与等の金額（調整控除後）(⑨−⑩)	⑪	3,368,000			
社会保険料等控除額　給与等からの控除分（②＋⑤）	⑫	777,507			
申告による社会保険料の控除分	⑬				
申告による小規模企業共済等掛金の控除分	⑭				
生 命 保 険 料 の 控 除 額	⑮	92,500			
地 震 保 険 料 の 控 除 額	⑯	15,000			
配 偶 者 （ 特 別 ） 控 除 額	⑰	380,000			
扶養控除額及び障害者等の控除額の合計額	⑱	380,000			
基 　礎 　控 　除 　額	⑲	480,000			
所 得 控 除 額 の 合 計 額 (⑫＋⑬＋⑭＋⑮＋⑯＋⑰＋⑱＋⑲)	⑳	2,125,007			
差引課税給与所得金額(⑪−⑳)及び算出所得税額	㉑	(1,000円未満切捨て) 1,242,000	㉒	62,100	
（ 特 定 増 改 築 等 ） 住 宅 借 入 金 等 特 別 控 除 額			㉓		
年 調 所 得 税 額 （ ㉒−㉓ 、 マ イ ナ ス の 場 合 は 0 ）			㉔	62,100	
年 調 年 税 額 　（ ㉔ × 1 0 2 . 1 ％ ）			㉕	(100円未満切捨て) 2,100	
差 引 超 過 額 又 は 不 足 額 （ ㉕−⑧ ）			㉖	17,520	
超過額の精算　本年最後の給与から徴収する税額に充当する金額			㉗		
未払給与に係る未徴収の税額に充当する金額			㉘		
差 引 還 付 す る 金 額 （ ㉖−㉗−㉘ ）			㉙	17,520	
同上のうち　本 年 中 に 還 付 す る 金 額			㉚	17,520	
翌 年 に お い て 還 付 す る 金 額			㉛		
不足額の精算　本年最後の給与から徴収する金額			㉜		
翌 年 に 繰 り 越 し て 徴 収 す る 金 額			㉝		

所得金額調整控除の適用
有・無
（※　適用有の場合は⑩に記載）

配偶者の合計所得金額
（　　　650,000 円）

旧長期損害保険料支払額
（　　　35,000 円）

⑫のうち小規模企業共済
等掛金の金額
（　　　　　　　円）

⑬のうち国民年金保険料
等の金額
（　　　　　　　円）

㉔-2　60,000　　㉔-3　2,100　　㉔-4　0

＊欄外に定額減税額等を記入します（100 ～ 104ページ参照）。

❶ 特別控除額が全額控除できた事例

調	差引課税給与所得金額(⑪-⑳)及び算出所得税額	㉑ (1,000円未満切捨て) 6,210,000	㉒		814,500
	（特定増改築等）住宅借入金等特別控除額	㉓			0
	年調所得税額（㉒-㉓、マイナスの場合は0）	㉔			814,500
整	年 調 年 税 額 （ ㉔ × １０２．１％ ）	㉕ (100円未満切捨て) 739,700			
	差 引 超 過 額 又 は 不 足 額 （㉕-⑧）	㉖			
超 過 額 の 精 算	本年最後の給与から徴収する税額に充当する金額	㉗			
	未払給与に係る未徴収の税額に充当する金額	㉘			
	差 引 還 付 す る 金 額 （㉖-㉗-㉘）	㉙			
	同上の うち	本 年 中 に 還 付 す る 金 額	㉚		
		翌 年 に お い て 還 付 す る 金 額	㉛		
不 足 額 の 精 算	本 年 最 後 の 給 与 か ら 徴 収 す る 金 額	㉜			
	翌 年 に 繰 り 越 し て 徴 収 す る 金 額	㉝			

㉔-2 90,000 　　㉔-3 724,500 　　㉔-4 0

❷ 特別控除額が全額控除できなかった事例

調	差引課税給与所得金額(⑪-⑳)及び算出所得税額	㉑ (1,000円未満切捨て) 1,850,000	㉒		92,500
	（特定増改築等）住宅借入金等特別控除額	㉓			0
	年調所得税額（㉒-㉓、マイナスの場合は0）	㉔			92,500
整	年 調 年 税 額 （ ㉔ × １０２．１％ ）	㉕ (100円未満切捨て) 0			
	差 引 超 過 額 又 は 不 足 額 （㉕-⑧）	㉖			
超 過 額 の 精 算	本年最後の給与から徴収する税額に充当する金額	㉗			
	未払給与に係る未徴収の税額に充当する金額	㉘			
	差 引 還 付 す る 金 額 （㉖-㉗-㉘）	㉙			
	同上の うち	本 年 中 に 還 付 す る 金 額	㉚		
		翌 年 に お い て 還 付 す る 金 額	㉛		
不 足 額 の 精 算	本 年 最 後 の 給 与 か ら 徴 収 す る 金 額	㉜			
	翌 年 に 繰 り 越 し て 徴 収 す る 金 額	㉝			

㉔-2 120,000 　　㉔-3 0 　　㉔-4 27,500

㈣　㉖欄に過納額が生じていても、そのうちに、たとえば11月分の給与が未払であるなど、給与
　　　が未払であるためまだ徴収していない部分の金額が含まれている場合には、その未徴収の部分
　　　の税額はまだ徴収していないわけですから、㉖欄の過納額は、その未徴収の部分の税額に充
　　　当することが必要になります。このような場合、その充当する金額を㉕欄に記入します。
②　差引還付する金額㉙
　　㉖－㉗－㉘の金額を記入します。
③　本年中に還付する金額㉚および翌年に繰り越して還付する金額㉛
　　還付額は、給与の支払者が12月分（納期の特例適用者（152ページ参照）の場合には、7〜12月
　分）として納付する給与、退職金および弁護士、司法書士、税理士等の報酬・料金などに対する源
　泉徴収税額のうちから控除して還付し、これによって還付しきれないものは、その後の給与などに
　対する源泉徴収税額のうちから順次控除して還付します。
　　㉚欄には、本年中に還付する金額を記入し、翌年において還付する金額があれば㉛欄に記入します。

〈参 考〉

税務署からの還付

　年末調整による過納額の還付ができなくなった場合（給与の支払者が解散等によって、給与の支払者でなくなった場合とか、本人への還付が 2 カ月を経過しても、なお終わらないような場合その他）には、各人の還付すべき金額およびそのうち還付できなくなった過納額についての明細を記載した 残存過納額明細書 に源泉徴収簿の写し、委任状などを添えて税務署に提出すれば、税務署から一括して給与の支払者に還付されます。

記入例 9　残存過納額明細書

源泉所得税及び復興特別所得税の年末調整過納額還付請求書兼残存過納額明細書

※整理番号	100

税務署受付印

令和 7 年 1 月 12 日

王 子　税務署長殿

住所又は所在地	〒 115-×××× 東京都北区神谷 2-3-× 電話　03 － 3900 － ××××
（フリガナ）	カ）　ニホンサンギョウ
氏名又は名称	株式会社　日本産業
個人番号又は法人番号	1 1 2 2 3 3 4 4 5 5 6 6 7
（フリガナ）	ヤマダ　　カズオ
代表者氏名	山田　和夫

1 個人番号の記載に当たっては、左端を空欄とし、ここから記載してください。

　令和 5 年分年末調整により生じた過納額については、次の事由により還付することができなくなったので、所得税法施行令第313条第2項の規定により、下記のとおり還付を請求します。

事由	（該当する事由のチェック欄□に✔印を付してください。） ☑ 解散・休業等（異動の日　令和 7 年 1 月 11 日）　　□ 徴収すべき税額がなくなった □ 2月を経過してもなお還付すべき過納額が残っている（2月を経過する日までに過納額の全額を還付することが困難）
還付を受けようとする年末調整により生じた過納額	13,190 円
還付金の受領人	（注）源泉徴収義務者(代理人)が還付を受ける場合には、還付金の受領に便利な場所を次の欄に記入してください。
☑ 源泉徴収義務者(代理人) □ 直 接 本 人	イ　銀行等　　　　銀　行　　本店・本所 　　　　　　　　金庫・組合　　出　張　所 　　　　　　　　農協・漁協　　支店・支所 　　　　　　　　預　金　　口座番号 ロ　ゆうちょ銀行の貯金口座 　貯金口座の記号番号＿＿＿＿－＿＿＿＿ ハ　郵便局等窓口　　王　子

残 存 過 納 額 明 細 書

住　　　　所	氏　　　名	年末調整による超過額A	Aのうち現在までに充当又は還付した額		差引残存過納額(A-B) C	年末調整を行った年月日	※ 税務署整理欄		
			月日	金額 B			還付加算金		還付額合計(C+D) E
							日数	金額 D	
世田谷区用賀4-4-×	山田　和夫	4,680 円	12・25	1,000 円	3,680 円	6・12・25	日	円	円
目黒区目黒10-15-×	鈴木　一郎	3,915	12・25	1,000	2,915	6・12・25			

　給与の支払者が、この明細書を税務署に提出した場合には、たとえその後、給与の支払者において還付できる状態になっても、税務署から特に指示を受けた場合のほかは、その残存過納額を還付してはいけないことになっています。

④ 本年最後の給与から徴収する金額㉜および翌年に繰り越して徴収する金額㉝

　㉖欄の不足額は、本年最後に支払う給与から徴収し、なお、不足額が残る場合には、翌年支払う給与から順次徴収します。㉜欄と㉝欄には、その不足額の徴収状況に応じ記入します。

　なお、本年最後に支払う給与に対する税額の計算を省略し、０として年末調整を行った場合に生じた不足額はそのまま徴収の対象となり、本年最後に支払う給与に対する税額の計算を省略せず、通常どおり計算して⑧欄に徴収税額として加え年末調整を行った場合の不足額は、いわば計算上の不足額ですから、本年最後に支払う給与からは、不足額と本来の徴収税額を合わせて徴収することになります。

〈参　考〉

不足額の徴収繰延

　不足額の全額を本年最後に支払う給与から徴収すると、12月の税引手取給与の金額が、本年１月から11月までの間の税引手取給与の平均月額の70％未満となる人は、年末調整による不足額徴収繰延承認申請書 を税務署に提出し、税務署の承認を得て、不足額の徴収を繰り延べることができます。

記入例 10　不足額徴収繰延承認申請書

令和 6 年分年末調整による不足額徴収繰延承認申請書　令和 6 年 12 月 22 日提出

給与等の支払者	住所又は所在地	〒115-×××× 東京都北区神谷 2-3-×
	氏名又は名称	株式会社　日本産業
	個人番号又は法人番号	1 1 2 2 3 3 4 4 5 5 6 6 7

王子 税務署長殿

所得税法第192条第2項の規定により年末調整による不足額の徴収繰延承認を申請します。

徴収繰延承認申請者	所属部課名	専務	申請年月日	
	住所	中野区新山 3-1-×		
	氏名	山田花子		

	給与の最終支払月中に支払われる給与 A	Aに対する源泉徴収税額 B	年末調整による不足額 C	給与の最終支払月中に支払われる税引手取額 (A-B-C) D	給与の最終支払月の前月までの税引手取額の平均月額 E	平均月割額の7割相当額 (E×70%) F	平均月割額の7割と最終支払月の手取額との差額 (F-D) G	年末調整による不足額のうち本年徴収すべき不足額 (C-G) H	徴収繰延を受けようとする額とその月別 CX又は(C-H)の1/2	備考
繰延承認を受けようとする額	100,000	2,630	75,440	21,930	260,606	182,424	160,494		承認額　75,440 円 1月　37,720 円 2月　37,720 円	

| 税理士署名 | |

| ※税務署欄 | 起案　・　・ 決裁　・　・ 施行　・　・ 処理　承認　却下 | 決裁 | 署長 | 副署長 | 統括官 | 担当者 | （却下の理由） | | 既未済欄 | 整理簿 | 通知書 |
| | 番号確認 | | 身元確認 □ 済 □ 未済 | 確認書類 個人番号カード／通知カード・運転免許証 その他（　　　　　） | | | | | | |

03.06 改正

提出期限 ……本年最後の給与の支払日の前日

　この不足額は、本年最後に支払う給与に対する税額の計算を省略しないで年末調整を行った場合に生じる不足額をいいます。

6 年末調整終了後の事務

　年末調整を終え、ヤレヤレといったところですが、まだ一息つくわけにはいきません。年末調整終了後の事務が残されているからです。つまり、年末調整で精算された所得税の納付であり、給与支払報告書の作成等です。本来、この事務は1月10日または1月31日までに処理すればよいのですが、年末調整と深く関連していますので、できれば同時にその準備をやっておいたほうがよいでしょう。

(1) 給与所得の源泉徴収票（給与支払報告書）の作成

　給与の支払を受ける人の各人ごとに、源泉徴収簿の「年末調整」欄の記載事項に従って「給与所得の源泉徴収票（給与支払報告書）」を作成し、翌年1月31日までに、所轄の税務署と市町村へ提出するとともに、給与の支払を受ける人にも交付しなければなりません。なお、給与の支払を受ける人の承諾を得て書面による交付に代えて電磁的方法（電子メール等）により、提供することができます。

　それでは、実務に従って説明します。

① 源泉徴収簿兼賃金台帳の「年末調整欄⑦の金額」を基に2つに分類します。その金額によって、記入する用紙が異なります。ただし、法人の役員等の場合は、116ページの「提出範囲」を参照してください。

- ● 　500万円超　　　オレンジ色の給与支払報告書（3枚複写）
- ● 　500万円以下　　グリーン色の給与支払報告書（2枚複写）

② 税務署提出用には、受給者本人、控除対象配偶者、控除対象扶養親族の個人番号と、給与の支払者の法人番号または個人番号を記載します。また、給与支払報告書（市区町村提出用）には、それに加えて、16歳未満の扶養親族（控除対象扶養親族ではない扶養親族）の個人番号も記載します。

　ただし、受給者交付用には、個人番号、法人番号は一切記載しません。

③ 源泉徴収簿兼賃金台帳の「年末調整」欄から必要事項を転記します。

④ 主たる給与等の支払者が令和6年6月1日以後に年末調整をして作成する源泉徴収票の摘要欄に次の事項を記載する必要があります。

　㋐ 所得税の定額減税控除済額、控除しきれなかった額

　㋑ 合計所得金額が1,000万円超である同一生計配偶者（非控除対象配偶者）分の特別控除を実施した場合には、その旨（非控除対象配偶者減税有）

　＊ 同一生計配偶者（控除対象配偶者を除く）が障害者に該当し、源泉徴収票の摘要欄に同一生計配偶者の氏名及び同一生計配偶者である旨を記載している場合は「減税有」の追記で足ります。

令和 6 年分　　給与所得の源泉徴収票

支払を受ける者	住所又は居所	東京都中野区江古田 1-2-×				

（受給者番号）

（個人番号）　1 2 3 4 5 6 7 8 9 0 1 2

（役職名）

氏名	（フリガナ）　タナカ　イチロウ
	田中　一郎

種　　別	支　払　金　額	給与所得控除後の金額（調整控除後）	所得控除の額の合計額	源泉徴収税額
給料・賞与	内　　4 761 千 000 円	3 368 千 000 円	2 125 千 007 円	内　　2 100 円

（源泉）控除対象配偶者の有無等		配偶者（特別）控除の額	控除対象扶養親族の数（配偶者を除く。）							16歳未満扶養親族の数	障害者の数（本人を除く。）			非居住者である親族の数
有	従有	老人		特定		老人		その他			特別		その他	
			千 円	人	従人	内　　人	従人	人	従人	人	内　　人	人	人	人
○			380 000					1						

社会保険料等の金額	生命保険料の控除額	地震保険料の控除額	住宅借入金等特別控除の額
内　　777 千 507 円	92 千 500 円	15 千 000 円	千 円

（摘要）

源泉徴収時所得税減税控除済額　60,000円、控除外額　0円

生命保険料の金額の内訳	新生命保険料の金額	円	旧生命保険料の金額	40,000 円	介護医療保険料の金額	32,000 円	新個人年金保険料の金額	56,000 円	旧個人年金保険料の金額	円
住宅借入金等特別控除の額の内訳	住宅借入金等特別控除適用数		居住開始年月日（1回目）	年 月	住宅借入金等特別控除区分(1回目)		住宅借入金等年末残高(1回目)	円		
	住宅借入金等特別控除可能額	円	居住開始年月日（2回目）	年 月	住宅借入金等特別控除区分(2回目)		住宅借入金等年末残高(2回目)	円		

（源泉・特別）控除対象配偶者	（フリガナ）	タナカ　キョウコ	区分	配偶者の合計所得	650,000	国民年金保険料等の金額	円	旧長期損害保険料の金額	35,000 円
	氏名	田中　京子							
	個人番号	2 3 4 5 6 7 8 9 0 1 2 3				基礎控除の額	円	所得金額調整控除額	円

控除対象扶養親族	1	（フリガナ）　タナカ　フミコ	区分		16歳未満の扶養親族	1	（フリガナ）	区分	（備考）
		氏名　田中　文子					氏名		
		個人番号　3 4 5 6 7 8 9 0 1 2 3 4							
	2	（フリガナ）	区分			2	（フリガナ）	区分	
		氏名					氏名		
		個人番号							
	3	（フリガナ）	区分			3	（フリガナ）	区分	
		氏名					氏名		
		個人番号							
	4	（フリガナ）	区分			4	（フリガナ）	区分	
		氏名					氏名		
		個人番号							

未成年者	外国人	死亡退職	災害者	乙欄	本人が障害者		寡婦	ひとり親	勤労学生	中途就・退職				受給者生年月日			
					特別	その他				就職	退職	年	月	日	元号	年	月	日
															昭和	49	5	10

税務署提出用	支払者	個人番号又は法人番号	1 1 2 2 3 3 4 4 5 5 6 6 7 （右詰で記載してください。）
		住所（居所）又は所在地	東京都北区神谷 2-3-×
		氏名又は名称	株式会社　日本産業　　　　（電話）03-3900-××××
	整理欄		

375

記入例 12　給与支払報告書（個人別明細書）

⑥

給与支払報告書（個人別明細書）

（市区町村提出用）

※											※　種　別	※　整理番号	※

	※　区分	住所			東京都中野区江古田1-2-×						

	（受給者番号）
支払を受ける者	（個人番号）　1 2 3 4 5 6 7 8 9 0 1 2
	役職名
	氏名　（フリガナ）　タナカ　イチロウ　　田中　一郎

種別	支　払　金　額	給与所得控除後の金額 （調整控除後）	所得控除の額の合計額	源泉徴収税額
給与・賞与	内 4　761 千 000 円	3　368 千 000 円	2　125 千 007 円	内 2 千 100 円

（源泉）控除対象配偶者の有無等		配偶者（特別）控除の額	控除対象扶養親族の数 （配偶者を除く。）				16歳未満扶養親族の数	障害者の数 （本人を除く。）		非居住者である親族の数
有	従有	老人		特定	老人	その他		特別	その他	
○		380 千 000 円	特定　人　従人	老人　人　従人	その他　1 人　従人	人	内　人	人	人

社会保険料等の金額	生命保険料の控除額	地震保険料の控除額	住宅借入金等特別控除の額
内 777 千 507 円	92 千 500 円	15 千 000 円	千 円

（摘要）

源泉徴収時所得税減税控除済額　60,000円、　控除外額　0円

生命保険料の金額の内訳	新生命保険料の金額	円	旧生命保険料の金額	40,000 円	介護医療保険料の金額	32,000 円	新個人年金保険料の金額	56,000 円	旧個人年金保険料の金額	円

住宅借入金等特別控除の額の内訳	住宅借入金等特別控除適用数		居住開始年月日（1回目）	年 月	住宅借入金等特別控除区分(1回目)		住宅借入金等年末残高（1回目）	円
	住宅借入金等特別控除可能額	円	居住開始年月日（2回目）	年 月	住宅借入金等特別控除区分(2回目)		住宅借入金等年末残高（2回目）	

（源泉・特別）控除対象配偶者	（フリガナ）　タナカ　キヨウコ	区分	配偶者の合計所得	650,000	国民年金保険料等の金額	円	旧長期損害保険料の金額	35,000 円
	氏名　田中　京子							
	個人番号　2 3 4 5 6 7 8 9 0 1 2 3		基礎控除の額	円	所得金額調整控除額	円		

控除対象扶養親族	1	（フリガナ）　タナカ　フミコ	区分	1 6 歳 未 満 の 扶 養 親 族	1	（フリガナ）	区分	5人目以降の控除対象扶養親族の個人番号
		氏名　田中　文子				氏名		
		個人番号　3 4 5 6 7 8 9 0 1 2 3 4				個人番号		
	2	（フリガナ）	区分		2	（フリガナ）	区分	
		氏名				氏名		
		個人番号				個人番号		
	3	（フリガナ）	区分		3	（フリガナ）	区分	5人目以降の16歳未満の扶養親族の個人番号
		氏名				氏名		
		個人番号				個人番号		
	4	（フリガナ）	区分		4	（フリガナ）	区分	
		氏名				氏名		
		個人番号				個人番号		

未成年者	外国人	死亡退職	災害者	乙欄	本人が障害者		寡婦	ひとり親	勤労学生	中途就・退職					受給者生年月日			
					特別	その他				就職	退職	年	月	日	元　号	年	月	日
															昭和	49	5	10

支払者	個人番号又は法人番号　1 1 2 2 3 3 4 4 5 5 6 6 7　（右詰で記載してください）
	住所（居所）又は所在地　東京都北区神谷2-3-×
	氏名又は名称　株式会社　日本産業　　　　　（電話）03-3900-××××

（適用）に前職分の加算額、支払者等を記入してください。

令和6年分　給与所得の源泉徴収票

支払を受ける者	住所又は居所	東京都中野区江古田1-2-×

（受給者番号）
（役職名）

氏名	（フリガナ）　タ ナカ　イチロウ
	田中　一郎

種　　別	支　払　金　額	給与所得控除後の金額 （調整控除後）	所得控除の額の合計額	源泉徴収税額
給料・賞与	内 4　761　000	3　368　000	2　125　007	内 2　100

（源泉）控除対象配偶者の有無等		配偶者（特別）控除の額	控除対象扶養親族の数 （配偶者を除く。）			16歳未満扶養親族の数	障害者の数 （本人を除く。）		非居住者である親族の数
有	従有		特定	老人	その他		特別	その他	
	老人	千　　円 380　000	人　従人	内　人　従人	人　従人	人	内　人	人	人
○					1				

社会保険料等の金額	生命保険料の控除額	地震保険料の控除額	住宅借入金等特別控除の額
内 777　507	92　500	15　000	千　　円

（摘要）

源泉徴収時所得税減税控除済額　60,000円、控除外額　0円

生命保険料の金額の内訳	新生命保険料の金額	円	旧生命保険料の金額	40,000	介護医療保険料の金額	32,000	新個人年金保険料の金額	56,000	旧個人年金保険料の金額	円
住宅借入金等特別控除の額の内訳	住宅借入金等特別控除適用数		居住開始年月日（1回目）	年　月	住宅借入金等特別控除区分(1回目)		住宅借入金等年末残高(1回目)	円		
	住宅借入金等特別控除可能額	円	居住開始年月日（2回目）	年　月	住宅借入金等特別控除区分(2回目)		住宅借入金等年末残高(2回目)	円		

（源泉・特別）控除対象配偶者	（フリガナ）　タ ナカ　キヨウコ	区分	円	配偶者の合計所得	650,000	国民年金保険料等の金額	円	旧長期損害保険料の金額	35,000	円
	氏名　田中　京子					基礎控除の額	円	所得金額調整控除額		円

控除対象扶養親族	1	（フリガナ）　タ ナカ　フミコ 氏名　田中　文子	区分		16歳未満の扶養親族	1	（フリガナ） 氏名	区分
	2	（フリガナ） 氏名	区分			2	（フリガナ） 氏名	区分
	3	（フリガナ） 氏名	区分			3	（フリガナ） 氏名	区分
	4	（フリガナ） 氏名	区分			4	（フリガナ） 氏名	区分

未成年者	外国人	死亡退職	災害者	乙欄	本人が障害者 特別 / その他	寡婦	ひとり親	勤労学生	中途就職・退職				受給者生年月日			
									就職	退職	年	月　日	元号	年	月	日
													昭和	49	5	10

支払者 （受給者交付用）	住所（居所）又は所在地	東京都北区神谷2-3-×
	氏名又は名称	株式会社　日本産業　　　　（電話）　03-3900-××××

　なお、給与所得の源泉徴収票（ 給与支払報告書（個人別明細書） ）の作成および提出などについては、次の事項に留意することが必要です。

留意事項	説　　　　明
作成、提出、交付義務者	「給与所得の源泉徴収票」および「給与支払報告書」を作成し、これを税務署および市町村へ提出し、または給与の支払を受ける人に交付しなければならない人は、令和6年中に、給料、賃金、賞与やこれらの性質を有する給与（これらを単に「給与」といいます）で所得税の源泉徴収の対象となるものを支払った人です。
作　成　枚　数	1　税務署へ提出を要する人の分については、「給与所得の源泉徴収票」2枚（税務署への提出用と給与の支払を受ける人への交付用）と、「給与支払報告書」1枚の3枚複写で作成します。 2　税務署へ提出を要しない人の分については、「給与所得の源泉徴収票」1枚（給与の支払を受ける人への交付用）と「給与支払報告書」1枚の2枚複写で作成します。 ＊令和5年1月以降（令和5年度）提出分より、給与支払報告書の市区町村への提出枚数が1人につき2枚から1枚に変更されています。
提　　出　　先	1　「給与所得の源泉徴収票」の提出先は、給与の支払事務を取り扱う事務所、事業所などの所在地を所轄する税務署です。 2　「給与支払報告書」の提出先は、給与の支払を受ける人の令和7年1月1日現在の住所地の市町村です。
提　出　方　法	法定調書の種類ごとに、基準年である前々年の提出すべき枚数が100枚以上である場合には、光ディスク等またはe-Taxによる提出が義務づけられています。令和6年分（令和7年1月提出分）の法定調書については、令和4年分（令和5年1月提出分）の枚数により判定することになります。 　なお、給与所得の源泉徴収票を光ディスク等またはe-Taxにより提出しなければならない場合には、各区市町村への提出枚数にかかわらず、給与支払報告書についても、光ディスク等またはeLTAXによる提出が義務づけられています。

留意事項	説　　　　　　明
提出、交付の期限	1　「給与所得の源泉徴収票」の税務署への提出および給与の支払を受ける人への交付の期限は、年の中途で退職した人の分を除き、いずれも1月31日となっています。 　　年の中途で退職した人の「給与所得の源泉徴収票」の提出および交付の期限は、退職後1カ月以内となっていますが、税務署への提出分は1月31日までに提出しても差し支えありません。しかし、退職した人に対しては、退職後1カ月以内に交付しなければなりません。 2　「給与支払報告書」の市町村への提出期限は、「給与所得の源泉徴収票」の提出期限と同様、1月31日となっています。 注　1月31日が、日曜日に当たるときはその翌日、土曜日に当たるときはその翌々日が提出期限となります。
提　出　範　囲	1　「給与所得の源泉徴収票」のうち、次表に掲げる人の分は、税務署へ提出を要することになっています。ただし、給与の支払を受ける人に対しては、この提出範囲に関係なく、すべての人について作成の上、交付しなければなりません。

1の表:

受給者の区分		提出範囲
年末調整をしたもの	①　会社、その他の法人（人格のない社団や財団を含みます）の役員（取締役、監査役、理事、監事、清算人、相談役、顧問、企業組合の所長等の役職にある人をいいます。以下同じ）および現に役員をしていなくても令和6年中にこれらの役員であった人	令和6年中の給与等の金額が150万円を超えるもの
	②　弁護士、外国法事務弁護士、公認会計士、会計士補、税理士、弁理士、計理士、司法書士、土地家屋調査士、海事代理士、測量士、測量士補、建築士、不動産鑑定士、不動産鑑定士補、社会保険労務士、弁理士、技術士、技術士補、企業診断員、建築代理士、火災損害鑑定人、自動車等損害鑑定人等	令和6年中の給与等の金額が250万円を超えるもの
	③　上記①および②以外の人	令和6年中の給与等の金額が500万円を超えるもの

留意事項	説　　　明	
提　出　範　囲	年末調整をしなかったもの	④ 「給与所得者の扶養控除等申告書」を提出した人（令和6年中に退職した人、災害により被害を受けたため令和6年中の給与所得に対する源泉徴収税額の徴収の猶予または還付を受けた人、令和6年中の主たる給与の収入金額が2,000万円を超える人）	令和6年中の給与等の金額が250万円を超えるもの（法人の役員の場合には50万円を超えるもの）
		⑤ 「給与所得者の扶養控除等申告書」を提出しなかった人（月額表もしくは日額表の乙欄適用者または日額表の丙欄適用者）	令和6年中の給与等の金額が50万円を超えるもの
	2 「給与支払報告書」は、「給与所得の源泉徴収票」の場合と異なり、令和7年1月1日現在において給与等の支払を受けている人についてはすべて関係市町村へ提出しなければなりません。 **注** 年の中途退職者については、その人に対する給与支払金額が30万円以下の場合には提出しないこともできます。		
作成を要しない給与	次の給与については「給与所得の源泉徴収票」を作成する必要はありません。 ① 源泉徴収を要しないお手伝い、子守などの家事使用人に支払う給与（常時2人以下の家事使用人だけを使用している人が支払うものに限られます） ② 非居住者（日本国内に住所も1年以上の居所もない人）に支払う給与 **注** 非居住者に支払う給与については、別に「非居住者等に支払われる給与、報酬及び賞金の支払調書」を提出しなければなりません。		

④　給与支払報告書を、従業員の住所地の市区町村別に分類し、その合計額を給与支払報告書（総括表）に記入します。

記入例 14　給与支払報告書（総括表）

給与支払報告書（総括表）		第十七号様式

令和　7　年　　1　月　　26 日提出

給 与 の 支 払 期 間	令和　年　月分から　　月分まで												
給 与 支 払 者 の 個人番号又は法人番号	1	1	2	2	3	3	4	4	5	5	6	6	7

フ　リ　ガ　ナ	カブシキガイシャ　ニホンサンギョウ	事 業 種 目	紳士服の小売
給 与 支 払 者 の 氏 名 又 は 名 称	株式会社　日本産業	受 給 者 総 人 員	101 人
所得税の源泉徴収 をしている事務所 又 は 事 業 の 名 称	同　上	特別徴収対象者	11 人
フ　リ　ガ　ナ	キタクカミヤ	普通徴収対象者 （退職者）	1 人
同 上 の 所 在 地	〒115-×××× 北区神谷 2-3-×	普通徴収対象者 （退職者を除く）	人
給 与 支 払 者 が 法 人 で あ る 場 合 の 代 表 者 の 氏 名	代表取締役 山田　和夫	報告人員の合計	12 人
		所　　　　轄 税 務 署 名	○○ 税務署
連 絡 者 の 氏 名 、 所 属 課 、 係 名 及 び 電 話 番 号	総務課　給与係 氏名 大田　太郎 （電話 03-3900-××××）	給 与 の 支 払 方 法 及 び そ の 期 日	月給 毎月20日
関 与 税 理 士 等 の 氏 名 及 び 電 話 番 号	氏名 （電話　　　　　　　）	納入書の送付	(必要)・不要

⑤　給与の支払を受ける人の住所地の市区町村に令和7年1月31日までに給与支払報告書と総括表を送付します。

⑵　源泉徴収票等の法定調書合計表の作成

この合計表は、次にあげる支払調書等が1つにまとめられたものです。

まず、源泉徴収票や支払調書を作成し、それを合計表に転記することになります。

> ①「給与所得の源泉徴収票」、②「退職所得の源泉徴収票」、③「報酬、料金、契約金及び賞金の支払調書」、④「不動産の使用料等の支払調書」、⑤「不動産等の譲受けの対価の支払調書」、⑥「不動産の売買又は貸付けのあっせん手数料の支払調書」

このうち、「給与所得の源泉徴収票」（166ページ参照）、「退職所得の源泉徴収票」（182ページ参照）は説明されていますので、その他の支払調書のうち、主なものについて説明します。

①　報酬、料金、契約金及び賞金の支払調書

すべての報酬または料金等について提出するのではなく、年間支払額が下記の金額を超える場合のみ、2部作成して税務署へ提出します。

区　　　分	提　出　範　囲
ⓐ　外交員、集金人、電力量計の検針人やプロボクサーの報酬、料金	50万円を超えるもの
ⓑ　バー、キャバレーのホステス等の報酬、料金	50万円を超えるもの
ⓒ　社会保険診療報酬支払基金が支払う診療報酬	50万円を超えるもの
ⓓ　広告宣伝のための賞金	50万円を超えるもの
ⓔ　職業野球の選手などが受ける契約金	5万円を超えるもの
ⓕ　馬主が受ける競馬の賞金	75万円を超えるもの
ⓖ　ⓐからⓕ以外の報酬、料金等	5万円を超えるもの

また、支払金額には、原則として消費税の額を含めます。ただし、消費税等の額が明確に区分されている場合には、消費税等の額を含めないで支払金額としてもかまいませんが、その場合には、「摘要」欄にその消費税等の額を記載します。

令和6年分　報酬、料金、契約金及び賞金の支払調書

支払を受ける者	住所(居所)又は所在地	東京都小金井市本町 3-1-×					
	氏名又は名称	本郷　一郎		個人番号又は法人番号 9 8 7 6 5 4 3 2 1 0 9 8			

区　分	細　　目	支　払　金　額		源泉徴収税額	
弁護士報酬	顧問料	内 1	200千 000円	内	122千 520円
	債権存在確認		400 000		40 840

(摘要)　消費税等160,000円

支払者	住所(居所)又は所在地	東京都北区神谷 2-3-×		
	氏名又は名称	(株)日本産業 (電話)03-3900-××××	個人番号又は法人番号 1 1 2 2 3 3 4 4 5 5 6 6 7	

整　理　欄	①		②	

○「個人番号又は法人番号」欄に個人番号（12桁）を記載する場合には、右詰で記載します。

309

提出期限 ……令和7年1月31日まで

② 不動産等の使用料等の支払調書

　地代、家賃等の不動産の使用料等を支払った場合、年間の支払金額が同一人に対して、15万円を超えるものについて支払調書を税務署へ提出します。

記入例 16　不動産の使用料等の支払調書

令和6年分　不動産の使用料等の支払調書

支払を受ける者	住所(居所)又は所在地	東京都千代田区岩本町 3-17-×					
	氏名又は名称	山川　五郎			個人番号又は法人番号 8 7 6 5 4 3 2 1 0 9 8 7		

区分	物件の所在地	細目	計算の基礎	支払金額	
家賃	中央区室町 3-10-×	木造瓦葺 2階店舗	66m² 1月～12月 (一戸) 月25,000円	3 000千	000円
権利金	同　　上	同上		1 500	000
地代	千代田区岩本町 1-5-×	宅地	330m² 1月～2月 1m² 40円	158	400
書替料	同　　上	同上	1m² 20,000円	6 600	000

(摘要)　借地権の存続期間　　　　　　令和6.1.1～令和14.1.1

をあっせんした者	住所(居所)又は所在地	千代田区岩本町 2-3-×	支払確定年月日	あっせん手数料	
	氏名又は名称	大手　二郎	年 月 日 6・1・7	300千	000円
	個人番号又は法人番号	7 6 5 4 3 2 1 0 9 8 7 6			

支払者	住所(居所)又は所在地	東京都北区神谷 2-3-×		
	氏名又は名称	(株)日本産業 (電話)03-3900-××××	個人番号又は法人番号 9 9 8 8 7 7 6 6 5 5 4 4 3	

整　理　欄	①		②	

○「個人番号又は法人番号」欄に個人番号（12桁）を記載する場合には、右詰で記載します。

313

提出期限 ……令和7年1月31日まで

● 給与所得の源泉徴収票等や支払調書を基にして合計表を作成します。

記入例 17　源泉徴収票等の合計表

FE 0104

令和 06 年分 給与所得の源泉徴収票等の法定調書合計表
（所得税法施行規則別表第5（8）、5（24）、5（25）、5（26）、6（1）及び6（2）関係）

【提出用】

署番号 □□□□

| 税務署受付印 | 王子 | 令和 7 年 1 月 31 日提出 税務署長 殿 | 事業種目 | 紳士服の小売 | 整理番号 | 0 1 2 3 4 5 6 7 |

提出者

住所又は所在地：北区神谷2-3-×　電話（ 03 - 3900 - ××××）

調書の提出区分：新規=1 追加=2 訂正=3 無効=4 ｜ 1 ｜ 提出媒体 14 ｜ 1 給与 14 ｜ 2 退職 14 ｜ 3 報酬 14 ｜ 4 使用 14 ｜ 5 譲受 ｜ 6 斡旋 ｜

（フリガナ）カブシキガイシャ ニホンサンギョウ
氏名又は名称：**株式会社 日本産業**

作成担当者：経理部長（フリガナ カンダシロウ）神田志郎

本店等一括提出：有○ 否○
翌年以後送付：有○ 否○

個人番号又は法人番号：1 1 2 2 3 3 4 4 5 5 6 6 7

（フリガナ）ヤマダ カズオ
代表者氏名：山田 和夫

作成税理士署名：代々木 一郎　電話（ 00 - 0000 - 0000 ）

税理士番号：2 3 4 5 6 7

1 給与所得の源泉徴収票合計表 （375）

区分	人員	左のうち、源泉徴収税額のない者	支払金額	源泉徴収税額
(A) 俸給、給与、賞与等の総額	1 0 1	19 人	2 5 3 6 9 4 8 0 0 円	1 2 6 1 7 5 0 0 円
(A)のうち、丙欄適用の日雇労務者の賃金			75,000 円	円
(B) 源泉徴収票を提出するもの	5		26,437,800 円	1,373,500 円
災害減免法により徴収猶予したもの	1	1 4 5,0 0 0 円	（摘要）	

2 退職所得の源泉徴収票合計表 （316）

区分	人員	支払金額	源泉徴収税額	（摘要）
(A) 退職手当等の総額	3	1 7 8 0 0 0 0 0 円	6 0 0 0 0 円	
(B)のうち、源泉徴収票を提出するもの	1	9,200,000 円	60,000 円	

3 報酬、料金、契約金及び賞金の支払調書合計表 （309）

	区分	個人	個人以外	支払金額	源泉徴収税額
所得税法第204条に規定する報酬又は料金等	原稿料、講演料等の報酬又は料金（1号該当）	2	人	180,000 円	18,378 円
	弁護士、税理士等の報酬又は料金（2号該当）	3		600,000 円	61,260 円
	診療報酬（3号該当）			円	円
	職業野球選手、騎手、外交員等の報酬又は料金（4号該当）	1		1,704,000 円	61,974 円
	芸能等に係る出演、演出等の報酬又は料金（5号該当）			円	円
	ホステス等の報酬又は料金（6号該当）			円	円
	契約金（7号該当）			円	円
	賞金（8号該当）			円	円
(A) 計	実 6 人			2 4 8 4 0 0 0 円	1 4 1 6 1 2 円
(B)のうち、支払調書を提出するもの	6			2,484,000 円	141,612 円
(A)のうち、所得税法第174条第10号に規定する内国法人に対する賞金	件数	支払金額	源泉徴収税額	（摘要）	
災害減免法により徴収猶予したもの	人	猶予税額			

4 不動産の使用料等の支払調書合計表 （313）

区分	人員	支払金額
(A) 使用料等の総額	3	6,242,000 円
(B)のうち、支払調書を提出するもの	2	6,148,000 円

（摘要）支店を含む家賃　360,000
松戸市平間区山下町 1-× 松戸支店

6 不動産等の売買又は貸付けのあっせん手数料の支払調書合計表 （314）

区分	人員	支払金額
(A) あっせん手数料の総額		円
(B)のうち、支払調書を提出するもの		円

（摘要）該当なし

5 不動産等の譲受けの対価の支払調書合計表 （376）

区分	人員	支払金額
(A) 譲受けの対価の総額		円
(B)のうち、支払調書を提出するもの		円

（摘要）該当なし

通信日付印	確認	提出年月日	身元確認
		年 月 日	
税務署整理欄		区分	
		A B C D E F G H	

〔平成28年1月1日以後提出用〕
（注）平成27年分以前の合計表を作成する場合には、「個人番号又は法人番号」欄に何も記載しないでください。

○ 提出媒体欄には、法定調書の種類別にコードを記載してください。（電子＝14　FD＝15　MO＝16　CD＝17　DVD＝18　書面＝30　その他＝99）

注 給与所得の支払金額、源泉徴収税額は、その年に働いたすべての人が対象となります。つまり年末調整の対象とならない中途退職者、1日だけのアルバイト等も含みます。

(3) 所得税の納付

　源泉徴収した所得税は、事業所分を一括して $\boxed{\text{所得税徴収高計算書（納付書）}}$ に所定の事項を記入して、最寄りの金融機関で納付します。

　ただし、いつもと違うのは、年末調整分もあわせて納付することです。「年末調整による不足税額・超過税額」欄の記入に当たっては、次の事項に留意してください。

---
　① 　過納額を充当または還付したときは、「超過税額」欄に、その金額を記載します。

　② 　不足額を徴収したときは、「不足税額」欄に、その金額を記載します。

　　この場合、「年末調整による不足税額・超過税額」欄には、実際にその月に精算をした金額を記載することになっていますから、12月中に精算しきれないで、翌年1月または2月に繰り越して精算するような場合には、1月または2月の「徴収高計算書」にその実績を記載することになります。

記入例 18　納付書

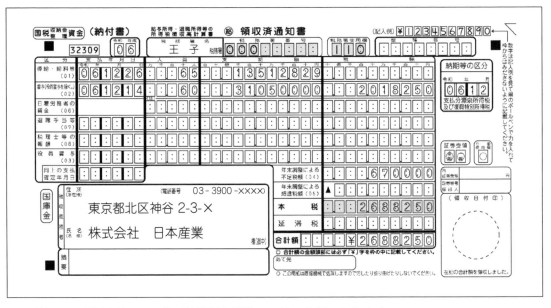

＊　税額は、定額減税による特別控除額を控除した後の金額になります。

　$\boxed{\text{納 付 先}}$……最寄りの金融機関または税務署

　$\boxed{\text{提出期限}}$……令和7年1月10日（ただし、納期の特例適用者については、令和7年1月20日）

Ⅳ 算定・月変

　従業員の給与は、昇給などにより変わります。そのため、すでに決定または改定されている標準報酬月額との間にズレを生ずることになります。保険料は給与額（標準報酬額）に応じた一定率により負担することになっていることから、このズレを解消して、実際の給与額（標準報酬額）、保険料負担額、給付額（権利）が一致していることが常態として要求されることになります。そこで、ズレが小さい場合には年1回定期的に、ズレが著しい場合（2等級差以上）には随時に、適正化のための手続を行ってこのズレを解消することになります。そのための手続が算定（定時決定）と月変（随時改定）です。

1　算定基礎届（定時決定）

　算定とは、保険料や給付の算定基礎となる標準報酬月額と各人の実際に受け取る報酬との差を、年1回調整するために行うことです。

(1)　報酬とされるものの範囲

	報酬に入るもの	報酬に入らないもの
金銭で支給されるもの	基本給（月給、週給、日給など）、家族手当、勤務地手当、通勤手当、残業手当、早出手当、宿日直手当、住宅手当、精皆勤手当、物価手当、役付手当、職務手当、休業手当、生産手当、食事手当、技術手当、株式奨励金、年4回以上支給の賞与の月割額等	①　労働の対償でない結婚祝金、災害見舞金、病気見舞金（ただし、労働協約等に基づき報酬と傷病手当金との差額を補償するときは実質的報酬となる）、出産祝金、解雇予告手当、退職手当 ②　事業主以外から受ける恩給、年金、傷病手当金、休業補償費、出産手当金、内職収入、家賃、地代、預金利子、株主配当金等
現物で支給されるもの	①　食事の給与（都道府県別の現物給与の標準価格による。（例東京（令4.4.1施行）＝1カ月1人23,100円、1日1人770円） ②　住宅の給与（例東京（令3.4.1施行）＝1畳1カ月2,830円） ③　被服の貸与（時価、ただし、事務服・作業服の貸与勤務服は含まない） ④　定期券の給与（全額）	③　大入袋、社内行事の賞金、出張旅費、出張手当、功労金等 ④　年3回までの範囲で支給される賞与、決算手当、期末手当 ⑤　記念的賞品、制服・作業衣などの勤務服等の現物給付

　注　現物給与の都道府県別の価額は、本社一括管理の適用事業所において、支店等に勤務する被保険者については、支店等が所在する都道府県の価額を適用します。

(2) 社会保険適用促進手当

① 概　　要

　　社会保険適用促進手当とは、短時間労働者への社会保険の適用を促進するため、労働者が社会保険に加入するにあたり、事業主が労働者の保険料負担を軽減するために支給するもの（任意）です。社会保険料負担の発生等による手取り収入の減少を理由として就業調整を行う者が一定程度存在するという、いわゆる「106万円の壁」の時限的な対応策として、臨時かつ特例的に労働者の保険料負担を軽減すべく支給されるものであることから、社会保険適用に伴い新たに発生した本人負担分の保険料相当額を上限として、保険料算定の基礎となる標準報酬月額・標準賞与額の算定に考慮しないことになります。

② 対　象　者

　　この措置は、新たに社会保険の適用となった労働者であって、標準報酬月額が10.4万円以下の者が対象となりますが、支給対象者は特定適用事業所に勤務する短時間労働者に限りません。

　　また、事業所内での労働者間の公平性を考慮し、事業主が同一事業所内で同じ条件で働く、既に社会保険が適用されている他の労働者にも同水準の手当を特例的に支給する場合には、同様に、保険料算定の基礎となる標準報酬月額・標準賞与額の算定に考慮しない措置の対象となります。

③ 除外する額

　　社会保険適用促進手当を支給する労働者の標準報酬月額が10.4万円以下であった月に発生した本人負担分の保険料相当額を上限として、令和5年10月以降の手当を実際に支給する月の標準報酬月額等の算定から除外することができます。

　　標準報酬月額が10.4万円の場合の本人負担分（協会けんぽ・東京都、厚生年金基金非加入）は、介護保険第2号被保険者に該当しない場合は14,167円、介護保険第2号被保険者に該当する場合は15,113円です。

　　なお、本人負担分の保険料相当額を超えて手当を支払った場合には、基本的には、標準報酬月額等の算定から除外する部分については「社会保険適用促進手当」という名称として、これを超える部分については別の名称の手当として支給する取扱いが想定されており、本人負担分の保険料相当額を超える分については、標準報酬月額等の算定に含まれることとなり、固定的賃金の変動として随時改定の契機になります。

(3) 定時決定の条件

①　令和5年5月31日までに被保険者の資格を取得した人で、7月1日現在、被保険者であること。

②　4月、5月、6月に実際に支払った報酬により算定する（例えば、4月分の給与でも、実際に5月に支払った場合は5月分として算出しますので、注意してください）。

③　支払基礎日数が17日（短時間労働者は11日）未満の月は原則除きます（例えば、17日以上の月が2カ月しかない場合は、2カ月平均で標準報酬月額を算出します）。

　　標準報酬月額は、次のように計算して求めます。

設　例（給与は15日締切りの25日払とします）

　4月、6月の支払基礎日数が31日となっているのは、月給者で給与計算対象期間が3月16日から4月15日、5月16日から6月15日までの31日間であるからです。

(ア)　無欠勤の場合

　4月　31日　350,000円
　5月　30日　348,000円
　6月　31日　355,000円

　　　　　　　1,053,000円 ÷ 3 = 351,000円 → | 360,000円　（健保25級、厚年22級） |

(イ)　3月16日から31日まで、病気のため欠勤した場合

　4月　15日　212,000円
　5月　30日　402,000円
　6月　31日　431,000円

　　　　　　　833,000円 ÷ 2 = 416,500円 → | 410,000円　（健保27級、厚年24級） |

　　注　長期療養中や育児休業中等で全月とも給与が"0"の場合には、従前の標準報酬月額の等級となります。

(ウ)　3月に、さかのぼって2万円昇給し、差額を4月分に加算して支給した場合

　4月　31日　225,000円
　5月　30日　208,000円
　6月　31日　205,000円

　（638,000円 − 20,000円）= 618,000円 ÷ 3 = 206,000円 → | 200,000円（健保17級、厚年14級） |

　　注　昇給差額がある場合は修正します。

---

(4)　算定基礎届の作成

①　算定整理表の作成

　算定基礎届 は、給料台帳や標準報酬月額決定通知書、社員カード等の書類を基に作成します。しかし、通常は給料台帳等からいきなり算定基礎届に転記するのではなく、一度、次ページの 算定整理表 のような一覧表で記載内容を整理してから転記する方法が確実です。

2024 年度 **算定 整理表**

番　号		氏名	性別	生年月日	① 遡及額	昇給額	② 4 月		③ 5 月		④ 6 月		⑤ 合 計 (②+③+④)
健保	厚保						日数	報酬月額	日数	報酬月額	日数	報酬月額	
⑦ 3		田中 一郎	男	47. 5. 10			31	350,000	30	348,000	31	355,000	1,053,000
⑦ 4		竹中 勇蔵	〃	40. 1. 2			⑮	212,000	30	402,000	31	431,000	833,000
⑨ 5		松本 妙子	女	1. 5. 3	20,000		31	225,000	30	208,000	31	205,000	638,000
⑨ 6		鈴木 一郎	男	63. 7.18			20	250,000	⑮	187,500	21	262,500	512,500
⑨ 7		山田 花子	女	62.11.17			⑮	100,000	30	200,000	31	200,000	400,000

No

⑥ 平均 [⑤/3]	⑦ 合 計 (⑤−①)	⑧ 修正平均 [⑦/3]	健康保険標準報酬月額		厚生年金標準報酬月額		新 保 険 料		備考
			従 前	新(決定)	従 前	新(決定)	健康保険	厚生年金	
351,000			24級 340 千円	25級 360 千円	21級 340 千円	22級 360 千円	21,276	32,940	
416,500			27 410	27 410	24 410	24 410	24,231	37,515	病休 (3月16日)
212,666	618,000	206,000	16 190	17 200	13 190	14 200	10,000	18,300	
256,250			19 240	20 260	16 240	17 260	13,000	23,790	
200,000			17 200	17 200	14 200	14 200	10,000	18,300	4/1入社

⑦ **月給者の場合**

　4 月、5 月、6 月の各月とも報酬の支払基礎日数が17日（短時間労働者は11日）以上である場合の例です。

⑦ **支払日数が17日未満の月がある場合**

　支払日数が17日未満の月がある場合には、2 カ月平均、または、1 カ月分の報酬額を⑤の合計欄に記入します。支払日数が17日未満の月は計算の対象としないので、間違えないようにその日数に○をするなど、わかるようにしましょう。マーカーで印をつける方法でもよいでしょう。

⑨ **さかのぼり支給があった場合**

　4 月、5 月、6 月の3 カ月間のうち、4 月の支払時に3 月にさかのぼった昇給分の差額が20,000円あった場合の例です。

⑨ **時給・日給者の場合**

　各給与計算期間の実際の勤務日数を支払日数とし、各月の支払日数が17日（短時間労働者は11日）以上ある月のみを対象として計算します。ただし、短時間就労者（パートタイマー）については、各月とも支払日数が17日未満のときは15日以上ある月を対象として計算します。

⑨ **算定月に入社した場合**

　5 月31日までの間に入社した者で、給与計算期間の中途で給与計算している場合には、その月を除外して計算します。

記入例 20　被保険者報酬月額算定基礎届

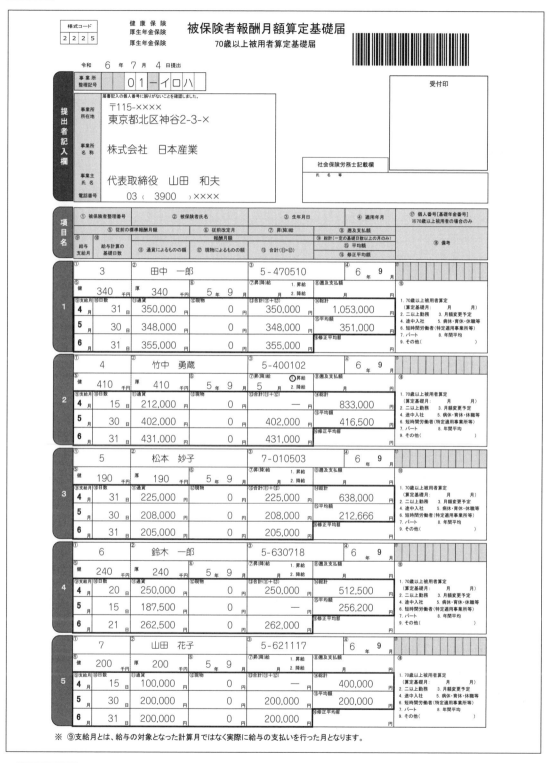

※ ⑨支給月とは、給与の対象となった計算月ではなく実際に給与の支払いを行った月となります。

提出期限 ……毎年7月1日〜 7月10日

整理表の記載順と給料台帳または源泉徴収簿兼賃金台帳の順番をあわせると記入しやすくなります。また、給料台帳を使用する場合、「支給金額合計」欄にマーカーで印をつけておくと、整理表に正確に記入することができます。

② 算定基礎届の作成

(ア) 算定整理表 の内容を 算定基礎届 に転記します。転記の前にもう一度チェックしましょう。

(イ) 被保険者報酬月額算定基礎届 を年金事務所へ提出します。

(ウ) 年金事務所より返却された 標準報酬月額決定通知書 に記載された標準報酬月額を保険料額表に当てはめて新保険料を算出し、その金額を マスター台帳 に記入します。

③ 作成上の留意点

(ア) 70歳以上の人について提出する場合は、「⑱備考」欄の「1．70歳以上被用者算定」に○を付け、「⑰個人番号」欄に個人番号または基礎年金番号を記入します。

(イ) 4～6月において、昇給または降給があった場合は、「⑦昇（降）給」欄に昇（降）給月を記入し、昇給または降給の区分に○を付けます。

(5) 新保険料の適用

算定により決定された標準報酬月額は、月変が行われない限りその年の9月分から翌年の8月分まで適用されます。

ただし、実際の保険料の徴収は、10月支払分の給与から行います。

「算定」事務の誤りやすい例

(ア) 通勤手当を半年分や1年分まとめて支払っている場合には、1カ月当たりの額を計算して、各月にそれぞれ計上しなければなりません。

(イ) 一般の昇給が4月、パートの昇給が6月にある会社で、いずれも月変対象者がある場合の届出は、次のようになります。

　　　7月…… 一般月変

　　　7月…… 一般、パートの算定

　　　9月…… パート月変

注　7月月変者、8月、9月月変予定者の届出方法は、都道府県や健康保険組合によって取扱い方が異なる場合がありますので注意してください。

(ウ) 従前の標準報酬月額は、6月以前に月変が行われた場合には、その新標準報酬月額です。たとえば、3月昇給で、3月、4月、5月支払給与で月変を行い、6月変更となった場合は、6月変更の標準報酬月額が従前の標準報酬月額となります。

(エ) 食事、住宅、自社製品など労働の対償として現物支給があったときは、金銭に換算し、各月の報酬に算入して、4月、5月、6月の報酬の合計をその月数「3」で割って計算します。ただし、食事や住宅などについては地方厚生局長の定める標準価額に基づき、換算されます。

(オ) 賞与（期末手当、決算手当など名称は異なっていてもかまいません）が、年に4回以上支給されるときは、通常の報酬に含まれます。7月1日前1年間に4回以上支給している場合は、合計額を「12」で割って1カ月分を計算し、この額を各月の報酬に算入します。

2　月額変更届（随時改定）

　大幅な昇給あるいは降給によってすでに決定された標準報酬月額と、現実に受ける報酬が著しくかけ離れてしまう場合があります。

　その場合に標準報酬月額を改定することを月変（随時改定）といいます。

⑴　月変の条件（次の条件のいずれにも該当した場合）

①　固定的賃金（基本給、固定的手当等）に増減があった場合

②　3カ月間の報酬の平均額が現在の標準報酬月額の等級と2等級以上の差がある場合

③　固定的賃金に増減のあった月も含めて以後3カ月間に支払った各月とも支払基礎日数が17日（短時間労働者は11日）以上である場合

上記のうち、1つでも該当しないものがある場合には、月変は行われません。

＊　社会保険適用促進手当を標準報酬月額の算定基礎に含めない措置の適用を受けていた被保険者の標準報酬月額が10.4万円を超えることとなった場合、その超えることとなった月から、社会保険適用促進手当を標準報酬月額の算定基礎に含めることになります。そして、社会保険適用促進手当を標準報酬月額の算定基礎に含めることとなったことは、固定的賃金の変動に該当し、随時改定の契機になります。

設例

⑺　月末締切り翌15日払

①　基本給194,000円のところ、1月1日から210,000円に昇給した場合

2月　31日　210,000円　　従前　190,000円（健保16級、厚年13級）

3月　28日　210,000円　　改定　220,000円（健保18級、厚年15級）

4月　31日　210,000円　　　↑

630,000円÷3＝210,000円

（2等級の差が生じたので5月月変となり、220,000円の標準報酬月額に対する保険料控除は、6月15日支払分からとなります）

②　基本給194,000円のところ1月1日から210,000円になったが、1月4日〜18日の15日間欠勤した場合

2月　16日　112,000円　　従前　190,000円（健保16級、厚年13級）

3月　28日　210,000円　　標準報酬は従前どおり

4月　31日　210,000円　　　↑

随時改定に該当しない

（2月に支払った給与の支払基礎日数が16日であるため、月変の要件である、支給基礎日数が3カ月間とも17日以上にならないので、月変は行われません）

(ｲ)　20日締切り当月末日払

①　基本給194,000円のところ、1月から210,000円になった場合

　　1月　31日　210,000円　　　　従前　190,000円（健保16級、厚年13級）

　　2月　31日　210,000円　　　改定　220,000円（健保18級、厚年15級）

　　3月　28日　210,000円　　　　　　　　↑

　　　　　　　630,000円 ÷ 3 ＝ 210,000円

　　（2等級の差が生じたので、4月月変となります。前記(ア)①と同じように1月分から昇
　　給しても、支払日によって、改定月が異なることに注意してください。算出は実際に支
　　払った月で行います）

②　基本給194,000円のところ、4月から210,000円になった場合

　　4月　31日　210,000円　　　　従前　190,000円（健保16級、厚年13級）

　　5月　30日　210,000円　　　改定　220,000円（健保18級、厚年15級）

　　6月　31日　210,000円　　　　　　　　↑

　　　　　　　630,000円 ÷ 3 ＝ 210,000円

　　（月変と算定の算定月が同じこととなりますが、この場合は月変が優先し、7月月変と
　　なります。標準報酬月額の220,000円に対する保険料控除は、8月31日支払分からとな
　　り、翌年の8月もしくは再度、月変が行われるまで、標準報酬月額は同じとなります）

(参考)　月変による標準報酬月額の変更月

月	1	2	3	4	5	6	7	8	9	10	11	12
A	⊕	⊕	⊕	改	改	改	改	改	定	定	定	定
B		⊕	⊕	⊕	改	改	改	改	定	定	定	定
C			⊕	⊕	⊕	改	改	改	定	定	定	定
D				⊕	⊕	⊕	改	改	改	改	改	改
E					⊕	⊕	⊕	改	改	改	改	改
F						⊕	⊕	⊕	改	改	改	改

　注　⊕—⊕—⊕　は月変対象月を表わします。

　　月変の対象月が、算定の算定月と同じ4月、5月、6月（D）およびそれ以降（E、F）
　である場合には、月変による標準報酬月額を使用することになります。したがって、保険
　者により事務処理方法は異なりますが、算定のための「標準報酬月額算定基礎届」を提出
　したとしても、その標準報酬月額は月変と同じ意味となります。

(2) 月額変更届の作成

① 月変整理表の作成

月額変更届 を記入する場合も、 月変整理表 のような一覧表で記載内容を整理してから転記したほうが、ベターでしょう。

記入例 21　月変整理表

2024 年度

番号 健保	番号 厚保	氏名	性別	生年月日	① 遡及額	昇給額	② 4月 日数	② 4月 報酬月額	③ 5月 日数	③ 5月 報酬月額	④ 6月 日数	④ 6月 報酬月額	⑤ 合計 (②・③・④)
10		北川 由美	女	46.8.1		30,000	31	259,000	30	259,500	31	264,500	783,000

月変 整理表　　　　　　　　　　　　　　　　　No

⑥ 平均 [⑤÷3]	⑦ 合計 (⑤−①)	⑧ 修正平均 [⑦÷3]	健康保険標準報酬月額 従前	健康保険標準報酬月額 新(決定)	厚生年金標準報酬月額 従前	厚生年金標準報酬月額 新(決定)	新保険料 健康保険	新保険料 厚生年金	備考
261,000			18級 220千円	20級 260千円	15級 220千円	17級 260千円	15,366	23,790	

4月昇給の場合には、4月、5月、6月の3カ月間に受けた報酬の合計額を、その月数「3」で割って算定します。

なお、月額変更届に記入する際の誤りやすい例は、次のとおりです。

Q　固定的賃金に変動はなかったが、残業手当などの非固定的賃金の変動により、従前の等級とくらべて2等級以上の差が生じた場合は？

A　固定的賃金の変動がない限り、月変には該当しません。

Q　病気欠勤、長期欠勤、休職などで固定的賃金が減少し、2等級以上下がった場合は？

A　このような一時的な異常状態で固定的賃金が減額した場合には、月変は行われません。

Q　固定的賃金が1,000円昇給し、残業手当などの非固定的賃金の大幅な変動により、従前の等級とくらべて2等級以上上がった場合は？

A　月変に該当します。

被保険者報酬月額変更届　記入例

様式コード 2 2 2 1

健康保険
厚生年金保険　**被保険者報酬月額変更届**
厚生年金保険　70歳以上被用者月額変更届

令和 6 年 7 月 4 日提出

受付印

事業所整理記号　01-イロハ

届書記入の個人番号に誤りがないことを確認しました。

事業所所在地　〒115-××××
東京都北区神谷2-3-×

事業所名称　株式会社　日本産業

事業主氏名　代表取締役　山田　和夫

電話番号　03（3900）××××

社会保険労務士記載欄
氏名等

項目名（1）

① 被保険者整理番号	② 被保険者氏名	③ 生年月日	④ 改定年月	⑰ 個人番号[基礎年金番号] ※70歳以上被用者の場合のみ
10	北川　由美	5-460801	6 年 7 月	

⑤ 従前の標準報酬月額	⑥ 従前改定月	⑦（昇）降給	⑧ 遡及支払額	⑱ 備考
健 220 千円　厚 220 千円	5 年 9 月	①昇給　4 月　1.昇給 2.降給		1. 70歳以上被用者月額変更 2. 二以上勤務 3. 短時間労働者（特定適用事業所等） ④昇給・降給の理由（　扶養手当の変更　） 5. 健康保険のみ月額変更（70歳到達時の契約変更等） 6. その他（　）

⑨ 給与支給月	⑩ 給与計算の基礎日数	⑪ 通貨によるものの額	⑫ 現物によるものの額	⑬ 合計（⑪+⑫）	⑭ 総計 / ⑮ 平均額 / ⑯ 修正平均額
4 月	31 日	259,000 円	0	259,000 円	総計 783,000 円
5 月	30 日	259,500 円	0	259,500 円	平均額 261,000 円
6 月	31 日	264,500 円	0	264,500 円	修正平均額 円

※ ⑨支給月とは、給与の対象となった計算月ではなく実際に給与の支払いを行った月となります。

—132—

Q 固定的賃金が昇給したが、従前の等級とくらべて **2** 等級以上下がった場合は？

A 固定的賃金が昇給したときは、2等級以上上がった場合のみ、降給したときは、2等級以上下がった場合のみ届出が必要であり、この場合は昇給したのに等級が下がっており、届出の必要はありません。

固 定 的 賃 金	↑	↑	↓	↓	↑	↓
非 固 定 的 賃 金	↑	↓	↓	↑	↓	↑
支 払 基 礎 日 数	17日以上	17日以上	17日以上	17日以上	17日以上	17日以上
2 等 級 差 以 上	↑	↑	↓	↓	↑	↑
月 変 に 該 当	○	○	○	○	×	×

この矢印の方向が同じときに限り月変に該当します。

② 月額変更届の作成

(ア) 被保険者報酬月額変更届 を年金事務所へ提出します。

(イ) 年金事務所より、 標準報酬決定通知書 が返却または送付されます。

そこに記載された標準報酬月額を保険料額表に当てはめて算出した新保険料を マスター台帳 に記入します。

新しい標準報酬月額は月変が6月以前に行われた場合はその年の8月まで、7月以降に行われた場合は翌年の8月まで適用されます。ただし、その間に再度、固定的賃金に変動があれば、月変が行われます。

③ 作成上の留意点

(ア) 70歳以上の人について提出する場合は、「⑱備考」欄の「1．70歳以上被用者月額変更」に○を付け、「⑰個人番号」欄に個人番号または基礎年金番号を記入します。

(イ) 「⑦昇（降）給」欄に昇給または降給のあった月を記入し、昇給または降給の区分に○を付けます。また、「⑱備考」欄の「4．昇給・降給の理由」に○を付け、理由を記入します。

(3) 新保険料の適用

固定的賃金の増減のあった給与を支払った月から数えて、4カ月目から適用されます。たとえば、20日締切で末日支払の場合、4月末日支払分から昇給したときは、7月分から適用されます。

また、4月分から昇給したが末日締切の翌15日支払である場合は、8月分からとなりますので、給料の締切日と支払日を注意してください。支払った月で算定します。

4月計算分から昇給した場合を表にしますと、下記のとおりです。

給　　与		支　払　月			改定月	改定された保険料の控除開始月日
締切日	支払日	1月目	2月目	3月目	4月目	
20日	末日	4月	5月	6月	7月	8月末日支払の給与から
末日	翌15日	5月	6月	7月	8月	9月15日　　〃

⑷　産前産後休業終了時改定

　月変（随時改定）は、固定的賃金の変動があり、かつ、従前と比較して 2 等級以上の差がないと対象となりません。ただし、産前産後休業終了日に当該産前産後休業に係る子を養育している被保険者については、申出をすれば、固定的賃金の変動がない場合でも、また、従前と比較して 1 等級しか差がない場合でも、産前産後休業終了日の翌日が属する月以後 3 カ月間（支払基礎日数が17日未満の月を除きます）の報酬の平均額によって、 4 カ月目の標準報酬月額の改定を行うことができます。

　産前産後休業終了時改定は、特例の要件に該当した場合に提出する「産前産後休業終了時標準報酬月額変更届」に基づいて行われます。

　なお、産前産後休業終了日の翌日に育児休業を開始している場合は、申出をすることはできません。

⑸　育児休業等終了時改定

　月変（随時改定）は、固定的賃金の変動があり、かつ、従前と比較して 2 等級以上の差がないと対象となりません。ただし、育児休業等が終了して職場に復帰した被保険者（育児休業等終了日時点で 3 歳未満の子を養育している被保険者）については、申出をすれば、固定的賃金の変動がない場合でも、また、従前と比較して 1 等級しか差がない場合でも、職場復帰日の月以降 3 カ月間（支払基礎日数が17日未満の月は除きます）の報酬の平均額によって、 4 カ月目から標準報酬月額の改定を行うことができます。

　育児休業等終了時の変更は、特例の要件に該当した場合に提出する「育児休業等終了時標準報酬月額変更届」に基づいて行われます。

V 労働保険の年度更新

1 労働保険の年度更新とは

労働保険料は、保険年度（毎年4月1日から翌年3月31日までの1年間）を単位として計算することになっています。年度当初に概算で保険料を納付しておき、年度末にその年度の賃金総額が確定した時点で、保険料を精算すると同時に新年度の概算保険料を申告・納付する方法をとっています。

これを「年度更新」といいます。年度更新は毎年6月1日から7月10日までの間に行うことになっています。

2 年度更新の手続

(1) 労働保険の概算・確定保険料申告書の作成手順

一元適用事業所（二元適用事業所以外）と二元適用事業所（建築業、造園業など）では申告書の作成の仕方が少し違いますが、ここでは事業所数の圧倒的に多い一元適用事業所の場合について説明することにします。

① 前年度の賃金総額の計算（確定保険料の計算）

まず、前年度（前年4月～当年3月）の賃金総額を計算します。

確定保険料算定基礎賃金集計表 （記入例 23）により、労災保険対象者分と雇用保険対象者分の人数と賃金総額を月別に記入し、合計額を計算します。

それぞれに計算された人数や賃金総額（1,000円未満切捨て）を申告書（記入例 24）のそれぞれの欄に転記します。

転記した賃金額に、申告書に印字されている保険料率を掛けて保険料額を算出します。これが、確定保険料です。

(ア) 賃金総額の計算

保険料を算定する基礎になる給与総額のことを、労働保険では「賃金総額」といいます。

この賃金総額は、会社がその事業に使用するすべての従業員に支払う賃金の総額をいいます。

ただし、雇用保険の場合は、被保険者とならないパート、アルバイトに支払われる賃金は除外されます。

賃金総額に算入されるもの、されないものは、次のとおりです。

賃金総額に算入されるもの	賃金総額に算入されないもの
●基本給・固定給等の基本賃金（臨時、日雇、アルバイト等に支払う報酬を含みます） ●超過勤務手当、深夜手当、休日手当等 ●扶養手当、家族手当等 ●役職手当、管理職手当等 ●地域手当（寒冷地手当、僻地手当等を含みます） ●特殊作業手当（危険有害業務手当、臨時緊急業務手当等） ●調整手当（配置転換、初任給等の調整手当を含みます） ●通勤手当（定期券、回数券等の現物給付を含みます） ●奨励手当（精皆勤手当等） ●住宅手当（社宅等の貸与を行っている場合、貸与を受けない人に対し均衡上住宅手当を支給する場合、住宅手当相当額が全員に支給されているものとみなし、その額が算入されます） ●その他の手当（宿日直手当、教育手当、別居手当、技能手当、生産手当、物価手当等） ●労働保険料その他の社会保険料（労働者の負担分を事業主が負担する場合） ●賞与（いわゆるボーナスおよびプラスアルファ等の特別加算額を含みます	●退職金 ●結婚祝金、死亡弔慰金、災害見舞金等 ●増資記念品代、創立記念日祝金、死傷病見舞金（就業規則、労働協約等に定めのない恩恵的なものの場合） ●休業補償費（法定額を上回る差額分を含みます） ●住宅手当（一部の社員のみ貸与され他の者に何ら均衡給与が支給されない場合、福利施設とみなされ算入されません） ●解雇予告手当（労働基準法第20条の規定に基づくもの） ●年功慰労金 ●出張旅費、宿泊費等（実費弁償的なものに限ります） ●会社が全額負担する生命保険の掛金 ●食事の支給（①給食のための賃金の減額を伴わないこと、②給食が就業規則等で明確に定められていないこと、③給食による利益の額が社会通念上僅少であるもの、の3条件を満たしているもの） ●海外で支払われる海外派遣手当 ●財形貯蓄（持株会などを含みます）のための奨励金

(イ) 雇用保険料率

業　　　　種	雇用保険料率	
	令和5年度	令和6年度
一　般　の　事　業	15.5/1,000	15.5/1,000
農林水産業^(注)・清酒製造業	17.5/1,000	17.5/1,000
建　　設　　業	18.5/1,000	18.5/1,000

注 農林水産業のうち牛馬育成、養鶏、酪農、養豚、園芸サービスの事業は一般の事業となります。

(ウ) 労災保険料率

事業の種類の分類	事　業　の　種　類	労災保険料率	
		令和5年度分	令和6年度分
林　　　業	林　業	60	52
漁　　　業	海面漁業（定置網漁業又は海面魚類養殖業を除く）	18	18
	定置網漁業又は海面魚類養殖業	38	37
鉱　　　業	金属鉱業、非金属鉱業（石灰石鉱業又はドロマイト鉱業を除く）又は石炭鉱業	88	88
	石灰石鉱業又はドロマイト鉱業	16	13
	原油又は天然ガス鉱業	2.5	2.5
	採石業	49	37
	その他の鉱業	26	26
建　設　事　業	水力発電施設、ずい道等新設事業	62	34
	道路新設事業	11	11
	舗装工事業	9	9
	鉄道又は軌道新設事業	9	9
	建築事業（既設建築物設備工事業を除く）	9.5	9.5
	既設建築物設備工事業	12	12
	機械装置の組立て又は据付けの事業	6.5	6
	その他の建設事業	15	15
製　　造　　業	食料品製造業	6	5.5
	繊維工業又は繊維製品製造業	4	4
	木材又は木製品製造業	14	13
	パルプ又は紙製造業	6.5	7
	印刷又は製本業	3.5	3.5
	化学工業	4.5	4.5
	ガラス又はセメント製造業	6	6
	コンクリート製造業	13	13
	陶磁器製品製造業	18	17
	その他の窯業又は土石製品製造業	26	23
	金属精錬業（非鉄金属精錬業を除く）	6.5	6.5
	非鉄金属精錬業	7	7
	金属材料品製造業（鋳物業を除く）	5.5	5
	鋳物業	16	16
	金属製品製造業又は金属加工業（洋食器、刃物、手工具又は一般金物製造業及びめっき業を除く）	10	9
	洋食器、刃物、手工具又は一般金物製造業（めっき業を除く）	6.5	6.5
	めっき業	7	6.5

事業の種類の分類	事 業 の 種 類	労災保険料率	
		令和5年度分	令和6年度分
製 造 業	機械器具製造業（電気機械器具製造業、輸送用機械器具製造業、 船舶製造又は修理業及び計量器、光学機械、時計等製造業を除く）	5	5
	電気機械器具製造業	2.5	3
	輸送用機械器具製造業（船舶製造又は修理業を除く）	4	4
	船舶製造又は修理業	23	23
	計量器、光学機械、時計等製造業（電気機械器具製造業を除く）	2.5	2.5
	貴金属製品、装身具、皮革製品等製造業	3.5	3.5
	その他の製造業	6.5	6
運 輸 業	交通運輸事業	4	4
	貨物取扱事業（港湾貨物取扱事業及び港湾荷役業を除く）	9	8.5
	港湾貨物取扱事業（港湾荷役業を除く）	9	9
	港湾荷役業	13	12
電気・ガス・水道又は熱供給の事業	電気、ガス、水道又は熱供給の事業	3	3
船舶所有者の事業	船舶所有者の事業	47	42
その他の事業	農業又は海面漁業以外の漁業	13	13
	清掃、火葬又はと畜の事業	13	13
	ビルメンテナンス業	5.5	6
	倉庫業、警備業、消毒又は害虫駆除の事業又はゴルフ場の事業	6.5	6.5
	通信業、放送業、新聞業又は出版業	2.5	2.5
	卸売業・小売業、飲食店又は宿泊業	3	3
	金融業、保険業又は不動産業	2.5	2.5
	その他の各種事業	3	3

② 確定保険料額と申告済概算保険料額の過不足の調整

㋐ 確定保険料が申告済概算保険料より多い場合は、その不足額を納めることになります。

㋑ 確定保険料が申告済概算保険料より少ない場合は、その過納額を今年度概算保険料に充当します。

③ 今年度の賃金総額の見込額の計算（概算保険料の計算）

今年度の見込額が前年度の賃金総額の50％を下回るまたは200％を上回るときは、その額となります。

見込額が前年度の賃金総額の50％以上200％以下であるときは、前年度の賃金総額と同額を用います。この賃金総額の見込額に、申告書に印字されている保険料率を掛けて保険料を算出します。これが概算保険料です。

確定保険料・一般拠出金算定基礎賃金集計表の記入の仕方 （ 記入例 23）

1　令和5年4月1日から令和6年3月31日までに使用したすべての労働者に支払った賃金（支払義務が具体的に確定した賃金を含む）の総額を記入します。

2　保険料算定基礎額は、（10‐1）、（10‐2）、（12‐1）、（12‐2）を転記します（千円未満の端数切捨て）。

3　③確定保険料額（その1）は、①に②を乗じて計算した額を記入しますが、1円未満の端数が生じても切り捨てません。

4　④確定保険料額（その2）の「労災保険分」の(ニ)＋(ホ)に1円の端数が生じる場合は、端数を切り捨てた額を(ヲ)に記入します。

　　ただし、①欄の(イ)と(ヘ)の額、(ロ)と(ト)の額がそれぞれ同額であり、かつ、③欄の(ニ)＋(ホ)と(ヌ)＋(ル)の各々の小数点以下を足した結果、1円以上となる場合のみ、その端数を切り上げた額を(ヲ)に記入します。

5　④確定保険料額（その2）の「雇用保険分」の(ヌ)＋(ル)に1円未満の端数が生じる場合は、端数を切り捨てた額を(ワ)に記入します。

6　一般拠出金算定基礎額は、(10)の千円未満を切り捨てた額を記入します。「労災保険分」①欄の合計額と端数処理の関係で一致しないことがあります。

令和5年度　確定保険料・一般拠出金算定基礎賃金集計表／令和6年度　概算

（算定期間　令和5年4月～令和6年3月）　　　　　　　　　　　　　　　　　　　　（算定期間　令和6年4月

労働保険番号	府県	所掌	管轄	基幹番号	枝番号
	1 3	1	1 0 0	1 2 3 4 X	0 0 0

出向者の有無		
受	0	名
出	0	名

事業の名称
事業の所在地

区分	労災保険および一般拠出金（対象者数及び賃金）							
	(1) 常用労働者		(2) 役員で労働者扱いの人		(3) 臨時労働者		(4) 合計 ((1)+(2)+(3))	
	常用労働者のほか、パート、アルバイトで雇用保険の資格のある人を含めます。		実質的な役員報酬分を除きます。		(1)(2)以外の全ての労働者（パート、アルバイトで雇用保険の資格のない人）を記入してください。			
月	(人)	(円)	(人)	(円)	(人)	(円)	(人)	(円)
令和5年4月	68	17,560,280	2	860,000	13	844,994	83	19,265,274
5月	66	16,989,800	2	860,000	13	789,255	81	18,639,055
6月	65	16,905,650	2	860,000	12	840,400	79	18,606,050
7月	65	17,009,200	2	860,000	12	793,587	79	18,662,787
8月	66	17,105,720	2	860,000	11	661,050	79	18,626,770
9月	70	17,887,130	2	860,000	11	710,183	83	19,457,313
10月	69	17,546,600	2	860,000	9	640,109	80	19,046,709
11月	69	17,211,360	2	860,000	9	581,286	80	18,652,646
12月	69	17,388,570	2	860,000	9	567,028	80	18,815,598
令和6年1月	64	16,705,190	2	860,000	9	588,914	75	18,154,104
2月	64	16,635,700	2	860,000	9	539,070	75	18,034,770
3月	65	16,897,450	2	860,000	9	621,468	76	18,378,918
賞与 5年7月		24,151,000		1,720,000		866,024		26,737,024
賞与 5年12月		31,844,000		1,980,000		579,760		34,403,760
賞与 年 月								
合計	800	261,837,650	24	14,020,000	126	9,623,128	(9) 950	(10) 285,480,778

※A　次のBの事業以外の場合、各月賃金締切日等の労働者数の合計を記入し(9)の合計人数を12で除し小数点以下切り捨てた月平均人数を記入してください。

※B　船きょ、船舶、岸壁、波止場、停車場又は倉庫における貨物取扱の事業においては、令和5年度中の1日平均使用労働者数を記入してください。

（令和5年度に使用した延労働者数／令和5年度における所定労働日数）

常時使用労働者数（労災保険対象者数）
↓

(9)の合計人数		申告書④欄に転記
950	÷ 12 =	79　人

※　各月賃金締切日等の労働者数の合計を記入し⑪の合計人数を12で除し小数点以下切り捨てた月平均人数を記入してください。
切り捨てた結果、0人となる場合は1人としてください。
また、年度途中で保険関係が成立した事業については、保険関係成立以降の月数で除してください。

備考	役員で労働者扱いの詳細		
	氏　名	役　職	雇用保険の資格
	小松光雄	取締役営業部長	有
	井上和男	取締役総務部長	有
			有・無
			有・無

保険料（雇用保険分）算定内訳

～令和7年3月）　※概算・確定保険料・一般拠出金申告書（事業主控）と一緒に保管してください。

株式会社 日本産業	電話	03-3900-XXXX	具体的な業務又は作業の内容
東京都北区神谷2-3-X	郵便番号	115 - XXXX	印刷業

雇用保険（対象者数及び賃金）

被保険者

(5) 常用労働者、パート、アルバイトで雇用保険の資格のある人（日雇労働被保険者に支払った賃金を含む）		(6) 役員で雇用保険の資格のある人（実質的な役員報酬分を除きます）		(7) 合 計 ((5)＋(6))	
(人)	(円)	(人)	(円)	(人)	(円)
68	17,560,280	2	860,000		18,420,280
66	16,989,800	2	860,000		17,849,800
65	16,905,650	2	860,000		17,765,650
65	17,009,200	2	860,000		17,869,200
66	17,105,720	2	860,000		17,965,720
70	17,887,130	2	860,000		18,747,130
69	17,546,600	2	860,000		18,406,600
69	17,211,360	2	860,000		18,071,360
69	17,388,570	2	860,000		18,248,570
64	16,705,190	2	860,000		17,565,190
64	16,635,700	2	860,000		17,495,700
65	16,897,450	2	860,000		17,757,450
	24,151,000		1,720,000		25,871,000
	31,844,000		1,980,000		33,824,000
				(11)	(12)
800	261,837,650	24	14,020,000		275,857,650

雇用保険被保険者数

(11)の合計人数		申告書⑤欄に転記	
824	÷ 12 ＝	68	人

労災保険 対象者分	(10)の合計額の千円未満を切り捨てた額	285,480	千円
		申告書⑧欄(ロ)へ転記	
雇用保険 対象者分	(12)の合計額の千円未満を切り捨てた額	275,857	千円
		申告書⑧欄(ホ)へ転記	
一般拠出金	(10)の合計額の千円未満を切り捨てた額	285,480	千円
		申告書⑧欄(ヘ)へ転記	

様式第6号（第24条、第25条、第33条関係）（甲）（1）

労働保険 概算・増加概算・確定保険料 申告書

31759　石綿健康被害救済法 **一般拠出金**

下記のとおり申告します。

継続事業（一括有期事業を含む。）

標準字体 **0 1 2 3 4 5 6 7 8 9**

第3片「記入に当たっての注意事項」をよく読んでから記入して下さい。OCR枠への記入は上記の「標準字体」でお願いします。

提出用

6 年 6 月 16 日

あて先 〒102-8307
千代田区九段南1-2-1
九段第3合同庁舎12階

労働保険特別会計歳入徴収官殿

種別 **3 2 7 0 1**　※修正項目番号　※入力徹定コード　項1

※各種区分
管轄(2)　保険関係等　業種　産業分類

① 労働保険番号　都道府県 所掌 管轄 基幹番号 枝番号
1 3 1 1 0 0 1 2 3 4 X - 0 0 0　項2

②増加年月日（元号：令和は9）　元号□ 年□□ 月□□ 日□ 項3
③事業廃止等年月日（元号：令和は9）　元号□ 年□□ 月□□ 日□ 項4
※事業廃止等理由
※保険関係　項9　※片保険理由コード　項10

④常時使用労働者数 □□□□□7 9 項6
⑤雇用保険被保険者数 □□□□6 8 項7

確定保険料算定内訳

⑦ 算定期間　令和 5 年 4 月 1 日 から 令和 6 年 3 月 31 日 まで

⑦区分	⑧保険料・一般拠出金算定基礎額	⑨保険料・一般拠出金率	⑩確定保険料・一般拠出金額（⑧×⑨）
労働保険料	(イ) 千円	(イ) 1000分の 17.0	(イ) 4 7 2 3 2 4 9 項12
労災保険分	(ロ) 2 8 5 4 8 0 千円 項13	(ロ) 1000分の 3.5	(ロ) 9 9 9 1 8 0 項14
雇用保険分	(ホ) 2 7 5 8 5 7 千円 項18	(ホ) 1000分の 13.5	(ホ) 3 7 2 4 0 6 9 項19
一般拠出金（注1）	(ヘ) 2 8 5 4 8 0 千円 項35	(ヘ) 1000分の 0.02	(ヘ) 5 7 0 9 項36

概算・増加概算保険料算定内訳

⑪ 算定期間　令和 6 年 4 月 1 日 から 令和 7 年 3 月 31 日 まで

⑪区分	⑫保険料算定基礎額の見込額	⑬保険料率	⑭概算・増加概算保険料額（⑫×⑬）
労働保険料	(イ) 千円 項20	(イ) 1000分の 17.0	(イ) 4 7 2 3 2 4 9 項21
労災保険分	(ロ) 2 8 5 4 8 0 千円 項22	(ロ) 1000分の 3.5	(ロ) 9 9 9 1 8 0 項23
雇用保険分	(ホ) 2 7 5 8 5 7 千円 項26	(ホ) 1000分の 13.5	(ホ) 3 7 2 4 0 6 9 項27

⑮事業主の郵便番号（変更のある場合記入）□□□-□□□□ 項28
⑯事業主の電話番号（変更のある場合記入）項29
⑰延納の申請 納付回数 3 項30

※検算有無区分 項31　※算調対象区分 項32　※データ指示コード 項33　※再入力区分 項34　※修正項目

⑧⑩⑫⑭⑳の（ロ）欄の金額の前に「¥」記号を付さないで下さい。

⑱ 申告済概算保険料額 4,842,263 円
⑲ 申告済概算保険料額
㉑ 増加概算保険料額（⑭の(イ)-⑲）

⑳差引額
(イ)充当額（⑱-⑩の(イ)）119,014 円
(ハ)不足額（⑩の(イ)-⑱）円
㉟充当意思 1 項37（1：労働保険料のみに充当 2：一般拠出金のみに充当 3：労働保険料及び一般拠出金に充当）
(ロ)還付額（⑱-⑩の(イ)）□□□□□□□□□ 項38

㉛法人番号 **1 1 2 2 3 3 4 4 5 5 6 6 7** 項39

㉒期別納付額	全期又は第1期	(イ)概算保険料額 ⑭の(イ)÷⑰＋次期以降の円未満端数	(ロ)労働保険料充当額 ⑳の(イ)（労働保険分のみ）	(ハ)不足額（⑳の(ハ)）	(二)今期労働保険料 (イ)-(ロ)又は(イ)+(ハ)	(ホ)一般拠出金充当額 ⑳の(イ)（一般拠出金分のみ）	(ヘ)一般拠出金額 ⑩の(ヘ)-㉓の(ホ)（注2）	(ト)今期納付額 (二)+(ヘ)
	1,574,417 円	119,014 円	円	1,455,403 円	円	5,709 円	1,461,112 円
第2期	1,574,416 円 ⑭の(イ)÷⑰	円 ⑳の(イ)-㉒の(ロ)		1,574,416 円 (チ)-(リ)			
第3期	1,574,416 円 ⑭の(イ)÷⑰	円 ⑳の(イ)-㉒の(ロ)-㉓の(リ)		1,574,416 円 (ル)-(ワ)			

㉓保険関係成立年月日
㉔事業廃止等理由（1）廃止 （2）委託 （3）個別 （4）労働者なし （5）その他

㉕事業又は作業の種類　**印刷業**

㉖加入している労働保険 (イ)労災保険 (ロ)雇用保険
㉗特掲事業 (イ)該当する (ロ)該当しない

㉘事業 (イ)所在地 **東京都北区神谷2-3-×**　(ロ)名称 **株式会社 日本産業**

㉙ 郵便番号 115-××××　電話番号（03）3900-××××
事業主 (イ)住所（法人のときは主たる事務所の所在地）**東京都北区神谷2-3-×**
(ロ)名称 **株式会社 日本産業**
(ハ)氏名（法人のときは代表者の氏名）**代表取締役 山田 和夫**

社会保険労務士記載欄｜作成年月日・提出代行者・事務代理者の表示｜氏名｜電話番号

（注2）（注1）石綿による健康被害の救済に関する法律第35条第1項に基づき、労災保険適用事業主から徴収する一般拠出金　一般拠出金は延納できません

労働保険概算・確定保険料申告書の記入の仕方 （ 記入例 24）

※　金額は、標準字体にならって記入してください。なお、金額の前に「¥」記号は付さないでください。

①　印字されていますので記入することはありません。

④　令和5年4月1日から令和6年3月31日までの1カ月平均使用労働者数（小数点以下の端数切捨て）を記入します。

⑤　令和5年度中の1カ月平均被保険者数（小数点以下の端数切捨て）を記入します。

⑧　令和5年4月1日から令和6年3月31日までに使用したすべての労働者に支払った賃金（支払が確定した賃金を含みます）の総額（1,000円未満の端数切捨て）を記入します。

⑩　⑧保険料算定基礎額に、⑨保険料率を乗じて得た額（1円未満の端数切捨て）を記入します。

⑫　令和6年4月1日から令和7年3月31日までの間に使用する労働者の賃金総額の見込額を記入します。なお、令和6年度の賃金総額の見込額が、令和5年度の賃金総額の50％以上200％以下の場合は、令和5年度の賃金総額と同じ額（1,000円未満の端数切捨て）を記入します。

⑭　⑫保険料算定基礎額の見込額に、⑬保険料率を乗じて得た額（1円未満の端数切捨て）を記入します。

⑮　事業所の郵便番号に変更があった場合に記入します。

⑯　事業所の電話番号に変更があった場合に記入します。

⑰　納付すべき概算保険料の額（⑭の(イ)の額）が40万円（労災保険または雇用保険に係るどちらか一つの保険関係のみ成立している事業にあっては20万円）以上で、延納（分割納付）を申請する場合は「3」を、延納を申請しない場合は「1」を標準字体にならって必ず記入します。

⑳　⑩の(イ)の額が⑱の額より多いときは、その差額を(ハ)に記入します。⑩の(イ)の額が⑱の額より少ないときは、概算保険料に充当または還付されます。充当となる場合には、㉚充当意思に、1（労働保険料のみに充当）、2（一般拠出金のみに充当）、3（労働保険料及び一般拠出金に充当）、のいずれかを選択して、その番号を記入します。

㉒　次の点に留意して記入してください。

　a．延納を申請する場合は、⑭の(イ)の概算保険料額を3で除した額を(イ)、(ト)および(ヌ)に記入します。ただし、除した額に1円または2円の余りが生じた場合は、その余りを加算した額を(イ)に記入します。

　　延納の申請をしない場合は、⑭の(イ)の概算保険料額をそのまま(イ)に記入します。

　b．(ロ)には、⑩の(イ)の額が⑱の額より少ない場合に、その差額を記入します。ただし、その額が(イ)の額より多い場合は、(イ)の額と同額を記入して差額を(チ)に記入しますが、なおも(チ)に記入する額が(ト)の額より多い場合は、(ト)の額と同額を(チ)に記入して差額を(ル)に記入します。それでもなお(ル)に記入する額が(ヌ)の額より多い場合は、(ヌ)の額と同額を(ル)に記入して、差額は⑳の(ロ)に記入します。また、(ロ)、(チ)および(ル)の合計を⑳の(イ)に記入します。

　　なお、還付を受けるためには、その額を⑳の(ロ)に記入して申告書を提出すると共に、別途「労働保険料還付請求書」を提出する必要があります。

㉖　令和6年4月1日現在において保険関係が成立している労働保険の種類を○で囲みます。

㉙　事業主の住所（法人のときは主たる事務所の所在地）、名称、氏名（法人のときは代表者の職名及び氏名）、郵便番号、電話番号を記入します。なお、㈵氏名（法人のときは代表者の氏名）欄には、当該人の氏名を記入します。

　　一般拠出金の算定方法は、令和5年4月1日から令和6年3月31日までに使用したすべての労働者に支払った賃金（支払が確定した賃金を含む）の総額（1,000円未満の端数切捨て）に一般拠出金率（一律0.02／1,000）を乗じて得た額となります。

労働保険料納付書の記入の仕方

1　納付額は、申告書の㉒の㈡の額を右上の標準字体にならって記入します。なお、納付額の前に必ず「¥」記号を付します。また、納付額を訂正しますと、日本銀行（本店、支店、代理店または歳入代理店）等では受け付けませんので、所轄都道府県労働局、労働基準監督署で納付書の再交付を受け、書き直して納付します。

2　印字されている郵便番号、住所、氏名に誤りがないかどうか確認します。これらの印字内容に疑問がある場合は、訂正しないで、所轄都道府県労働局または労働基準監督署に照会します。

　　なお、「納付額」欄以外の部分については、すでに印字されていますので、記入するのは「納付額」欄のみとなります。

(2)　保険料の納付

　労働保険概算・確定保険料申告書 の提出用と納付書（3枚つづり）に保険料を添えて、銀行等を通して申告・納付します。

　なお、資金繰りの関係で納付が遅れる場合は、申告書を切り離して法定期日までに提出します。

　納付先……最寄りの金融機関、郵便局、所轄都道府県労働局、所轄労働基準監督署

　納付期限……7月10日

(3)　保険料の分割納付（延納）

　概算保険料の額が40万円（労災・雇用のいずれかのみの保険関係成立事業は20万円）以上のものは3回に等分して分納することができます。

　納付期限……7月10日、10月31日、および1月31日

　ただし、6月1日から9月30日までに保険関係が成立した事業場については、2回の分納となり、10月1日以降に保険関係が成立した事業所では、金額の多寡を問わず、分納することはできません。

VI　納　付

1　健康保険料・厚生年金保険料

(1)　月例給与に対する保険料の納付

① 毎月20日頃、年金事務所等より前月分の保険料に関する次の書類が送られてきます。

　(ア)　納入告知書

　(イ)　算出内訳書

　(ウ)　増減内訳書（異動があった場合）

② 納入告知書 に記載されている保険料を納付します。

　　　納 付 先 ……最寄りの金融機関または年金事務所等

　　　納付期限 ……当月末日までに納付

③ 納付する保険料は、被保険者負担分と同額の事業主負担分に子ども・子育て拠出金を加えた金額になります。

④ 保険料の自動支払方式（口座振替制度）があります。

　(ア)　金融機関に預金口座を設けます。

　(イ)　事業主は銀行に 保険料口座振替依頼書 （ 記入例 25）を提出します。また、年金事務所等に銀行の確認印を受けた 保険料口座振替納付申出書 （ 記入例 25と複写式）を提出します。

　(ウ)　年金事務所等から毎月分の保険料の記載された 納入告知書 が銀行に送付され、預金口座から告知額が引き落とされます。

　(エ)　事業主には、年金事務所等より納入告知額が通知されます。

　注　介護保険料額は、一般保険料額と合算され健康保険料として納入告知されます。

様式コード				
2	5	9	3	2

健康保険
厚生年金保険　**保険料口座振替依頼書**

取扱金融機関　御中　　　　　令和　6 年 1 月 4 日提出

| | 事業所整理記号 | | | | — | 事業所番号（告知番号） | | | | | | |

提出者記入欄	事業所所在地	〒 115 - ××××　東京都北区神谷 2-3-×
	（フリガナ）事業所名称	ニホン サンギョウ　株式会社 日本産業
	（フリガナ）事業主氏名	ヤマダ　カズオ　代表取締役　山田和夫
	電話番号	03（ 3900 ）××××

金融機関使用欄

日本年金機構

1. 振替事由　該当する項目に〇をつけてください。
　　　　　　　　※複写となっていますので、〇をつける際は、強めにご記入ください。

A 事由	振替事由区分	①.新規
		2.変更

2. 指定預金口座　口座振替を希望する金融機関（納入告知書送付先）インターネット専業銀行等、一部お取り扱いできない金融機関があります。
　　・太枠内に必要事項を記入、押印してください。（銀行等またはゆうちょ銀行のいずれかを選んでご記入ください。）
　　・預金口座は、年金事務所へお届けの所在地、名称、事業主氏名と口座名義が同一のものをご指定ください。

B 指定預金口座	銀行区分	（ゆうちょ銀行を除く）銀行等	金融機関名	東西	①.銀行　4.労働金庫 2.信用金庫　5.農協 3.信用組合　6.漁協	北	1.本店　3.本所 ②.支店　4.支所
			預金種別	1.普通 ②.当座	口座番号（右詰めで記入）0056789	金融機関コード	支店コード
		ゆうちょ銀行	通帳記号	1　0 —	通帳番号（右詰めで記入）		お届け印
			加入者名	社会保険事務処理用口座	事業主番号　01269361		
			口座番号	00190-7-7774	契約種別コード　32		

3. 対象保険料等　　健康保険料、厚生年金保険料および子ども・子育て拠出金
4. 振替納付指定日　納期の最終日（休日の場合は翌営業日）

私は、保険料等を口座振替によって納付したいので、下記事項を確約のうえ依頼します。

記

1. 所管の年金事務所から私名義の納入告知書が貴行（金庫、組合）に送付されたときは、私に通知することなく、納入告知書記載金額を私名義の預貯金口座から引き落としのうえ、納付してください。この場合、預貯金規定または当座預貯金規定に関わらず預貯金通帳、同払戻請求書の提出または小切手の振り出しはしません。
2. 振替日において納入告知書記載金額が預貯金口座から払い戻すことのできる金額（当座貸越を利用できる範囲内の金額を含む。）を超えるときは、私に通知することなく、納入告知書を返却しても差し支えありません。
3. この契約を解約するときは、私から貴行（金庫、組合）並びに所管の年金事務所に保険料口座振替辞退（取消）申出書により届け出ます。なお、この届出がないまま長期間にわたり所管の年金事務所から納入告知書の送付がない等相当の事由があるときは、特に申出をしない限り、貴行（金庫、組合）はこの契約が終了したものとして取り扱って差し支えありません。
4. この預貯金口座振替について仮に紛議が生じても、貴行（金庫、組合）の責めによる場合を除き、貴行（金庫、組合）には迷惑をかけません。

2枚目（金融機関・ゆうちょ銀行用）

(2) 賞与に対する保険料の納付

　年金事務所へ 健康保険・厚生年金保険被保険者賞与支払届 を提出しますと、給与に対するその月分の保険料に加算された保険料額が、「納入告知書」により翌月に通知されます。

　提出期限 ……賞与を支給した日から5日以内

　納 付 先 ……最寄りの金融機関または年金事務所

　納付期限 ……支払届を提出した月の翌月末日

〈参　考〉

　賞与についての取扱い

① 　同一月に賞与を2回以上支給した場合には、そのすべてを合算した金額（1,000円未満の端数切捨て）を最後に支払った日から5日以内に届出します。

② 　資格喪失した月に支払われた賞与（被保険者期間中に支払われるが、社会保険料がかからない賞与）は、標準賞与額と決定され、年度の累計額に含まれることから届出が必要となります。ただし退職日の翌日以降に支払われた賞与は届出が不要となります。

③ 　産前産後休業期間中、育児休業期間中で月々の保険料を免除されている人は、当該休業期間中に支払われた賞与の保険料も免除されますが、年金給付に反映するため、届出は必要です。

④ 　前年の7月からその年の6月までに賞与を4回以上支給している事業所において就業規則等に年4回以上賞与を支給することが定められている場合、算定基礎届（ 記入例 20）提出時に、7月1日前1年間に支払われた賞与の合計を12で除して得た額を毎月の報酬に上乗せして算出することになりますので、その年の7月以降に支払われる賞与に関する届出は不要となります。

様式コード
2 2 6 5

健康保険
厚生年金保険　**被保険者賞与支払届**
厚生年金保険　70歳以上被用者賞与支払届

令和 6 年 7 月 7 日

提出者記入欄

事業所整理記号　　0 1 - イロハ

届書記入の個人番号に誤りがないことを確認しました。

事業所所在地　〒115-××××
東京都北区神谷2-3-×

事業所名称　株式会社　日本産業

事業主氏名　代表取締役　山田　和夫

電話番号　03（3900）××××

受付印

社会保険労務士記載欄

氏名等

項目名	① 被保険者整理番号	② 被保険者氏名	③ 生年月日	⑦ 個人番号 [基礎年金番号] ※70歳以上被用者の場合のみ
	④ 賞与支払年月日	⑤ 賞与支払額	⑥ 賞与額(千円未満は切捨て)	⑧ 備考

共通　④ 賞与支払年月日(共通)　9.令和　0 6 0 7 0 4　←1枚ずつ必ず記入してください。

| 1 | ① 3 | ② 田中　一郎 | ③ 5-470510 | ⑦ |
| | ④※上記「賞与支払年月日(共通)」と同じ場合は、記入不要です。 9.令和　年　月　日 | ⑤(通貨) 540,000 円　(現物) 0 円 | ⑥(合計⑦+⑦) 千円未満は切捨て 540,000 円 | ⑧ 1. 70歳以上被用者　2. 二以上勤務 3. 同一月内の賞与合算(初回支払日:　日) |

| 2 | ① 4 | ② 竹中　勇蔵 | ③ 5-400102 | ⑦ |
| | ④※上記「賞与支払年月日(共通)」と同じ場合は、記入不要です。 9.令和　年　月　日 | ⑤(通貨) 615,500 円　(現物) 0 円 | ⑥(合計⑦+⑦) 千円未満は切捨て 615,000 円 | ⑧ 1. 70歳以上被用者　2. 二以上勤務 3. 同一月内の賞与合算(初回支払日:　日) |

| 3 | ① 5 | ② 松本　妙子 | ③ 7-010503 | ⑦ |
| | ④※上記「賞与支払年月日(共通)」と同じ場合は、記入不要です。 9.令和　年　月　日 | ⑤(通貨) 300,000 円　(現物) 0 円 | ⑥(合計⑦+⑦) 千円未満は切捨て 300,000 円 | ⑧ 1. 70歳以上被用者　2. 二以上勤務 3. 同一月内の賞与合算(初回支払日:　日) |

| 4 | ① 6 | ② 鈴木　一郎 | ③ 5-630718 | ⑦ |
| | ④※上記「賞与支払年月日(共通)」と同じ場合は、記入不要です。 9.令和　年　月　日 | ⑤(通貨) 390,000 円　(現物) 0 円 | ⑥(合計⑦+⑦) 千円未満は切捨て 390,000 円 | ⑧ 1. 70歳以上被用者　2. 二以上勤務 3. 同一月内の賞与合算(初回支払日:　日) |

| 5 | ① 7 | ② 山田　花子 | ③ 5-621117 | ⑦ |
| | ④※上記「賞与支払年月日(共通)」と同じ場合は、記入不要です。 9.令和　年　月　日 | ⑤(通貨) 300,600 円　(現物) 0 円 | ⑥(合計⑦+⑦) 千円未満は切捨て 300,000 円 | ⑧ 1. 70歳以上被用者　2. 二以上勤務 3. 同一月内の賞与合算(初回支払日:　日) |

| 6 | ① | ② | ③ | ⑦ |
| | ④※上記「賞与支払年月日(共通)」と同じ場合は、記入不要です。 9.令和　年　月　日 | ⑤(通貨) 円　(現物) 円 | ⑥(合計⑦+⑦) 千円未満は切捨て ,000 円 | ⑧ 1. 70歳以上被用者　2. 二以上勤務 3. 同一月内の賞与合算(初回支払日:　日) |

| 7 | ① | ② | ③ | ⑦ |
| | ④※上記「賞与支払年月日(共通)」と同じ場合は、記入不要です。 9.令和　年　月　日 | ⑤(通貨) 円　(現物) 円 | ⑥(合計⑦+⑦) 千円未満は切捨て ,000 円 | ⑧ 1. 70歳以上被用者　2. 二以上勤務 3. 同一月内の賞与合算(初回支払日:　日) |

| 8 | ① | ② | ③ | ⑦ |
| | ④※上記「賞与支払年月日(共通)」と同じ場合は、記入不要です。 9.令和　年　月　日 | ⑤(通貨) 円　(現物) 円 | ⑥(合計⑦+⑦) 千円未満は切捨て ,000 円 | ⑧ 1. 70歳以上被用者　2. 二以上勤務 3. 同一月内の賞与合算(初回支払日:　日) |

| 9 | ① | ② | ③ | ⑦ |
| | ④※上記「賞与支払年月日(共通)」と同じ場合は、記入不要です。 9.令和　年　月　日 | ⑤(通貨) 円　(現物) 円 | ⑥(合計⑦+⑦) 千円未満は切捨て ,000 円 | ⑧ 1. 70歳以上被用者　2. 二以上勤務 3. 同一月内の賞与合算(初回支払日:　日) |

| 10 | ① | ② | ③ | ⑦ |
| | ④※上記「賞与支払年月日(共通)」と同じ場合は、記入不要です。 9.令和　年　月　日 | ⑤(通貨) 円　(現物) 円 | ⑥(合計⑦+⑦) 千円未満は切捨て ,000 円 | ⑧ 1. 70歳以上被用者　2. 二以上勤務 3. 同一月内の賞与合算(初回支払日:　日) |

　登録している賞与支払予定月に、賞与の支払いが全くなかった場合には、年金事務所に健康保険・厚生年金保険賞与不支給報告書（**記入例** 27）を提出することになります。

記入例 27　健康保険・厚生年金保険賞与不支給報告書

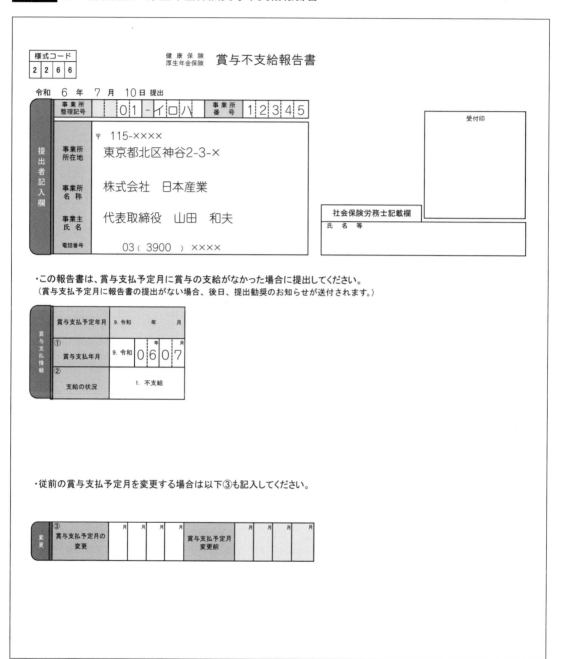

(3) 健康保険組合・厚生年金基金への納付

健康保険組合および厚生年金基金に加入している事業所においては、それぞれ事業所へ通知される告知額を当月末日までに納付書または口座振替により納付します。

2　労働保険料の納付

労働保険料は、年度更新事務により作成された申告書に基づいて、前年度の確定保険料と当年度の概算保険料を、納付書（領収済通知書）により7月10日までに納付することになります。

納付すべき概算保険料の額が40万円以上（労災保険または雇用保険のいずれか片方のみの場合は20万円以上）である場合は、次のように3回に分割納付することができます。

第1期　　　　7月10日
第2期　　　　10月31日
第3期　　　　1月31日

記入例　28　納付書（領収済通知書）

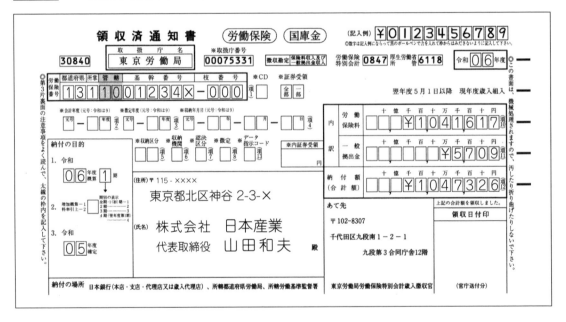

3 所得税等

⑴ 所得税等の納付

　源泉徴収した所得税等、事業所分を一括して 所得税徴収高計算書（納付書） に所定の事項を記入して、最寄りの金融機関で納付します。

記入例 29　所得税徴収高計算書（納付書）

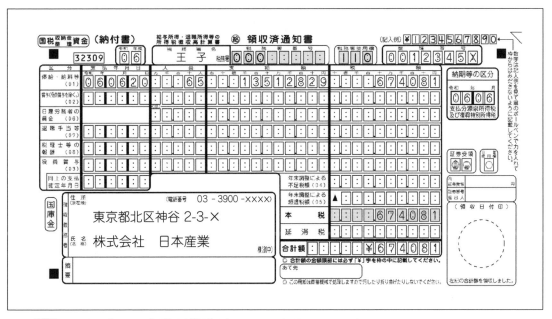

＊　税額は、定額減税による特別控除額を控除した後の金額になります。

　納付先 ……最寄りの金融機関または税務署

　納付期限 ……徴収した月の翌月10日までに納付

注 納付期限が休日等に当たる場合

　　納付期限である各月の10日または納期の特例の適用を受ける場合には1月20日（次のページ参照）が、日曜、祭日などの休日である場合には、その休日明けの日が、また土曜日である場合には、その翌日が日曜日のため翌々日がそれぞれ納付期限となります。

(2) 納期の特例

　常時10人未満の人に給与を支払っている事業所では、源泉徴収した所得税等を通常、毎月納付するところを、年２回にまとめて納付することができます。

記入例 30　所得税徴収高計算書（納付書）（納期特例分）

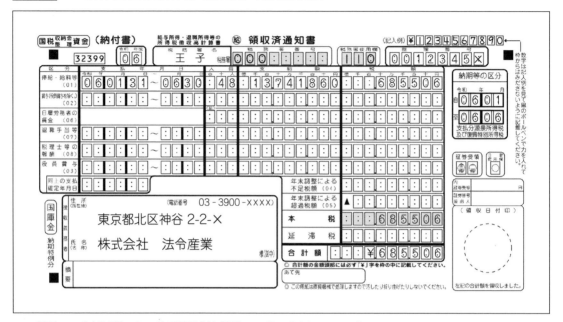

＊　税額は、定額減税による特別控除額を控除した後の金額になります。

　　納 付 先……最寄りの金融機関または税務署
　　納付期限……１月〜６月分は７月10日までに納付
　　　　　　　　　７月〜12月分は翌年１月20日までに納付

　なお、この特例の適用を受けるためには、源泉所得税の納期の特例の承認に関する申請書 を所轄の税務署へ提出して承認を受けることが必要です。この申請書を提出した日の翌月末日までに税務署から承認または却下の通知がない場合は、申請月の翌月末に承認があったものとされます。

記入例 31 源泉所得税の納期の特例の承認に関する申請書

源泉所得税の納期の特例の承認に関する申請書

税務署受付印	※整理番号	

令和 6 年 12 月 3 日

王 子 税務署長殿

住所又は本店の所在地	〒 東京都北区十条1-2-× 電話 03 － 3900 － ××××
（フリガナ）	カブシキガイシャ ショウワサンギョウ
氏名又は名称	株式会社 昭和産業
法人番号	※個人の方は個人番号の記載は不要です。 8 8 7 7 6 6 5 5 4 4 3 3 2
（フリガナ）	ショウワ タロウ
代表者氏名	昭和 太郎

次の給与支払事務所等につき、所得税法第 216 条の規定による源泉所得税の納期の特例についての承認を申請します。

給与支払事務所等に関する事項	給与支払事務所等の所在地 ※ 申請者の住所（居所）又は本店（主たる事務所）の所在地と給与支払事務所等の所在地とが異なる場合に記載してください。	〒 電話 － －		
	申請の日前6か月間の各月末の給与の支払を受ける者の人員及び各月の支給金額〔外書は、臨時雇用者に係るもの〕	月 区 分	支 給 人 員	支 給 額
		6 年 6 月	外 8 人	外 1,665,000 円
		6 年 7 月	外 9 人	外 1,873,000 円
		6 年 8 月	外 9 人	外 1,873,000 円
		6 年 9 月	外 9 人	外 1,873,000 円
		6 年 10 月	外 6 人	外 1,294,000 円
		6 年 11 月	外 7 人	外 1,457,000 円
	1 現に国税の滞納があり又は最近において著しい納付遅延の事実がある場合で、それがやむを得ない理由によるものであるときは、その理由の詳細 2 申請の日前1年以内に納期の特例の承認を取り消されたことがある場合には、その年月日			

税 理 士 署 名	

※税務署処理欄	部門	決算期	業種番号		番号	入力	名簿	通信日付印	年 月 日	確認	

03.06 改正

(3) 誤って多く納め過ぎた源泉所得税の処理

　ちょっとしたミスによって、源泉所得税等を多く納め過ぎてしまった場合には、次のような方法で処理しましょう。

　① 税務署から返してもらう方法

　　「源泉所得税の誤納額還付請求書」を所轄税務署に提出して、誤納額（納付税額と正当税額の差額）を返してもらいます。

　② 充当による方法

　　納め過ぎた源泉所得税等が、給与に対するものであった場合には、①の方法に代えて、「源泉所得税の誤納額充当届出書」を所轄税務署に提出して、多く納め過ぎてしまった後に納付する給与に対する源泉所得税等から、誤納額（納付税額と正当税額の差額）を差し引いた残額を納付する方法で処理することもできます。

4　住民税

(1) 住民税の納付

　事業所では、毎年1月31日までに給与所得者の前年分の給与を従業員の住所地の市町村役場へ 給与支払報告書 （ 記入例 14）で報告をします。それによって、5月31日までに市町村より徴収すべき税額の記載された 納入書 が送付されてきますので、それに従って納付してください。

　なお、 納入書 の様式は各市町村ごとに異なりますので注意が必要です。

　 納 付 先 ……最寄りの金融機関または各市町村

　 納付期限 ……徴収した月の翌月10日

(2) 納期の特例

　常時10人未満の人に給与を支払っている事業所で、市町村の承認を得た者は、通常、毎月納付するところを年2回にまとめて納付することができます。

　 納 付 先 ……最寄りの金融機関または各市町村

　 納付期限 ……前年12月〜5月分は6月10日

　　　　　　　　6月〜11月分は12月10日

第2章

採用から退職までの
給与計算関係事務

I 採用に伴う事務

前職のある人を採用した場合には、次のものを提出させます。

① 年金手帳または基礎年金番号通知書

② 雇用保険被保険者証

③ 給与所得の源泉徴収票

1 給　　　与

雇用契約書、労働条件通知書、給与辞令などで通知します。雇用契約書、労働条件通知書については、記入例1・記入例2を参照してください。

記入例 32　給与辞令

	第　120　号

給 与 辞 令

田中次郎 殿

4月度をもって次の通り給与を支給する。

	百	十	万	千	百	十	円
基 本 給		3	2	4	0	0	0
家 族 手当			1	6	0	0	0
皆 勤 手当			1	0	0	0	0
手当							
手当							
手当							
手当							
合 計		3	5	0	0	0	0

2024 年　4 月　1 日

会社名 （株）日本産業

社長名 山田　和夫

2　健康保険・厚生年金保険

　従業員を採用し、その従業員が被保険者資格を取得するためには、 被保険者資格取得届 を作成し、年金事務所等に提出する必要があります。

記入例 33　被保険者資格取得届

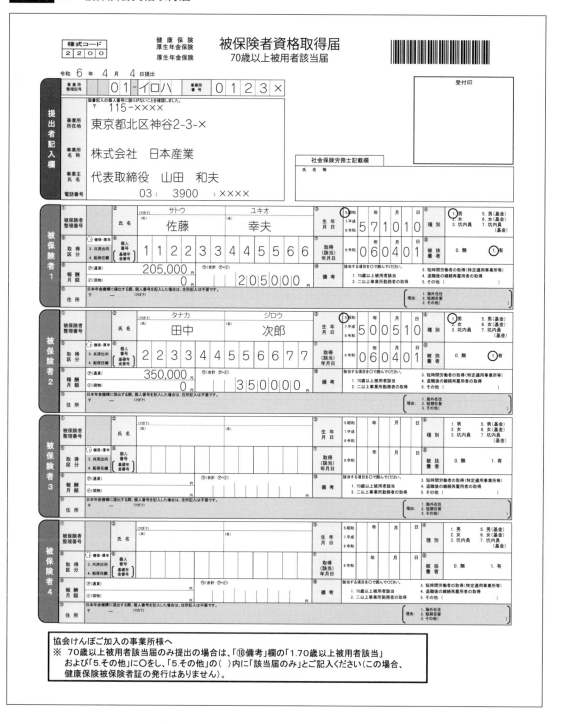

　協会けんぽご加入の事業所様へ
※　70歳以上被用者該当届のみ提出の場合は、「⑩備考」欄の「1.70歳以上被用者該当」
　　および「5.その他」に〇をし、「5.その他」の（　）内に「該当届のみ」とご記入ください(この場合、
　　健康保険被保険者証の発行はありません)。

「⑥個人番号（基礎年金番号）」欄には、本人確認を行ったうえで、個人番号を記入します。基礎年金番号を記入する場合は、10桁の番号を左詰めで記入します。

　なお、日本年金機構に提出する際、個人番号を記入した場合は、「⑪住所」欄の記入は不要です。

記入例 34　被扶養者（異動）届

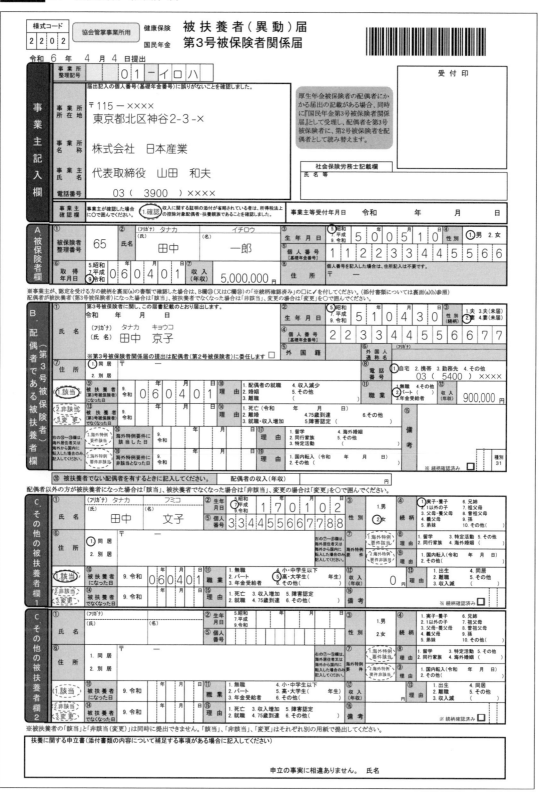

提出期限	…… 採用してから5日以内
添付書類	…… 被扶養者がいる場合は 被扶養者（異動）届

被扶養者について

被扶養者の範囲

◉ 被扶養者として届け出ることができる人は次の親族で、主として被保険者により生計を維持されている人です。

① 被保険者の配偶者（内縁関係を含みます）、直系尊属、子、孫、兄弟姉妹

② 被保険者の3親等内の親族、内縁の配偶者の父母、子で、被保険者と同一世帯に属している人

注 「主として被保険者により生計を維持されている」とは、被保険者により生計の大半を依存していることですが、被扶養者の恒常的収入が、おおむね次のような場合に、届け出ることができます。

　イ　60歳以上の人、あるいは一定の障害がある人
　　　年間収入が、180万円未満

　ロ　イ以外の人
　　　年間収入が、130万円未満

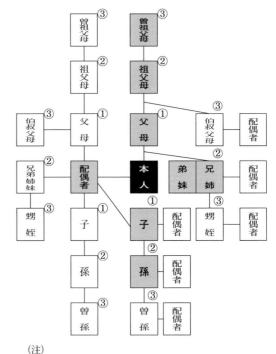

被扶養者の範囲

(注)
1. 右肩の数字は、親等を示します。
2. ▨以外の人は、被保険者と同一世帯に

※ 収入とは、給与（パートを含みます）、事業収入、不動産収入、年金などをいいます。

※ 健康保険の被扶養者の収入見込みの算定に当たって、新型コロナウイルスワクチン接種業務は、例年にない対応として、期間限定的に行われるものであり、また、特にワクチン接種業務に従事する医療職の確保が喫緊の課題となっているという特別の事情を踏まえ、特例措置として医療職の人が令和3年4月から令和6年3月末までの期間において、新型コロナウイルスワクチン接種業務に従事したことにより得た給与収入は、収入確認の際、年間収入に算定しないこととされています。

※ 令和2年4月1日から、被扶養者は、原則として国内居住者に限定されました。ただし、国内居住者でなくても海外特例要件に該当する場合は、被扶養者として認定されます。海外特例要件には、海外留学をしている学生、ボランティア活動やその他就労目的以外で海外に渡航している人などが該当します。

事業主の証明による被扶養者認定の円滑化制度

(1) 制度の概要

　事業主の証明による被扶養者認定の円滑化制度は、被扶養者の収入確認に当たって、一時的な収入変動である旨の事業主の証明を提出することで、保険者による円滑な被扶養者認定を図るもので、一時的な収入変動（主に時間外労働手当や臨時的に支払われる繁忙手当等を想定）については、130万円（180万円）の判定に含めないこととされました。

(2) 適用期間

　この制度は、令和5年10月20日以降の被扶養者認定及び被扶養者の収入確認において適用され、あくまでも「一時的な事情」として認定を行うことから、同一の者について原則として連続2回まで（被扶養者の収入確認を年1回実施していることを想定すると連続する2年間）を上限とすることとされています。

(3) 一時的な収入増加の要因

　一時的な収入増加の要因としては、主に時間外勤務（残業）手当や臨時的に支払われる繁忙手当等が想定され、一時的な収入変動に該当する主なケースとしては、①その事業所の他の従業員が休職・退職したことにより、その労働者の業務量が増加した、②その事業所における業務の受注が好調だったことにより、その事業所全体の業務量が増加した、③・突発的な大口案件により、その該事業所全体の業務量が増加した、などが想定されます。

　一方で、基本給の昇給や恒常的な手当が新設された場合、労働契約における所定労働時間・日数が増加した場合など、今後も引き続き収入が増えることが確実な場合は、一時的な収入増加には該当しません。

(4) 事業主の証明書

　なお、「被扶養者の収入確認に当たっての「一時的な収入変動」に係る事業主の証明書」の記入例は次のとおりです。

被扶養者の収入確認に当たっての「一時的な収入変動」に係る事業主の証明書

当事業所において雇用されている下記被扶養者※1については、雇用契約等により本来想定される年間収入が被扶養者の収入要件である 130 万円未満※2です。この事業主記載欄に記載された期間に係る収入増については、人手不足による労働時間延長等に伴う一時的なものであることを証明します。

※1 新たに被扶養者としての認定を受けようとする者を含みます。

※2 60 歳以上の者又は概ね厚生年金保険法による障害厚生年金の受給要件に該当する程度の障害者については、180 万円未満となります。

【被保険者・被扶養者記載欄】

提出年月日※3		令和 6 年 8 月 2 日
被保険者	（フリガナ） 氏　　　名	ホウレイ　タロウ 法令　太郎
	被保険者等記号・番号	○○○-○○○○
被扶養者	（フリガナ） 氏　　　名	ホウレイ　ハナコ 法令　花子
	被保険者等記号・番号	○○○-○○○○

※3 被保険者の事業所や保険者（健康保険組合等）に提出する際に記載してください。

【被扶養者を雇う事業主の記載欄】

事 業 所 所 在 地	〒 101 － 0032 東京都千代田区岩本町 8-7-6	
事 業 所 名 称	法令物産株式会社	
事 業 主 氏 名	日本　一郎	
電 話 番 号	03-6858-××××	
雇用契約等により本来想定される年間収入		1,200,000 円
人手不足による労働時間延長等が行われた期間		令和 6 年 4 月 から 令和 6 年 7 月 まで
上 記 期 間 に お け る 当 事 業 所 で の 労 働 に よ る 収 入 額 （ 実 績 額 ）		466,860 円

※4 本証明書は、被扶養者認定及び被扶養者の資格確認において対象者の収入を確認する際の添付書類として、被保険者から被保険者の事業所や保険者（健康保険組合等）に提出する書類となります。

※5 記載内容の確認に当たって、別途雇用契約書等の添付書類を求められる場合があります。

① 年金事務所より、次のものが交付されます。

㋐ 基礎年金番号通知書（初めて厚生年金保険に加入する人のみ）

㋑ 被保険者資格取得確認および標準報酬決定通知書

② 全国健康保険協会都道府県支部より次のものが交付されます。

㋒ 健康保険被保険者証（保険証と呼ばれているもの）

③ ┃標準報酬決定通知書┃に記載された標準報酬月額を、保険料額表にあてはめて算出した保険料を┃マスター台帳┃に記入しますが、┃被保険者資格取得届┃の報酬月額欄には、その人が１カ月フルに勤務した場合に支給される見込みの給与総額を、正確に算出して記入しなければなりません。特に時間外手当など変動的な給与の算出には十分注意してください。まったく算出しなかったり、少なく算出する例がよくあります。見込給与総額によって決定された標準報酬月額と実際に支給された給与額とが異なる場合には、資格取得時にさかのぼって、標準報酬月額の訂正を行うのが原則です。

　たとえば、通勤手当を含む給与総見込額が208,200円である新入社員（年齢40歳未満、事業所は東京都所在）の場合は、標準報酬月額が200,000円（健保17級、厚年14級）となりますので、保険料額表に当てはめますと、健康保険料9,810円、厚生年金保険料18,300円となります。なお、給与からの控除は翌月から行います（巻頭、折込表参照）。

注 1 保険者資格を取得した月によって、保険料の適用期間が異なります。

資格取得月	保険料の適用期間
１月～５月	その年の８月分（９月の給与よりの天引き分）または随時改定月の前月分まで取得時の保険料を適用します。
６月～12月	翌年の８月分、または随時改定月の前月分まで取得時の保険料を適用します。

2 試用期間の取扱いについて

　試用期間でも、最初に就労した日が資格取得日になります。試用の結果採用されなかった場合は、その時点で資格を失うことになります。

3 雇 用 保 険

従業員を採用したときには、労災保険については届出の必要はありませんが、雇用保険については、
雇用保険被保険者資格取得届 を適用事業所を管轄する公共職業安定所へ提出します。

記入例 36　雇用保険被保険者資格取得届

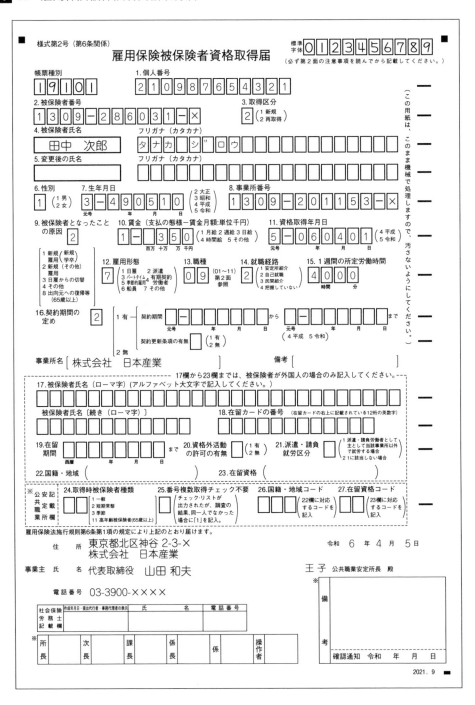

提出期限 ……資格取得した月の翌月10日

なお、 雇用保険被保険者資格取得届 を提出すると、公共職業安定所より次の書類が返却されます。

① 雇用保険被保険者証

② 資格取得等確認通知書

③ 資格喪失届／氏名変更届

資格取得届には、本人の個人番号を記載させることになります。そして、従業員から個人番号の提供を受ける場合には、本人確認（番号確認と身元確認）を行うことが必要です。番号確認については、番号確認書類（個人番号カード、通知カード、個人番号が記載された住民票の写し）によって、身元確認については、身元確認書類（個人番号カード、運転免許証、パスポート等）によって、確認をすることになります。

4 所 得 税 等

従業員を採用した場合、最初に給料を支払う日の前日までに 扶養控除等申告書 （ **記入例** 3）を提出してもらいます。これによって所得税を算出するための区分が決まりますので、必ず提出してもらいましょう。

扶養控除等申告書には、本人や源泉控除対象配偶者等の個人番号を記載させることになります。そして、従業員から個人番号の提供を受ける場合には、本人確認（番号確認と身元確認）を行うことが必要です。ただし、従業員が扶養控除等申告書の余白に「個人番号については給与支払者に提供済みの個人番号と相違ない」旨を記載した上で、給与支払者がすでに提供を受けている従業員等の個人番号を確認し、確認した旨を扶養控除等申告書に表示すれば、扶養控除等申告書の提出時に従業員等の個人番号の記載を省略することができます（42ページ参照）。

なお、前職のある採用者からは、前の会社から本人が交付を受けている 給与所得の源泉徴収票 を提出してもらいます。これがないと年末調整を行うことができませんので、必ず提出させましょう。

令和 6 年分　　給与所得の源泉徴収票

支払を受ける者	住所又は居所	東京都中野区野方1-2-×	(受給者番号)		
			(役職名)		
			氏名	(フリガナ) ヤマダ トシコ	山田　敏子

種　別	支　払　金　額	給与所得控除後の金額 （調整控除後）	所得控除の額の合計額	源泉徴収税額
給与・賞与	内　1　100　000 千　円	千　円	千　円	内　21　600 千　円

(源泉)控除対象配偶者 の有無等		配偶者（特別） 控除の額	控除対象扶養親族の数 （配偶者を除く。）			16歳未満 扶養親族 の数	障害者の数 （本人を除く。）		非居住者 である 親族の数
有	従有	老人	特定	老人	その他		特別	その他	
有	従有	千　円	人　従人	内　人　従人	人　従人	人	内　人	人	人

社会保険料等の金額	生命保険料の控除額	地震保険料の控除額	住宅借入金等特別控除の額
内 142　434 千　円	千　円	千　円	千　円

(摘要)

生命保険料の 金額の内訳	新生命保険料 の金額	円	旧生命保険料 の金額	円	介護医療保 険料の金額	円	新個人年金 保険料の金額	円	旧個人年金 保険料の金額	円
住宅借入金等 特別控除の額 の内訳	住宅借入金等 特別控除適用数		居住開始年月日 (1回目)	年　　月　　日	住宅借入金等特別 控除区分(1回目)		住宅借入金等 年末残高(1回目)	円		
	住宅借入金等 特別控除可能額	円	居住開始年月日 (2回目)	年　　月　　日	住宅借入金等特別 控除区分(2回目)		住宅借入金等 年末残高(2回目)	円		

(源泉・特別) 控除対象 配偶者	(フリガナ) 氏名	区分	配偶者の 合計所得	国民年金保険 料等の金額	円	旧長期損害 保険料の金額	円
				基礎控除の額	円	所得金額 調整控除額	円

控除対象扶養親族	1	(フリガナ) 氏名	区分	16歳未満の扶養親族	1	(フリガナ) 氏名	区分
	2	(フリガナ) 氏名	区分		2	(フリガナ) 氏名	区分
	3	(フリガナ) 氏名	区分		3	(フリガナ) 氏名	区分
	4	(フリガナ) 氏名	区分		4	(フリガナ) 氏名	区分

未成年者	外国人	死亡退職	災害者	乙欄	本人が障害者		寡婦	ひとり親	勤労学生	中途就・退職				受給者生年月日			
					特別	その他				就職	退職	年	月	日	元号	年	月	日
											○	6	5	20	昭和	50	6	15

支払者	住所(居所) 又は所在地	東京都渋谷区神宮前1-2-×
	氏名又は名称	城北産業 株式会社　　　　　(電話) 03-3×××-××××

(受給者交付用)

なお、備付用紙としては 源泉徴収簿兼賃金台帳 があります。これは、所得税法で必要とされる 源泉徴収簿 と労働基準法で必要とされる 賃金台帳 の両方を兼ね備えた用紙です。

5　住　民　税

(1)　新規採用者の場合

新規採用者は前年の給与がゼロの場合には、翌年5月分までの住民税はゼロとなります。

(2)　前職のある採用者の場合

前の会社を退職することにより、本人が納めるべき住民税を全額直接市町村へ納付している場合には、新規採用者と同じく、翌年5月分までの住民税はゼロとなります。

また、前の会社で納めていた住民税の残額を引き続き現会社で特別徴収することができます。その際には、次のような方法で処理します。

(ア)　前の会社が作成した 給与所得者異動届出書 を現会社に回付してもらいます。

記入例 38　給与所得者異動届出書

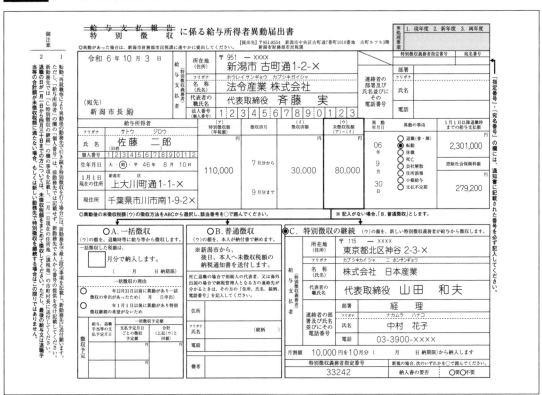

(イ)　現会社では、 給与所得者異動届出書 の下段の新しい勤務先の「名称及び所在地」欄を記入して市町村に提出することによって、市町村から 特別徴収税額変更通知書 が送られてきますので、以後、それに従って納入してください。

Ⅱ 変更に伴う事務

1 基本給、諸手当の変動

(1) 昇給等により、基本給に変動があった場合

　[昇給決定表] を用いて新しい基本給を算出します。一般的には、定期昇給分プラスベースアップ分の額に人事考課を加味して、新基本給を決定することが多いようです。

　また、試用期間が終わって、日給制から月給制に給与体系が変わるなどの場合もあります。

記入例 39　昇給決定表

No	区分	氏名	現行給与額 基本給	現行給与額 諸手当	現行給与額 計	決定参考項目 人事考課点	決定参考項目 昇給率%	決定参考項目	今回昇給額 第1案	今回昇給額 修正	今回昇給額 決定額	新給与支給額 基本給	新給与支給額 諸手当	新給与支給額 計	前期昇給額
1		山田和夫	400,000	120,000	520,000	B	0		20,000			420,000	120,000	540,000	20,000
2		山田和子	300,000	80,000	380,000	B	0		15,000			315,000	80,000	395,000	15,000
3		田中一郎	280,000	40,000	320,000	A	10		19,000			299,000	40,000	339,000	18,000
4		竹中　勇	260,000	40,000	300,000	A	10		18,000	17,000	17,000	277,000	40,000	317,000	17,000
5		松本妙子	250,000	30,000	280,000	B	0		15,000	14,000	14,000	264,000	30,000	294,000	15,000
6		鈴木一郎	260,000	40,000	300,000	A	10		15,000		15,000	275,000	40,000	315,000	14,000
7		山田花子	210,000	20,000	230,000	A	10		12,000		12,000	222,000	20,000	242,000	11,000

（表上部）4年度　期（定期）・随時・調整　　昇給決定表　　2024年3月7日　No＿＿＿

① 新基本給を [マスター台帳] に記入します。

② [給与辞令] を交付します。

　注 ベースアップ交渉が長びいた場合には、前月分の昇給分を今月分の「その他の手当」欄に、昇給差額として記入して支給する方法もあります。

(2) 手当に変動があった場合

　手当金額は、次のような場合に変更しますので、注意が必要です。

① 家族が増減した場合……家族手当

② 役職が上下した場合……役付手当

③ 家を建てた場合……住宅手当

④ 通勤経路が変わった場合……通勤手当

⑤ 定期代が値上りした場合……通勤手当　等

変更した金額を [マスター台帳] に記入します。

(3) 基本給、諸手当の増減により、変動するもの

① 時間外手当等を算出するための1時間当たりの割増賃金額

② 健保・厚年標準報酬月額（2等級差以上のとき）

改定された金額を マスター台帳 に記入します。

なお、詳しくは各項目を参照してください。

2 健保・厚保の標準報酬月額の大きな変動

前記129ページ以降を参照してください。

3 家族の増減

(1) 家族手当

家族に異動があった場合は、 家族異動状況届書 を提出してもらいます。そして、 賃金規程 に記載された家族の範囲や支給金額を確認し、 マスター台帳 を訂正します。

なお、家族の異動の場合は慶弔見舞金も関連してきますので、参考のために 慶弔事届 を掲載しておきました。

(2) 健康保険・厚生年金保険

次のような事由により、被扶養者に変更があった場合に、 被扶養者異動届 を提出します。

① 子供が生まれた場合

② 被扶養者が死亡した場合

③ 子供や妻が就職し、被扶養者でなくなった場合

④ 働いていた妻が退職し、収入がなくなった場合

⑤ その他、被扶養者に増減があった場合

添付書類 ……健康保険被保険者証（上記②、③、⑤の場合)

被扶養者の範囲は160ページを参照してください。

(3) 所得税等

所得税等の計算は、本人から提出されている 扶養控除等（異動）申告書 に記載されている扶養親族等の数に基づいて行います（41ページ参照）。この申告書は、その年最初に給与の支払を受ける日の前日までに提出することになっていますが、年の中途でその記載事項に異動を生じた場合には、その事項を訂正してもらい、訂正後の扶養親族等の数によって所得税を計算します。ただし、年末調整の際には、扶養親族等の状況は、原則として年末の現況で判定することになりますので、本人からすでに提出されている 扶養控除等（異動）申告書 を本人に返し、念のため、申告書に記載されている事項が正しいかどうかを確認させ、訂正漏れがあれば訂正させた上で回収し、年末調整を行うことが望ましいでしょう。

なお、令和6年分の年末調整については、定額減税への対応が必要です。

家族異動状況届書

2024 年 4 月 3 日

人事部長　殿

届出人氏名	中村　三郎				所属 総務部経理課	提出日 2024年 4 月 3 日	
対　象　者	氏　　　名	生年月日	年齢	性別	異動年月日	異動事由	
本人 世帯主							
本人 非世帯主							
家　　族							
	中村　花子	2024年 4月1日	0	女	2024年 4月1日	出生	
同　居　人							

（備　考）　該当事由の添付書類を提出すること。
　　　　　　婚姻のときは、婚姻証明書
　　　　　　出生のときは、出生証明書
　　　　　　死亡のときは、死亡証明書

慶 弔 事 届

2024 年　4 月　4 日

下記のとおりお届けいたします。

所属　総務部経理課
氏名　中村　三郎

事　由	内　　　　容		備考 特記事項・添付書類等
結　婚 （本　人）	配偶者氏名 挙式日(婚姻日) 挙式場所 改姓名	年　月　日生 　年　月　日　　時より	
結　婚 （本人の子女）	子女氏名 挙式日 挙式場所	続柄　　　　　　　才 　年　月　日　　時より	
出　生 （本人・配偶者）	出生年月日 出生者氏名 続柄	2024 年　4 月　1 日 中村　花子 （第　2　子）	
入　学	入学者氏名 学校名 入学年月日	続柄　　　　　　　才 　年　月　日	
家族死亡	死亡者氏名 死亡年月日 続柄	才 　年　月　日 ○ 同居 ○ 別居	
傷　病	病名 入院療養期間 入院先名	年　月　日 から 　年　月　日 まで	
災　害	災害事由 災害の程度		
その他 （　　）			

（キリトリ線）

上記の理由により慶弔見舞金規程に従って、下記の金額を支給いたします。

¥　10,000　　　　　2024 年 4 月 11 日

上記の金額正に受領いたしました。

所属　総務部経理課

氏名　中村　三郎

4 住所変更

(1) 住所変更届

住所変更届 を提出してもらい、マスター台帳 の記載内容を訂正します。

① 通勤手当額または定期券代

② 住所

記入例 42 住所変更届

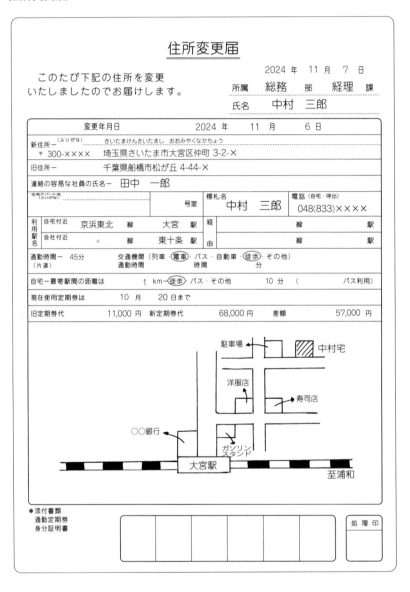

住所変更届

このたび下記の住所を変更
いたしましたのでお届けします。

2024 年 11 月 7 日

所属 総務 部 経理 課

氏名 中村 三郎

変更年月日	2024 年 11 月 6 日

新住所 （ふりがな） さいたまけんさいたまし おおみやくなかちょう
〒 300-×××× 埼玉県さいたま市大宮区仲町 3-2-×

旧住所 千葉県船橋市松が丘 4-44-×

連絡の容易な社員の氏名 田中 一郎

住宅アパート名（ふりがな）		号室	標札名 中村 三郎	電話（自宅・呼出）048(833)××××

利用駅名	自宅付近	京浜東北 線	大宮 駅	経由	線	駅
	会社付近	〃 線	東十条 駅		線	駅

通勤時間 45分 交通機関（列車・電車・バス・自動車・徒歩・その他）
（片道）　　　　　　通勤時間　　　時間　　　分

自宅－最寄駅間の距離は 1 km・徒歩・バス・その他 10 分 （ バス利用）

現在使用定期券は 10 月 20 日まで

旧定期券代	11,000 円	新定期券代	68,000 円	差額	57,000 円

駐車場 中村宅
洋服店
寿司店
○○銀行
ガソリンスタンド
大宮駅
至浦和

＊添付書類
通勤定期券
身分証明書

					処理印

(2) 健康保険・厚生年金保険被保険者住所変更届

記入例 43 健康保険・厚生年金保険被保険者住所変更届

提出期限 ……変更があったとき速やかに

個人番号と基礎年金番号が結びついている被保険者であれば、原則として届出は不要です。

個人番号と基礎年金番号が結びついていない被保険者の場合、住所変更届の提出が必要です。

様式コード			
4	3	0	1

届書コード			1 同一市区町村内	
2	1	1	2 同一市区町村外	届書

国民年金第3号被保険者住所変更届

事務センター長所長	副事務センター長副所長	グループ長課長	担当者

◎「※」印欄は記入しないでください。

配偶者欄

	※事業所整理記号	※被保険者整理番号	ア 個人番号（または基礎年金番号）	イ 配偶者の氏名		生 年 月 日	
			3 4 5 6 7 8 9 0 1 ×××	(フリガナ) タカハシ コウタ (氏)高橋 (名)宏太		5.昭和 7.平成 9.令和 4 3 0 5 1 3	

	変更後	郵便番号		住所	(フリガナ) 都道府県	

	変更前	住所		都道府県	

	変更年月日	令和	/	ウ 備考	□ 短期在留 □ 住民票住所以外の居所 注1 □ 海外居住 □ その他（　　　）	日本年金機構

（注1）住民票住所以外の居所を登録する場合は、今後、住所（居所）を変更した際に手続きが必要となります。

被保険者と配偶者が同住所の場合は④～⑦欄への記入は不要です。
同居の場合は、下記の□に✔を付けてください。注2
（ ☑ 被保険者と配偶者は同居している。）

被保険者欄

	① 個人番号（または基礎年金番号）	② 生 年 月 日	送信	③ 被保険者氏名	(フリガナ) タカハシ チハル (氏)高橋 (名)千春	
変更後	4 5 6 7 8 9 0 1 2 ××	5.昭和 7.平成 9.令和 4 5 0 8 1 0				
	④ 郵便番号	⑤ 住所			⑥ 住所変更年月日	送信
	1 5 4 0 0 1 ×	※住所コード	(フリガナ) トウキョウ セタガヤク カミウマ 東京 都道府県 世田谷区 上馬 4-2-×		令和 9 0 6 0 4 0 1	
変更前	⑦ 住所	東京 都道府県 調布市 西町 3-18-×			エ 備考	□ 短期在留 □ 住民票住所以外の居所 注1 □ 海外居住 □ その他（　　　）

届出人の個人番号（基礎年金番号）に誤りがないことを確認しました。		上記のとおり被保険者から第3号関係の届出がありましたので提出します。		国民年金第3号被保険者住所変更届の記載のとおり届出します。
	令和 6 年 4 月 4 日提出		令和 年 月 日提出	届書の提出は配偶者（第2号被保険者）に委任します □
（事業主等） 事業所等所在地 事業所等名称 事業主等氏名 電話	東京都北区神谷 2-3-× 株式会社 日本産業 代表取締役 山田 和夫 03（3900）××××	（医療保険者等） 所在地 名称 氏名 電話	印	日本年金機構理事長 あて 令和 6 年 4 月 4 日提出 （届出人） 住所 東京都世田谷区上馬 4-2-× 氏名 高橋 千春 電話番号 03 - 3412 - ××××

被扶養配偶者のみ住所変更の場合には、ア、イ、①～⑦欄を記入します。

5　転　勤

(1)　マスター台帳　の通勤手当額または定期代の訂正

　転勤があった場合には、通常、通勤経路も変わりますので、新しい通勤手当額・定期券代を マスター台帳 に記入します。また、定期券を現物で支給する場合には、次回購入する際の参考になりますので、詳細に記入してください。

(2)　健康保険・厚生年金保険

　本社等で一括して加入している場合は、転勤に伴う手続は必要ありません。

ただし、支店等の転勤先が適用事業所である場合には、資格喪失、資格取得の手続を行うことになります。

　◉　転勤先が社会保険の適用事業所である場合

　　(ア)　転勤前の年金事務所へ 資格喪失届 を提出します。

　　(イ)　転勤後の年金事務所へ 資格取得届 を提出します。

　　　提出期限 ……転勤者を受け入れた日から5日以内

　　　注　資格取得日と資格喪失日は同じ日になりますので、記入にあたっては注意してください。

(3)　雇用保険

　①　転勤先が適用事業所である場合

　　転勤後の所轄公共職業安定所へ 被保険者転勤届 を提出します。

　　　提出期限 ……転勤（発令）の翌日から10日以内

　　　添付書類 ……雇用保険適用事業所台帳

　②　転勤先が非該当事業所である場合

　　勤務先が非該当事業所の承認を受けた場合には、転出、転入の届出をする必要がありません。引き続いて適用事業所（転勤前）の被保険者になります。

　◉　非該当事業所の承認

　　　各事業場は、原則として雇用保険の適用事業所となることになっています。しかし、その事業場の独立性が薄く、経理、人事、給与などを本社等で処理している場合には、適用除外を申請することができます。この場合、事業所非該当承認申請書を、非該当を受ける事業場を管轄する公共職業安定所に提出します。

■ 様式第10号（第13条関係）（第1面）　　**雇用保険被保険者転勤届**

（必ず第2面の注意事項を読んでから記載してください。）

帳票種別
`1 4 1 0 6`

1. 被保険者番号
`1 3 0 9 - 5 3 6 6 9 5 - ×`

2. 生年月日
`3 - 4 9 0 5 3 0` （2 大正　3 昭和
元号　年　月　日　4 平成　5 令和）

3. 被保険者氏名　　　　フリガナ（カタカナ）
佐藤　二郎　　`サ ト ウ ゛ シ ゛ ロ ウ`

4欄は、被保険者が外国人の場合のみ記入してください。

4. 被保険者氏名（ローマ字）（アルファベット大文字で記入してください。）

被保険者氏名〔続き（ローマ字）〕

5. 資格取得年月日
`4 - 1 3 0 4 0 1` （3 昭和　4 平成
元号　年　月　日　5 令和）

6. 事業所番号
`1 4 1 5 - 0 0 8 7 6 5 - ×`

7. 転勤前の事業所番号
`1 3 0 9 - 2 0 1 1 5 3 - ×`

8. 転勤年月日
`5 - 0 6 0 4 0 1` （4 平成　5 令和）
元号　年　月　日

9. 転勤前事業所名称・所在地
株式会社　日本産業
東京都北区神谷 2-3-×

10. （フリガナ） 変更前氏名	11. 氏名変更年月日	令和　　年　　月　　日

12. 備考

雇用保険法施行規則第13条第1項の規定により上記のとおり届けます。

令和 6 年 4 月 4 日

住　所　横浜市港北区新横浜 1-2-×

事業主 氏名　株式会社　日本産業 横浜支店
取締役支店長　中村 一郎

電話番号　045-911-××××

港北 公共職業安定所長　殿

社会保険労務士記載欄	作成年月日・提出代行者・事務代理者の表示	氏　名	電話番号

※所長	次長	課長	係長	係	操作者

※備考
確認通知　令和　　年　　月　　日

2021. 9

（この用紙は、このまま機械で処理しますので、汚さないようにしてください。）

（4）住民税

　転勤や退職などによって、給与の支払を受けなくなった人については、│給与所得者異動届出書│を市町村に提出することになりますが、異動の日によって届出が異なりますので注意が必要です（異動に伴う届出、未納税額の徴収などについては167ページと184ページを参照してください）。

III 退職に伴う事務

---

1 役所に対する手続

(1) 健康保険・厚生年金保険

① 資格の喪失について

従業員が退職すると、その翌日に健康保険と厚生年金保険の被保険者資格を失いますので、 被保険者資格喪失届 を年金事務所等へ提出します（ 記入例 46)

提出期限 ……資格喪失日より5日以内

添付書類 ……退職者（被扶養者を含みます）の健康保険被保険者証

② 退職者の保険料の徴収

被保険者資格を喪失した月の保険料は徴収されません。

例えば、9月20日退職の場合、9月21日が資格喪失日で、9月が喪失月となります。したがって、9月分の保険料は徴収しません。

ただし、9月30日に退職した場合は、10月1日が資格喪失日となり、喪失月である10月の保険料は徴収されませんが、9月分保険料は最後の給与から控除しなければなりません。

(2) 雇用保険

① 資格の喪失について

雇用保険被保険者資格喪失届 を公共職業安定所へ提出します（ 記入例 47)。

提出期限 ……退職日の翌日から10日以内

注 雇用保険資格喪失届について、事業所が保管している旧様式（氏名等がプレプリントされたもの）には、個人番号欄がないため個人番号を記載できません。旧様式についても使用することができますが、あわせて「個人番号登録・変更届出書」により個人番号を届け出ることになります（ 記入例 48)。

様式コード		
2 2 0 1		

健康保険
厚生年金保険

厚生年金保険

被保険者資格喪失届
70歳以上被用者不該当届

令和 6 年 4 月 4 日提出

事業所整理記号	0 1 － イ ロ ハ	事業所番号	0 1 2 3 ×

提出者記入欄

届書記入の個人番号に誤りがないことを確認しました。

事業所所在地
〒 115 － ××××
東京都北区神谷2-3-×

事業所名称
株式会社　日本産業

事業主氏名
代表取締役　山田　和夫

電話番号　03 （ 3900 ）××××

在職中に70歳に到達された方の厚生年金保険被保険者喪失届は、この用紙ではなく『70歳到達届』を提出してください。

受付印

社会保険労務士記載欄

氏　名　等

被保険者 1

① 被保険者整理番号	6	② 氏名	(フリガナ) スズキ (氏) 鈴木	イチロウ (名) 一郎	③ 生年月日	5.昭和 7.平成 9.令和	5 5 年 0 7 月 1 8 日

④ 個人番号 [基礎年金番号]	5 5 6 6 7 7 8 8 9 9 0 0	⑤ 喪失年月日	9. 令和 0 6 年 0 4 月 0 1 日	⑥ 喪失(不該当)原因	4.退職等（令和 6 年 3 月 31 日退職等） 5.死亡（令和　年　月　日死亡） 7.75歳到達（健康保険のみ喪失） 9.障害認定（健康保険のみ喪失） 11.社会保障協定

⑦ 備考	該当する項目を○で囲んでください。 1. 二以上事業所勤務者の喪失　　3. その他 2. 退職後の継続再雇用者の喪失　[　　　　]	保険証回収 添付 ___ 枚　返不能 1 枚	⑧ 70歳不該当	□ 70歳以上被用者不該当 （退職日または死亡日を記入してください） 不該当年月日 9.令和　　年　月　日

被保険者 2

① 被保険者整理番号	8	② 氏名	(フリガナ) タナカ (氏) 田中	ゴロウ (名) 悟郎	③ 生年月日	5.昭和 7.平成 9.令和	5 1 年 1 1 月 0 5 日

④ 個人番号 [基礎年金番号]	6 6 7 7 8 8 9 9 0 0 1 1	⑤ 喪失年月日	9. 令和 0 6 年 0 4 月 0 1 日	⑥ 喪失(不該当)原因	4.退職等（令和 6 年 3 月 31 日退職等） 5.死亡（令和　年　月　日死亡） 7.75歳到達（健康保険のみ喪失） 9.障害認定（健康保険のみ喪失） 11.社会保障協定

⑦ 備考	該当する項目を○で囲んでください。 1. 二以上事業所勤務者の喪失　　3. その他 2. 退職後の継続再雇用者の喪失　[　　　　]	保険証回収 添付 1 枚　返不能 ___ 枚	⑧ 70歳不該当	□ 70歳以上被用者不該当 （退職日または死亡日を記入してください） 不該当年月日 9.令和　　年　月　日

被保険者 3

① 被保険者整理番号		② 氏名	(フリガナ) (氏)	(名)	③ 生年月日	5.昭和 7.平成 9.令和	年　月　日

④ 個人番号 [基礎年金番号]		⑤ 喪失年月日	9. 令和　　年　月　日	⑥ 喪失(不該当)原因	4.退職等（令和　年　月　日退職等） 5.死亡（令和　年　月　日死亡） 7.75歳到達（健康保険のみ喪失） 9.障害認定（健康保険のみ喪失） 11.社会保障協定

⑦ 備考	該当する項目を○で囲んでください。 1. 二以上事業所勤務者の喪失　　3. その他 2. 退職後の継続再雇用者の喪失　[　　　　]	保険証回収 添付 ___ 枚　返不能 ___ 枚	⑧ 70歳不該当	□ 70歳以上被用者不該当 （退職日または死亡日を記入してください） 不該当年月日 9.令和　　年　月　日

被保険者 4

① 被保険者整理番号		② 氏名	(フリガナ) (氏)	(名)	③ 生年月日	5.昭和 7.平成 9.令和	年　月　日

④ 個人番号 [基礎年金番号]		⑤ 喪失年月日	9. 令和　　年　月　日	⑥ 喪失(不該当)原因	4.退職等（令和　年　月　日退職等） 5.死亡（令和　年　月　日死亡） 7.75歳到達（健康保険のみ喪失） 9.障害認定（健康保険のみ喪失） 11.社会保障協定

⑦ 備考	該当する項目を○で囲んでください。 1. 二以上事業所勤務者の喪失　　3. その他 2. 退職後の継続再雇用者の喪失　[　　　　]	保険証回収 添付 ___ 枚　返不能 ___ 枚	⑧ 70歳不該当	□ 70歳以上被用者不該当 （退職日または死亡日を記入してください） 不該当年月日 9.令和　　年　月　日

記入例 47 雇用保険被保険者資格喪失届

■ 様式第4号（第7条関係）（第1面）（移行処理用）

雇用保険被保険者資格喪失届

標準字体 **0 1 2 3 4 5 6 7 8 9**
（必ず第2面の注意事項を読んでから記載してください。）

帳票種別 **1 7 1 9 1**

1. 個人番号 **3 2 1 0 9 8 7 6 5 4 3 2**

2. 被保険者番号 **1 3 0 9 - 5 3 6 6 8 9 - ×**

3. 事業所番号 **1 3 0 9 - 2 0 1 1 5 3 - ×**

4. 資格取得年月日 **4 - 0 2 0 8 0 1**
（3 昭和 4 平成 5 令和）
元号　年　月　日

5. 離職等年月日 **5 - 0 6 0 4 1 2**
元号　年　月　日

6. 喪失原因 **2**
1 離職以外の理由
2 3以外の離職
3 事業主の都合による離職

7. 離職票交付希望 **1** （1 有 2 無）

8. 1週間の所定労働時間 **4 0 0 0**
時間　分

9. 補充採用予定の有無 **1** （空白 無 1 有）

10. 新氏名 ［　　　　　　　］　フリガナ（カタカナ）［　　　　　　　　　　　　　　　　　　　　　］

※公安記載職共定業所欄

11. 喪失時被保険者種類 ［　］（3 季節）

12. 国籍・地域コード ［　　　］（18欄に対応するコードを記入）

13. 在留資格コード ［　　］（19欄に対応するコードを記入）

14欄から19欄までは、被保険者が外国人の場合のみ記入してください。

14. 被保険者氏名（ローマ字）又は新氏名（ローマ字）（アルファベット大文字で記入してください。）
［　　　　　　　　　　　　　　　　　　　　　　　　　　　］

被保険者氏名（ローマ字）又は新氏名（ローマ字）〔続き〕
［　　　　　　　　　　　　　］

15. 在留カードの番号 （在留カードの右上に記載されている12桁の英数字）
［　　　　　　　　　　　　］

16. 在留期間 ［　　　　　　　　］まで
西暦　年　月　日

17. 派遣・請負就労区分 ［　］
1 派遣・請負労働者として主として当該事業所以外で就労していた場合
2 1に該当しない場合

18. 国籍・地域（　　　　　　　　　　）

19. 在留資格（　　　　　　　　　　）

20.（フリガナ）被保険者氏名	サカモト　ハナコ 坂本　花子	21.性別 男・**女**	22. 生年月日 大正 **昭和** 平成 令和 **44**年 **7**月 **10**日
23. 被保険者の住所又は居所	埼玉県さいたま市浦和区浦和 1-1-×		
24. 事業所名称	株式会社　日本産業	25. 氏名変更年月日	令和　　年　月　日
26. 被保険者でなくなったことの原因	転職希望のため		

雇用保険法施行規則第7条第1項の規定により、上記のとおり届けます。

令和 **6**年 **4**月 **15**日

事業主　住　所　東京北区神谷2-3-×
氏　名　株式会社　日本産業
　　　　代表取締役　山田和夫
電話番号　03-3900-××××

王子 公共職業安定所長　殿

社会保険労務士記載欄	作成年月日・提出代行者・事務代理者の表示	氏　名	電話番号	安定所備考欄		

※ 所長	次長	課長	係長	係	操作者	確認通知年月日 令和　年　月　日

2021. 9

■ 様式第10号の2 （第14条、第65条の6、第65条の11、附則第1条の3関係）（第1面）

個人番号登録・変更届

標準字体 **0123456789**
（必ず第2面の注意事項を読んでから記載してください。）

帳票種別 `1 1 7 0 1`

1. 届出区分 `1` （1 新規 / 2 変更）

2. 個人番号 `1 2 3 4 5 6 7 8 9 0 1 2`

3. 変更前個人番号 （空欄）

4. 被保険者番号 `1 3 0 9 - 7 8 0 3 7 2 - ×`

日雇労働被保険者番号 （空欄）

5. 氏名（カタカナ） `マ ツ タ゛ カ ス゛ マ`

6. 性別 `1` （1 男 / 2 女）

7欄は、被保険者が外国人の場合のみ記入してください。

7. 被保険者氏名（ローマ字）（アルファベット大文字で記入してください。） （空欄）

被保険者氏名〔続き（ローマ字）〕 （空欄）

8. 生年月日 `3 - 6 3 0 8 1 4` （2 大正 3 昭和 / 4 平成 5 令和）
元号　　年　　月　　日

9. 事業所名 [　　　　　　　　]

10.　変更前氏名	（フリガナ）カブシキガイシャ　ニホンサンギョウ 株式会社　日本産業	11. 氏名変更年月日	令和　　　年　　　月　　　日

メモ欄

雇用保険法施行規則第14条・第65条の6・第65条の11・附則第1条の3の規定により上記のとおり雇用保険被保険者の個人番号について届けます。

事業主又は本人
　住　所　東京都北区神谷2-3-×
　氏　名　株式会社　日本産業
　　　　　代表取締役　山田和夫
　電話番号　03-3900-××××

令和　6　年　4　月　1　日

王子公共職業安定所長　殿

※備考

社会保険労務士記載欄	作成年月日・提出代行者・事務代理者の表示	氏　名	電話番号

※	所長	次長	課長	係長	係	操作者

2022. 3

（この用紙は、このまま機械で処理しますので、汚さないようにしてください。）

② 離職証明書 について

退職者から離職票の交付が不要との申し出がない限り、 被保険者資格喪失届 に添えて 離職証明書 を提出して交付を受け、本人に渡します。

(3) 所得税等

① 給与所得の源泉徴収票

年の中途で退職した人については、その年1月から退職時までの給与の支給状況などを記載した 給与所得の源泉徴収票 (166ページ 記入例 37) を作成し、これを本人に交付し、一定の要件に該当する者については、税務署に提出しなければなりません。期限は、退職後1カ月以内となっていますが、税務署への提出分（提出範囲が定められています）は、翌年1月31日までに提出しても差し支えありません。しかし、退職者に対しては、退職後1カ月以内に交付しなければなりません。

② 退職所得の源泉徴収票

退職金を支給した場合には、 退職所得の源泉徴収票・特別徴収票 を作成して、退職日から1カ月以内に、本人に交付する必要があります。

また、退職者が法人（人格のない社団や財団を含みます）の取締役、監査役、理事、監事、清算人、その他の役員であった人である場合には、退職所得の源泉徴収票を会社の所轄税務署に、退職所得の特別徴収票を退職者の住所地の市区町村に提出しなければならないことになっています。

なお、税務署と市区町村への提出分には個人番号を記載しますが、受給者交付用には個人番号を記載しません。

③ 退職者と年末調整

年の中途退職者については、原則として年末調整を行いませんが、死亡退職者等については年末調整を行います（63ページ参照）。

令和 6 年分 退職所得の源泉徴収票・特別徴収票

支払を受ける者	個人番号	1 0 9 8 7 6 5 4 3 2 1 0			
	住所又は居所	埼玉県さいたま市浦和区浦和1-1-X			
	令和 年 1月1日の住所	同上			
	氏 名	(役職名) 取締役人事部長 大宮 三郎			

区 分	支 払 金 額	源泉徴収税額	特別徴収税額	
			市町村民税	道府県民税
所得税法第201条第1項第1号並びに地方税法第50条の6第1項第1号及び第328条の6第1項第1号適用分	15 000 000	89 337	125 000	70 000
所得税法第201条第1項第2号並びに地方税法第50条の6第1項第2号及び第328条の6第1項第2号適用分				
所得税法第201条第3項並びに地方税法第50条の6第2項及び第328条の6第2項適用分				

退職所得控除額	勤続年数	就職年月日	退職年月日
1,150 万円	25 年	平成 12 年 4 月 1 日	令和 6 年 4 月 28 日

(摘要)

支払者	個人番号又は法人番号	1 1 2 2 3 3 4 4 5 5 6 6 7 (右詰で記載してください。)
	住所(居所)又は所在地	東京都北区神谷2-3-X
	氏名又は名称	株式会社 日本産業 (電話) 03-3900-××××

(税務署提出用)

整 理 欄	①	②

○個人番号又は法人番号欄に個人番号(12桁)を記載する場合には、右詰で記載します。

316

令和 6 年分 退職所得の源泉徴収票・特別徴収票

支払を受ける者	住所又は居所	埼玉県さいたま市浦和区浦和1-1-X			
	令和 年 1月1日の住所	同上			
	氏 名	(役職名) 取締役人事部長 大宮 三郎			

区 分	支 払 金 額	源泉徴収税額	特別徴収税額	
			市町村民税	道府県民税
所得税法第201条第1項第1号並びに地方税法第50条の6第1項第1号及び第328条の6第1項第1号適用分	15 000 000	89 337	125 000	70 000
所得税法第201条第1項第2号並びに地方税法第50条の6第1項第2号及び第328条の6第1項第2号適用分				
所得税法第201条第3項並びに地方税法第50条の6第2項及び第328条の6第2項適用分				

退職所得控除額	勤続年数	就職年月日	退職年月日
1,150 万円	25 年	平成 12 年 4 月 1 日	令和 6 年 4 月 28 日

(摘要)

支払者	住所(居所)又は所在地	東京都北区神谷2-3-X
	氏名又は名称	株式会社 日本産業 (電話) 03-3900-××××

(受給者交付用)

316

提出期限 ……退職後1カ月以内に退職者に交付

記入例 50 退職手当金等受給者別支払調書

退 職 手 当 金 等 受 給 者 別 支 払 調 書

受給者	住所	台東区上野1-1-×	氏　名	神田　信子
			個人番号	2 1 0 9 8 7 6 5 4 3 2 1
退職者		〃	氏　名	〃　英雄
			個人番号	3 2 1 0 9 8 7 6 5 4 3 2

退職手当金等の種類	退職手当金等の給与金額	退職年月日
退 職 金	1,000万円	令和 6 年 4 月 9 日
退職時の地位職務	受給者と退職者との続柄	支払年月日
営業部長	妻	令和 6 年 4 月 14 日

(摘要)
退職者の死亡年月日　令和6年4月9日

（令和 6 年 4 月 15 日　提出）

支払者	営業所又は事務所等の所在地	東京都北区神谷 2-3-×
	営業所又は事務所等の名称又は氏名	株式会社　日本産業　（電話) 03-3900-××××
	個人番号又は法人番号	1 1 2 2 3 3 4 4 5 5 6 6 7

整 理 欄	①	②

○個人番号又は法人番号一欄に個人番号（12桁）を記載する場合には、右詰で記載します。

325

注 死亡退職による退職手当については、受給者単位で支給額が100万円を超える場合には退職手当金等受給者別支払調書を税務署に提出することになります。

(4) 住 民 税

① 給与所得者異動届出書の提出

給与所得者異動届出書は退職日により届出の内容が異なります。

(ア) 給与支払報告書を提出してから4月1日までに退職した場合

給与支払報告に係る給与所得者異動届出書 を市区町村に提出します。

提出期限 ……4月15日まで

(イ) 4月2日以後に退職した場合

特別徴収に係る給与所得者異動届出書 を市区町村に提出します。

提出期限 ……退職した日の翌月10日まで

注 特別徴収の対象となる給与所得者は、給与支払報告書に記載されているすべての給与所得者ではなく、その年の4月1日現在において給与の支払を受けている人です。

したがって、給与支払報告書を提出（提出期限1月31日）してから、4月1日までの間に、給与所得者に異動があった場合には、すでに提出した給与支払報告書を 給与支払報告に係る給与所得者異動届出書 によって訂正する必要があります。

なお、前年より引き続いて住民税を特別徴収されていた人が退職したことにより、給与支払報告書を訂正する必要がある場合であっても、その退職者については、現に特別徴収されている住民税についての 特別徴収に係る給与所得者異動届出書 が提出されることになりますので、別途 給与支払報告に係る給与所得者異動届出書 を提出する必要はありません。

第6号の6様式(1)

給 与 支 払 報 告 に係る給与所得者異動届出書
特 別 徴 収

1. 現年度　2. 新年度　3. 周年度
※区処理欄

◎異動があった場合は、速やかに提出してください。

中野区長 あて

令和　6　年　10　月　7　日提出

特別徴収
給与支払者の

住所（居所） 又は所在地	〒115-0043 東京都北区神谷　2-3-×
フリガナ 氏名又は名称	株式会社 日本産業
代表者の 職氏名 個人番号 又は法人番号	代表取締役　山田　和夫 1 1 2 2 3 3 4 4 5 5 6 6 7

特別徴収義務者 指定番号	××××× ××
宛名番号	××××× ××
連絡先の氏名及び 所属課、係名並びに 電話番号	課・係　給与係
	氏名　中村花子
	電話　03-3900-×××× （内線××）

給 与 所 得 者

受給者番号（整理番号）	1	フリガナ 氏名	タナカ　イチロウ 田中　一郎 [旧姓]
		生年月日	昭和・平成　51　年　8　月　4　日
		個人番号	2 2 3 3 4 4 5 5 6 6 7 7
		1月1日 現在の住所	東京都中野区江古田1-2-×

特別徴収税額 （年税額）	徴収済額 （ア）	未徴収税額 （ア）-（イ）	異動年月日
165,000	7月から 9月まで	10月から 5月まで	04・9・30
	45,000	120,000	

異動の事由	異動後の未徴収 税額の徴収	退職した年の1 月から退職時ま での給与支払額
1. 退職 2. 転勤 3. 合併 4. 休職 5. 長期欠勤 6. 死亡 7. 会社解散 8. 住所異動報告 9. その他 （特別徴収可）	職（勤併職退） （病死散） （社解誤他）	円
	特別徴収継続	2,151,000
	一括徴収（1月以降は必須）	
	（　月　日納付分）	控除社会 保険料額
	円	円
	普通徴収	225,900
	理由	円

給与の支払を受け なくなった後の住所　同上

給与の支払を受けなくなった後の月割額（未徴収税額）を一括徴収する場合は、次の欄にも記入してください。

一　括　徴　収　の　理　由	徴収予定	相続人の氏名等
① 異動が令和　6　年　12　月　31　日 までで、申出があったため （　9　月　5　日申出）	徴収予定 月日	徴収予定額	徴収予定額合計 （上記（ウ）と同額）	氏名	続柄
	10・20	120,000	120,000	住所	
2. 異動が令和　年　月　日 以後で、特別徴収の継続の希望がないため	・	円	円	電話	

※「9. その他（特別徴収不可）」を選択された場合は、次のいずれかの理由を必ず選択してください。

1 （普C）	給与が少なく税額が引けない （例：年間の給与支給額が100万円以下）
2 （普D）	給与の支払が不定期 （給与の支払が毎月でない）
3 （普E）	事業専従者 （個人事業主のみ対象）

◎転勤（転職）等による特別徴収届出書

新しい勤務先の特別徴収義務者指定番号 （※ 新規事業所の場合は記入不要です。）			課・係		新しい勤務先では
新しい勤務先の住所 （居所）又は所在地	〒		連絡先の 氏名及び 所属課、 係名並びに 電話番号	氏名	月割額　　　　　円を
フリガナ 氏名又は名称					※区市町村記入欄
代表者の職氏名					月分から徴収し、納入します。
個人番号又は法人番号			電話 （内線　）		新規の場合は、いずれかを○で囲んでください。
					納入書　要・不要

【提出先】　〒164-8501　中野区中野四丁目8番1号　中野区税務課 課税係

② 未納税額の徴収

㋐ 1月1日から4月30日までに退職した場合

当該年度分の住民税の残税額を、給与または退職手当から一括徴収します。

納付期限 ……徴収した月の翌月10日

㋑ 5月1日から5月31日までに退職した場合

特別徴収税額は6月から翌年5月までの12回に分割されて徴収します。したがって、5月に退職ということは、最終回分の5月分を徴収してしまえば、残税額はゼロになってしまいます。したがって、残税額についての徴収はありません。

㋒ 6月1日から12月31日までに退職した場合

ⓐ 普通徴収による納付

市町村が、直接給与所得者に対して 納税通知書 を交付し、その交付を受けた人が、その 納税通知書 によって納付します。

ⓑ 残税額の一括徴収、納付

退職者から一括徴収してほしいという申出があれば、給与または退職金から残税額を一括徴収し、その翌月の10日までに納付することができます。

注 退職者本人から再就職先で特別徴収を継続したい旨の要望があれば 給与所得者異動届出書 を作成し、再就職先に回付します（167ページ参照）。

2　社内で処理する業務

(1)　退職者から返却（提出）してもらうもの

①　健康保険被保険者証

②　身分証明書

③　社員章、胸章

④　現物支給を受けたもの（定期券、制服など）

⑤　退職届

⑥　退職所得の受給に関する申告書

(2)　退職者に渡す書類など

①　年金手帳（会社で保管している場合）

②　雇用保険被保険者証（会社で保管している場合）

③　離職票

④　給与所得の源泉徴収票

⑤　退職所得の源泉徴収票

⑥　退職証明書（希望者）

(3)　その他の作業

①　従業員に住民税を一括納付するのか、普通徴収による納付かを確認します。

②　会社団体扱いの生命保険等の切替えをします。

③　貸付金、仮払金、社内預金、通勤手当等の精算をします。

④　退職者リストを マスター台帳 のファイルから削除します。

機械計算による税額の計算方法

　給与所得に対する源泉徴収税額は、各種の税額表を適用して求めることになっています。ところで、給与等の支払に関する計算を電子計算機等の事務機械によって処理している場合には、その給与等の金額に対する源泉徴収税額の計算も併せて機械計算により行えばより効率的であると思われます。

　そのため、所得税法では、各種の税額表のうち最も使用頻度の高い「月額表の甲欄」について、その税額計算を通常の税額表によらないで財務大臣が告示する方法（簡単な機械計算）によることができる特例が設けられています。

　「月額表の甲欄」以外の税額の計算や年末調整の際の年税額の計算等については、事務機械処理用の税額計算の特例は認められていませんが、これらについても、その税額表等の作成方法に従った計算方法を計算機に組み込むまたは税額表等そのものを計算機に組み込むなどの方法により、税額表等を適用した場合の税額と同じ税額を計算機により計算しても差し支えありません。

　そこで、ここでは「財務省告示による月額表の甲欄の税額の機械計算」および「月額表の乙欄の税額計算」、「年末調整の際の年税額等の計算」の方法について説明することとします。

1　月額表の甲欄に対する税額の計算

　月額表の甲欄に対応する税額を機械により計算する特例は、税額表の計算方法に準じて、財務省告示によって定められていますが、税額表に掲げられている税額がその月の社会保険料等控除後の給与等の金額の各階級における中間値を基にして計算してあるのに対し、この告示による税額計算の方法では、この中間値によらないで、実際のその月の社会保険料等控除後の給与等の金額を基として計算できるようになっています。なお、税額を機械によって計算する場合であっても、必ずしもこの告示による税額計算の方法による必要はありません。したがって、容量の大きい計算機にあっては、税額表の作成方法に従った計算方法などによって税額表に掲げる税額と同じ税額を求めることとしてもよいということになります。ここでは、この告示による税額計算の特例について説明することとします。

⑴　対象となる給与

　告示による税額計算の特例の対象となる給与は、「給与所得者の扶養控除等申告書」を提出している人に支払う次の給与に限られています。
　①　支給期が毎月、毎半月、毎旬または月の整数倍の期間ごとと定められている給与
　②　前月中の通常の給与を受けていない人に支払う賞与
　③　前月中の通常の給与の10倍を超える賞与

(2) 税額の計算方法

① まず、その月の給与の金額から社会保険料を控除します。

② ①で求めた社会保険料等控除後の給与等の金額から次の㋐から㋓までの金額の合計額を控除します。

㋐ 別表第1に定める給与所得控除の額

㋑ 源泉控除対象配偶者がある場合には、別表第2に定める配偶者控除の額

㋒ 控除対象扶養親族がある場合には、その数に応ずる別表第2に定める扶養控除の額

注 所得者本人が障害者（特別障害者を含みます）、寡婦、ひとり親または勤労学生に該当する人については、その該当するごとに控除対象扶養親族が1人あるものとし、同一生計配偶者または扶養親族のうちに障害者（特別障害者を含みます）または同居特別障害者に該当する人がある場合には、その該当するごとに他に1人の控除対象扶養親族があるものとします。

㋓ 別表第3に定める基礎控除の額

③ ②により計算した金額（「その月の課税給与所得金額」といいます）に応じて、別表第4に定める算式により税額を計算します。

これが求める税額（源泉所得税と復興特別所得税の額）です。

〈別表第1〉

その月の社会保険料等控除後の給与等の金額（A）		給与所得控除の額
以　上	以　下	
円	円	
135,416円以下		45,834円
135,417	149,999	（A）× 40％ － 8,333円
150,000	299,999	（A）× 30％ ＋ 6,667円
300,000	549,999	（A）× 20％ ＋ 36,667円
550,000	708,330	（A）× 10％ ＋ 91,667円
708,331円以上		162,500円

注 給与所得控除の額に1円未満の端数があるときは、それを切り上げた額をもってその求める給与所得控除の額とします。

〈別表第2〉

配偶者控除の額または配偶者特別控除の額	31,667円
扶　養　控　除　の　額	31,667円×控除対象扶養親族の数

〈別表第3〉

その月の社会保険料等控除後の給与等の金額（A）		基礎控除の額
以　　上	以　　下	
円	円	
―	2,162,499	40,000 円
2,162,500	2,204,166	26,667 円
2,204,167	2,245,833	13,334 円
2,245,834 円以上		0 円

〈別表第4〉

その月の課税給与所得金額（B）		税額の算式
以　　上	以　　下	
円	円	
―	162,500	（B）×　5.105％
162,501	275,000	（B）×10.210％ －　　8,296 円
275,001	579,166	（B）×20.420％ －　36,374 円
579,167	750,000	（B）×23.483％ －　54,113 円
750,001	1,500,000	（B）×33.693％ －130,688 円
1,500,001	3,333,333	（B）×40.840％ －237,893 円
3,333,334 円以上		（B）×45.945％ －408,061 円

注　税額に10円未満の端数があるときは、これを四捨五入した額をもってその求める税額とします。

(3)　機械計算の特例により求めた税額と税額表による税額との差異

(2)による機械計算の特例により求めた税額は源泉徴収税額表のそれぞれの該当欄の税額とは必ずしも一致しませんが、これは次のような理由によるものです。

① 税額表の税額は、その月の社会保険料等控除後の給与等の金額の範囲の中間値を基にして計算してある（たとえば、「93,000円から93,999円まで」の場合には93,500円として計算してあります）のに対し、計算機による特例計算では、その月の社会保険料等控除後の給与等の金額そのものを基にして計算することになっています。

計 算 例

その月の社会保険料等控除後の給与等の金額が244,800円で、源泉控除対象配偶者と控除対象扶養親族1人の場合

① 月額表甲欄の税額　　　　　　　　　3,080円
② 計算機による特例計算による税額　　3,130円

$$\{244,800円 －（244,800円×30％＋6,667円）－31,667円－31,667円×1人－40,000円\}$$
$$×5.105％＝3,132.37円 → 3,130円（10円未満四捨五入）$$

② 扶養親族等の数が7人を超える場合には、税額表では7人の場合の税額を計算し、その計算した税額から7人を超える1人につき1,610円を控除することとしているのに対し、計算機による特例計算では扶養親族等の数に応じ、給与所得控除後の給与等の金額から常に1人当たり31,667円（基礎控除分は別表第3の金額）を控除する方法で計算してあります。

(計)(算)(例)

その月の社会保険料等控除後の給与等の金額が455,500円で、源泉控除対象配偶者と控除対象扶養親族7人の場合

① 月額表甲欄の税額　　3,410円−1,610円＝1,800円

② 計算機による特例計算による税額　　　　1,760円

{455,500円−（455,500円×20％＋36,667円）−31,667円−31,667円×7人−40,000円}

×5.105％＝1,755.96円→1,760円（10円未満四捨五入）

---

③ その月の社会保険料等控除後の給与等の金額が740,000円を超える場合には、税額表の税額では扶養親族等の数が0人の場合を基準として税率の切替えをし、しかも若干の調整が加えられており、また扶養親族等の数に関係なく同じ税率を適用して計算している部分があるのに対し、計算機による特例計算ではこのような調整をしないで、その月の社会保険料等控除後の給与等の金額が740,000円を超える場合にも740,000円以下の場合と同じ要領で計算することになっています。

(計)(算)(例)

その月の社会保険料等控除後の給与等の金額が1,200,000円で、源泉控除対象配偶者と控除対象扶養親族3人の場合

① 月額表甲欄の税額　　　　　　　　　　　179,842円

　　95,610円＋（1,200,000円−950,000円）×33.693％＝179,842円

② 計算機による特例計算による税額　　　　162,720円

{1,200,000円−（162,500円）−31,667円−31,667円×3人−40,000円}×33.693％

−130,688円＝162,721.42円→162,720円（10円未満四捨五入）

2　月額表の乙欄に対する税額の計算

税額の計算方法の特例として告示により機械による計算方法が定められているのは、すでに述べたとおり、月額表の甲欄に掲げる税額に代わる税額だけで、**月額表の乙欄に掲げる税額等については、税額の計算方法としての特例は設けられていません。**

したがって、月額表の乙欄に掲げる税額を計算機により計算する場合には、その給与等に対する税額を求めるために作られている税額表等の作成根基を計算機に組み込むか、あるいは表そのものを計算機に組み込むかして、税額表等を適用して求めた税額と同じ税額が求められるようにしなければなりません。

給与計算の実例

設例 1　月給者の例

① 氏　　　名……東京太郎（42歳）（事務員）（※介護保険第2号被保険者に該当します）

② 扶 養 者……妻（41歳）（無収入）　子供3人（18歳、16歳、12歳）

③ 給　　　与……基本給（300,000円）　職務手当（50,000円）　家族手当（20,000円）

通勤手当（26,500円）　時間外手当（労働時間分）

（注1）　家族手当は、月額　妻10,000円、子供1人につき5,000円

（注2）　通勤手当は、電車・バス定期代相当額

（注3）　合計所得金額（見積額）は、555万円

④ 計算基準……時間外労働……15時間

⑤ 標準報酬月額……440,000円（事業所は、東京都所在）

⑥ 計算データ……1　所定労働時間……9：00〜17：30（休憩12：00〜13：00）

2　所定休日……毎土・日曜日、祝祭日、年末年始7日、夏休み5日

〈給与支給額の内訳〉

明細書	月分 5 出勤 20 欠勤 0	基本給	時間外手当	職務手当	家族手当		非課税額	支給額合計
	東京太郎	300,000	44,340	50,000	20,000		26,500	440,840

● **1月平均所定労働時間の計算**（26ページ参照）

月額で定められている給与がある場合は、あらかじめこの計算をする必要があります。

$$\frac{\{365-(101+15+7+5)\}\times 7.5}{12}=148.125時間または\underline{148時間}$$

● **時間外手当の計算（割増率2割5分の場合）**（28ページ参照）

(1)　1時間当たりの残業単価の計算

$$\frac{300,000+50,000}{148}\times 1.25=2,956.08円または\underline{2,956円}$$

- ポイント -

この設例の家族手当、通勤手当は、割増賃金算定基礎賃金から除外することができる場合があります。詳しくは27ページを参照してください。

(2) 時間外手当額の計算

@2,956 × 15 ＝ 44,340円

◉ 社会保険料の控除

課税分給与額	社会保険料控除額				差引控除後の給与額
	健　保	厚　年	雇　用	社保計	
414,340	25,476	40,260	2,645	68,381	345,959

(1) 健康保険料・厚生年金保険料

　　保険料額表に当てはめて、それぞれの被保険者負担額を算出しますが、標準報酬月額は、440,000円（健保28級、厚年25級）と定時決定されていますので、給与支給額に残業の増加や欠勤による減少などにより変動があっても、月ごとに社会保険料が変わることはありません。

　　健康保険料（一般保険料＋介護保険料）は事業所が東京都所在ですから25,476円となり、厚生年金保険料は40,260円です。

┌─ ポイント ─────────────────┐

　各人の標準報酬月額は保険者が決定しますが、①資格取得時、②算定、③月変、④育児休業等終了時改定のいずれかによります。

└────────────────────────┘

(2) 雇用保険料

　　56ページの被保険者負担率を掛けて求めます。給与総額は440,840円ですので、1,000分の6を掛けた2,645円が雇用保険料となります。

$$440,840円 × \frac{6}{1,000} = 2,645.04円……2,645円$$

┌─ ポイント ─────────────────┐

1　業種によって雇用保険料の額（率）が異なります（56ページ参照）。

2　1円未満の端数は、労使の特約（円未満切捨て）により切り捨てます。

3　非課税通勤手当を含めた額で算出します。

└────────────────────────┘

◉ 所得税・市町村税の控除

所得税・市町村民税及び一般控除額						差引支給額
所得税	住民税	組合費	親睦会費		控除計	
	(通知額)					
5,350	15,100	3,000	2,000		25,450	347,009

(1) 所 得 税

　　所得税は社会保険料控除後の給与（345,959円）について計算します。

┌─ ポイント ─────────────────────────────────┐
│
│　　支給額合計は440,840円ですが、このうち通勤手当26,500円は非課税（32ページ参照）です
│　から課税給与額は414,340円となり、社会保険料控除額が68,381円のため、差引後の345,959
│　円について所得税を計算することになります。
│
└──┘

　　所得税は社会保険料控除後の給与額と扶養親族等の数に従って計算しますので、この例の場合、
月額表甲欄の「社会保険料等控除後の給与等の金額」の「344,000円以上〜347,000円未満」欄
と「扶養親族等の数」の「3人」欄（妻と16歳以上の子2人）によって求めると5,350円となり
ます。

　　なお、扶養控除等申告書が提出されていない場合は、月額表の乙欄で求めます（46ページ参照）。

(2) 住 民 税

　　住民税は、給与が支払われる都度税額を計算するものではなく、前年分の給与の額等を基に市
区町村が計算し、毎月特別徴収すべき税額が市区町村からすでに通知されていますので、その額
を記入します。

　　※特別徴収の仕組み等については、48ページ参照。

● **組合費、親睦会費その他の控除**

　　給与から天引きすることが認められるのは、次の2つです。

① 法令により控除することが認められているもの

　　イ　社会保険料（健康保険料（介護保険料を含みます）、厚生年金保険料、雇用保険料）

　　ロ　税金（源泉所得税、住民税）

② 労使協定（賃金控除に関する協定書）によるもの

　　社宅・寮費、購買代金、福利厚生施設の費用、組合費、親睦会費、財形、生命保険料、貸付返済
金などを控除することができます。詳しくは50ページを参照してください。

● **差引給与額**

440,840円（支給額合計）－68,381円（社保計）－25,450円（控除計）＝347,009円

設例2　日給者の例

① 氏　　　名……大阪一郎（38歳）（運転手）

② 扶　養　者……妻（38歳）（パート年収1,000,000円）　子供1人（17歳）

③ 給　　　与……基本給（日給16,500円）　運転手当（35,000円）　通勤手当（108,000円）
　　　　　　　　　時間外手当（労働時間分）　休日出勤手当（労働時間分）　深夜労働手当
　　　　　　　　　（労働時間分）

　　　　　　　　　（注1）　運転手当は、積荷の量に応じて支給される歩合給

　　　　　　　　　（注2）　通勤手当は、3カ月分の通勤定期代相当額

　　　　　　　　　（注3）　合計所得金額（見積額）は、573万円

④ 計算基準……1　時間外労働…22時間（3の22：00～24：00は含まない）

　　　　　　　2　休日労働……法定休日以外の休日1日（8時間）

　　　　　　　3　深夜労働……2時間（8：00～24：00勤務のうち22：00～24：00労働分）

⑤ 標準報酬月額……500,000円（事業所は、大阪府所在）

⑥ 計算データ……1　所定労働時間……8：00～17：00（休憩12：00～13：00）

　　　　　　　　2　所定休日……毎土・日曜日、祝祭日、年末年始5日、夏休み5日

　　　　　　　　3　当月の所定労働日……22日

明細書	月分 5	出勤 22	欠勤 0	基本給	時間外手当	運転手当	休出手当	深夜労働手当	非課税額	支給額合計
大阪一郎				363,000 (22日×16,500)	57,640 (22H×2,620)	35,000	20,960 (8H×2,620)	6,356 (2H×3,178)	108,000	590,956

● **1月平均所定労働時間について**

　割増賃金の算定基礎となる賃金（この例では基本給と運転手当）に月額で定められた給与がないので、1月平均所定労働時間の計算をする必要はありません。

● **時間外手当、休日出勤手当、深夜労働手当の計算**

(1)　時間外手当の計算（割増率2割5分の場合）

　① 1時間当たりの残業単価の計算

$$\frac{16,500}{8} \times 1.25 = 2,578.12円……㋐$$

$$\frac{35,000}{208} \times 0.25 = 42.06円………㋑$$

　　㋐＋㋑＝2,620.18円 → <u>2,620円</u>

②　残業手当額の計算

@2,620 × 22 ＝ 57,640円

(2)　休日出勤手当額の計算（法定休日以外の休日労働で割増率2割5分の場合）

①　1時間当たりの単価の計算

(1)①で計算した単価と同額です。

②　休日出勤手当額の計算

@2,620 × 8 ＝ 20,960円

(3)　深夜労働手当の計算（割増率5割の場合）

①　1時間当たりの深夜労働単価の計算

設例④の3から、午後10時から午後12時までの2時間は、時間外労働と深夜労働が重なったものであることがわかります。

$$\frac{16,500}{8} \times 1.5 = 3,093.75円 \cdots ⑦$$

$$\frac{35,000}{208} \times 0.5 = 84.13円 \cdots ④$$

⑦＋④ ＝ 3,177.88円 → 3,178円

②　深夜労働手当額の計算

@3,178 × 2 ＝ 6,356円

● **運転手当**

給与規程に基づく支給基準により計算し、計上することになります。

● **社会保険料の控除**

課税分給与額	社会保険料控除額				差引控除後の給与額
	健　保	厚　年	雇　用	社保計	
482,956	25,850	45,750	3,546	75,146	407,810

(1) 健康保険料・厚生年金保険料

　　保険料額表に当てはめて、被保険者負担額をそれぞれ算出しますが、標準報酬月額は500,000円（健保30級、厚年27級）と定時決定されていますので、健康保険料（大阪府）25,850円、厚生年金保険料45,750円となります。

(2) 雇用保険料

　　給与支給額合計は590,956円ですから、次の計算により求めることができます。

$$590,956円 \times \frac{6}{1,000} = 3,545.736円 \cdots\cdots 3,546円$$

　　※詳しくは 設例1 を参照してください。

● 所得税・住民税の控除

所得税・市町村民税及び一般控除額						差引支給額
所得税	住民税	貸付金	生命保険	財　形	控除計	
10,770	(通知額) 21,500	15,000	4,500	10,000	61,770	454,165

(1) 所　得　税

　　社会保険料控除後の給与額と扶養親族等の数に従って計算しますので、この例の場合、月額表甲欄の「社会保険料等控除後の給与等の額」の「407,000円以上～410,000円未満」欄と、「扶養親族等の数」の「2人」欄（妻と16歳以上の子1人）によって求めると10,770円となります。

> **ポイント**
>
> 1　日給者であっても「1カ月ごとに支払う給与」に当たるため、月額表を適用します（45ページ参照）。
>
> 2　妻が源泉控除対象配偶者に当たるためには「合計所得金額が95万円以下であること」が必要です（41ページ参照）。
>
> 　給与所得の場合、所得金額は（給与の収入金額−給与所得控除額）の式で計算し、最低給与所得控除額は55万円となっています。したがって、たとえば年間のパート収入が150万円以下であれば給与所得金額が95万円以下となりますので、妻は給与の収入金額が100万円あっても、所得金額の要件を満たすことになります。

(2) 住　民　税

　　設例1 のとおり、市区町村から通知された額を記入します。

● 貸付金、生命保険、財形の控除

　　労使協定（賃金控除に関する協定書）が結ばれている場合に控除することができます。

● 差引支給額

　　590,956円（支給額合計）−75,146円（社保計）−61,770円（控除計）＝454,040円

① 氏　名……名古屋花子（35歳）（清酒製造業製造員…経験15年）

② 扶養者……なし（夫、子供2人あり）

③ 給　与……基本給（時給950円）　精皆勤手当（10,000円）　通勤手当（9,300円）

　　　　　　時間外手当（労働時間分）

　　　（注）　通勤手当は、バス定期代相当額

④ 計算基準……1　時間外労働……5時間30分

　　　　　　　2　年次有給休暇1日……通常の賃金を支給する

⑤ 標準報酬月額……200,000円（事業所は、愛知県所在）

⑥ 計算データ……1　所定労働時間……8：00～16：45（休憩12：00～12：45）

　　　　　　　　2　当月の所定労働日……23日

　　　　　　　　3　所定休日……毎土・日曜日、祝祭日、年末年始7日、夏休み3日

〈給与支給額の内訳〉

明細書	月分 5	出勤 22	欠勤 (有1)	基本給	時間外手当	精皆勤手当		非課税額	支給額合計
名古屋花子				**174,800** (184H × 950)	**6,963** (5.5H ×1,266)	**10,000**		**9,300**	**201,063**

● **1月平均所定労働時間の計算**

$$\frac{\{365-(101+15+7+3)\} \times 8}{12} = 159.33時間 \rightarrow \underline{159時間}$$

ポイント

　精皆勤手当は月額で定められている給与ですので、時間外手当の計算には必要な数字であることを忘れないでください。

● **時間外手当の計算（割増率2割5分の場合）**

(1)　1時間当たりの残業単価の計算

　　$950 \times 1.25 = 1,187.50円 \cdots\cdots$ ㋐

　　$\dfrac{10,000}{159} \times 1.25 = 78.61円 \cdots\cdots$ ㋑

　　㋐＋㋑＝1,266.11円 → 1,266円

ポイント

　残業単価は、時間額給与と月額給与の割増額をそれぞれに計算した額の合計額です。この例では、精皆勤手当を考慮せずに残業手当を1,188円で計算する誤りが多くみられます。

(2) 残業手当額の計算

@1,266 × 5.5 ＝ 6,963円

● 精皆勤手当

給与規程に定められている支給基準により支給します。

たとえば、支給基準が次のように定められているとします。

皆勤の場合　　　月額　10,000円

欠勤1日の場合　　〃　　5,000円

欠勤2日以上　　支給しない

1日欠勤し、月額5,000円の精皆勤手当が支給される人のその月の残業単価は、次のように計算することになります。精皆勤手当が支給されない月は㋐の額が残業単価となります。

$950 × 1.25 ＝ 1,187.50円 ……㋐$

$$\frac{5,000}{159} × 1.25 ＝ 39.30円 ……㋑$$

$㋐ ＋ ㋑ ＝ 1,266.8円 → 1,227円$

原則的には精皆勤手当の支給額に応じて、残業単価が変わりますが、それが煩雑である場合は、月額10,000円を支給するときの残業単価1,266円で常に計算することにすればよいことになります。

> **ポイント**
>
> 　年次有給休暇を取得したことによって、精皆勤手当および賞与の額を計算するとき、欠勤扱いにするなどの不利益な取扱いをしてはいけないことになっています。

● 年次有給休暇の給与の計算

年次有給休暇の給与計算には、この設例の場合、次のように2つの方法があります。

① 支給欄の空欄に有給手当の項目を設けて、その額を計上する方法

@950 × 8 ＝ 7,600円を有給手当欄へ記入します。

したがって、基本給欄には@950 × 8 × 22 ＝ 167,200円を記入します。

② 基本給欄へ労働日数分と一括して計上する方法

有給休暇の給与は、①のように分けて計算することなく、出勤したものとみなして計算してもかまいません。計算事務が簡便であることから、一般的にはこの方法が多くとられています。

@950 × 8 × 23 ＝ 174,800円を基本給欄へ記入します。

この場合、給与内訳明細書の中で、有給休暇1日分の給与が含まれていることを明らかにする必要があります。

● 社会保険料の控除

課税分給与額	社会保険料控除額				差引控除後の給与額
	健　保	厚　年	雇　用	社保計	
191,763	10,020	18,300	1,407	29,727	162,036

⑴ 健康保険料・厚生年金保険料

　　保険料額表に当てはめて、被保険者負担額をそれぞれ記入しますが、標準報酬月額は、200,000円（健保17級、厚年14級）と定時決定されていますので、健康保険料（愛知県）10,020円、厚生年金保険料18,300円となります。

⑵ 雇用保険料

　　給与支給額合計201,063円に清酒製造業の被保険者負担率（56ページ参照）を掛けて求めます。保険料は1,407円となります。

$$201{,}063 円 \times \frac{7}{1{,}000} = 1{,}407.441 円 \cdots\cdots 1{,}407 円$$

※詳しくは 設例1 を参照してください。

● 所得税・住民税の控除

所得税・市町村民税及び一般控除額						差引支給額
所得税	住民税				控除計	
3,410	(通知額) 4,100				7,510	163,836

　　所得税については、非課税額の計算、月額表の適用等は、設例1 および 設例2 のとおりで、社会保険料控除後の給与は162,046円ですから、月額表甲欄の「社会保険料等控除後の給与等の金額」の「161,000円以上〜163,000円未満」欄と、「扶養親族等の数」「0人」欄によって求めると、3,410円となります。

　　住民税については、市区町村から通知された額を記入します。

● 差引支給額

　　201,063円（支給額合計）− 29,727円（社保計）− 7,510円（控除計）＝ 163,826円

〈監修〉

安田　大（やすだ　だい）

税理士・社会保険労務士。

東京都出身、慶應義塾大学経済学部卒業。

1993年、税理士・社会保険労務士登録、開業。現在、あすか会計事務所代表。有限会社シアトリカル代表取締役。元青山学院大学大学院非常勤講師。事務所経営の傍ら、書籍・雑誌の執筆や実務セミナー講師、社会福祉法人や公益財団法人の監事を務める。

著書に「Ｑ＆Ａ人事・労務専門家のための税務知識」（中央経済社）、「入門の入門　図解でわかる減価償却のしくみ」「小さな会社の総務・経理の仕事ができる本」「人気講師が教える税理士最短最速合格法」「税金のキモが２時間でわかる本」（日本実業出版社）、「税務・経理担当者のための労務知識」（ＴＡＣ出版）、「給与計算セミナー実況中継」「速攻！年末調整」（日本法令）などがある。

◎　監修者による給与計算セミナーを開催しております‼

　当社では給与計算、年末調整担当者のための実務セミナーを開催しております。正確な事務を行うため、またご自身のスキルアップのために、ぜひお役立てください。

　日程・内容の詳細は

　https://www.horei.co.jp/iec/seminars/ にてご案内中‼

6年版　初心者にもよくわかる

給与計算マニュアル

令和6年5月30日　6年版発行

　日本法令®

検印省略

〒101-0032

東京都千代田区岩本町1丁目2番19号

https://www.horei.co.jp/

編　　集	日　本　法　令
発 行 者	青　木　鉱　太
編 集 者	岩　倉　春　光
印刷・製本	文 唱 堂 印 刷 ㈱

（営　業）　TEL 03-6858-6967　　Ｅメール　syuppan @ horei.co.jp

（通　販）　TEL 03-6858-6966　　Ｅメール　book.order @ horei.co.jp

（編　集）　FAX 03-6858-6957　　Ｅメール　tankoubon @ horei.co.jp

（オンラインショップ）https://www.horei.co.jp/iec/

（お 詫 び と 訂 正）https://www.horei.co.jp/book/owabi.shtml

（書籍の追加情報）https://www.horei.co.jp/book/osirasebook.shtml

※万一、本書の内容に誤記等が判明した場合には、上記「お詫びと訂正」に最新情報を掲載しております。ホームページに掲載されていない内容につきましては、FAXまたはＥメールで編集までお問合せください。

「労働・社会保険の手続き＋関係税務」「人事労務の法律実務」を中心に，企業の労務，総務，人事部門が押さえておくべき最新情報をご提供する月刊誌です。

ビジネスガイド

開業社会保険労務士専門誌 SR

https://www.horei.co.jp/sr

https://www.horei.co.jp/bg/

開業社会保険労務士のため，最新の法改正やビジネスの潮流をとらえ，それらを「いかにビジネスにつなげるか」について追究する季刊誌です。